Friedrich Nietzsche

Considérations inactuelles

III et IV

Schopenhauer éducateur
Richard Wagner à Bayreuth

Textes et variantes
établis par
G. Colli et M. Montinari

Traduits de l'allemand
par Henri-Alexis Baatsch,
Pascal David, Cornélius Heim,
Philippe Lacoue-Labarthe et Jean-Luc Nancy

Gallimard

ŒUVRES DE NIETZSCHE
DANS LA MÊME COLLECTION

AINSI PARLAIT ZARATHOUSTRA, *n° 8.*

L'ANTÉCHRIST. ECCE HOMO, *n° 137.*

AURORE, *n° 119.*

LE CAS WAGNER. NIETZSCHE CONTRE WAGNER, *n° 169.*

CONSIDÉRATIONS INACTUELLES I ET II, *n° 191.*

CONSIDÉRATIONS INACTUELLES III ET IV, *n° 206.*

CRÉPUSCULE DES IDOLES, *n° 88.*

LE GAI SAVOIR, *n° 17.*

LA GÉNÉALOGIE DE LA MORALE, *n° 16*

HUMAIN, TROP HUMAIN I et II, *n 77, 78.*

LA NAISSANCE DE LA TRAGÉDIE, *n° 32.*

PAR-DELÀ BIEN ET MAL, *n° 70.*

LA PHILOSOPHIE À L'ÉPOQUE TRAGIQUE DES GRECS. SUR L'AVENIR DE NOS ÉTABLISSEMENTS D'ENSEIGNEMENT, *n° 140.*

Titre original :

UNZEITGEMÄSSE BETRACHTUNGEN III-IV
Schopenhauer als Erzieher — Richard Wagner in Bayreuth

Friedrich Nietzsche est né à Röcken, près de Leipzig, le 15 octobre 1844. Il est le fils d'un pasteur. Après ses études, il est appelé à la chaire de philologie classique de l'université de Bâle. En 1870, il s'engage comme volontaire dans le conflit franco-allemand. De retour à Bâle, il entre en relation avec le milieu intellectuel bâlois — l'historien Jacob Burckhardt, l'ethnographe J. J. Bachofen — et rend de fréquentes visites à Richard Wagner qui réside tout près, aux environs de Lucerne.

Son premier ouvrage, *La naissance de la tragédie,* paraît en 1872 et suscite de vives polémiques dans les milieux universitaires germaniques. De 1873 à 1876, il publie les quatre essais des *Considérations intempestives,* puis, en 1878, *Humain, trop humain.* La même année intervient la rupture avec Wagner.

Gravement atteint dans sa santé, Nietzsche demande à être relevé de ses fonctions de professeur. Dès lors commence sa vie errante entre Sils-Maria (en été), Nice, Menton et plusieurs villes italiennes. Pendant cette période, les livres se suivent à un rythme rapide : *Aurore, Le gai savoir, Ainsi parlait Zarathoustra, Par-delà bien et mal, La généalogie de la morale, Le cas Wagner, Crépuscule des idoles, L'Antéchrist, Ecce homo.*

Au début de 1889, il s'effondre dans une rue de Turin. Ramené en Allemagne, soigné par sa mère et sa sœur, il ne recouvrera pas la raison. Sa mort survient le 25 août 1900.

Pour une information détaillée sur la vie du philosophe, on consultera la biographie monumentale de C. P. Janz : *Nietzsche, Biographie* (Éd. Gallimard, 3 vol.).

Le texte des variantes a pu être établi grâce à l'obligeance de M. Helmut Holtzhauer, directeur des Nationale Forschungsund Gedenkstätten der klassischen deutschen Literatur, de M. Karl-Heinz Hahn, directeur des Archives Goethe-Schiller de Weimar, et avec l'aide de Mme Anneliese Clauss, des Archives Goethe-Schiller.
L'édition française est placée sous la responsabilité de Gilles Deleuze et Maurice de Gandillac.

NOTE DES ÉDITEURS

I.

Les premières notes de Nietzsche sur ce qui allait devenir la troisième des *Considérations inactuelles* remontent au printemps de 1874. Le travail avance assez difficilement, si on en croit une lettre à Erwin Rohde du 4 juillet, mais arrive à son terme au mois d'août de la même année. Entre-temps, Nietzsche a trouvé un nouvel éditeur : Ernst Schmeitzner à Schlosschemnitz. Celui-ci reçoit le manuscrit en plusieurs envois, entre le 19 août et le 9 septembre 1974. L'impression commence aussitôt. Nietzsche reçoit les premiers exemplaires de son livre entre le 7 et le 15 octobre 1874.

L'ouvrage est accueilli avec chaleur par le cercle de Bayreuth et les ami͜ que Nietzsche y comptent. Cosima Wagner, notamment, est enthousiasmée. Marie Baumgartner, qui habite près de Bâle et qui est la mère d'un étudiant de Nietzsche, fait une traduction française de la troisième *Inactuelle.* Mais, en dépit des efforts de Schmeitzner et de Malwida von Meysenbug, elle ne trouvera preneur chez aucun éditeur français.

Vingt-deux mois (octobre 1874-juillet 1876) s'écoulent entre la parution de la troisième Considération inactuelle et la publication de la quatrième, *Richard Wagner à Bayreuth.* Après la tentative avortée d'écrire une Considération qui devait porter le titre de *Wir Philologen* (*Nous autres philologues,* voir dans les Fragments posthumes, p. 253-362), Nietzsche entreprend un écrit sur Wagner et y travaille au cours de l'été et de l'automne 1875. Son titre apparaît déjà au début de 1874, époque à laquelle Nietzsche note une série de réflexions sur Wagner. Cependant, la situation n'est plus la même qu'au début de 1874. À cette époque, Nietzsche croit à l'échec de l'entreprise de Bayreuth; en 1875 elle est au contraire en voie de réalisation. Les premiers *Festspiele* auront lieu l'année suivante, au moment de la parution de *Richard Wagner à Bayreuth.*

La rédaction de la Considération n'alla pas sans heurts. En

septembre 1875, Nietzsche fait une copie de ce qu'il a déjà écrit, soit des chapitres 1 à 6. À la fin du même mois ou au début d'octobre, il interrompt un travail qu'il a poursuivi avec ardeur et qui compte à présent huit chapitres, car il considère que son texte est « impubliable » (cf. p. 520, Dates et événements). Ce n'est qu'au printemps de 1876, comme les premiers *Festspiele* approchent, qu'il reprend son travail. Il fait d'abord recopier par Heinrich Köselitz (Peter Gast) les huit chapitres déjà achevés et les envoie à son éditeur. Entre la fin mai et le début de juin 1876, « une heureuse disposition d'esprit... (lui) donne la possibilité de mener à bien le plan initial » (lettre à son éditeur). C'est ainsi que naissent les trois derniers chapitres, qui sont aussi recopiés par Köselitz. La quatrième Considération inactuelle, *Richard Wagner à Bayreuth*, paraît au début de juillet 1876 chez Schmeitzner, à Schlosschemnitz.

Une traduction française paraît l'année suivante chez le même éditeur; elle est due de nouveau à Marie Baumgartner, qui avait déjà traduit *Schopenhauer éducateur* et qui, cette fois encore, ne parvint pas à intéresser un éditeur français.

Schopenhauer éducateur et *Richard Wagner à Bayreuth* furent publiés pour la première fois en France, aux éditions du Mercure de France, en 1922. Les deux essais sont réunis sous la même couverture portant en surtitre : *Considérations inactuelles, 2ᵉ série*. La traduction est signée d'Henri Albert. Une traduction plus récente, œuvre de Geneviève Bianquis, a vu le jour aux éditions Aubier, en 1954.

II. SUR L'ÉTABLISSEMENT DU TEXTE DES FRAGMENTS POSTHUMES ET LEUR DISTRIBUTION DANS LA PRÉSENTE ÉDITION

Tous les écrits de Nietzsche ont été distribués par nous en huit grandes sections. Ce sont les suivantes :

I. Écrits de jeunesse et études philologiques de 1864 à 1868.
II. Cours universitaires et études philologiques de 1868 à 1878.
III. *Naissance de la tragédie*, *Considérations inactuelles* I, II et III et fragments posthumes de 1869 à 1874.
IV. *Considération inactuelle* IV, *Humain, trop humain* I et II et fragments posthumes de 1875 à 1878.
V. *Aurore*, *Le Gai Savoir* et fragments posthumes de 1879 à 1882.
VI. *Ainsi parlait Zarathoustra*, *Par-delà bien et mal*, *La Généalogie de la morale*, *Le Cas Wagner*, *Le Crépuscule des Idoles*, *L'Antéchrist*, *Ecce homo*, *Nietzsche contre Wagner*, *Les Dithyrambes de Dionysos*, *Poésies*.
VII. Fragments posthumes de 1882 à 1885.
VIII. Fragments posthumes de 1885 à 1888.

Tous les écrits de Nietzsche seront donc publiés intégralement, et selon cette division, dans l'édition des *Œuvres complètes* actuellement en cours à Berlin. Le lecteur remarquera que cette division, dictée par les nécessités du travail philologique accompli à Weimar, et que l'on trouve utilisée comme référence interne dans les Notes et Variantes, ne correspond pas à la tomaison de la présente édition française. En effet, les écrits de jeunesse, les études philologiques et les cours universitaires antérieurs à l'époque de la *Naissance de la tragédie*, et auxquels ont été réservées les sections I et II, sortent du cadre de la présente édition française des *Œuvres philosophiques complètes* qui contient donc les séries III à VIII exclusivement, et feront l'objet d'une publication à part. Il nous a semblé néanmoins nécessaire de conserver le système de référence utilisé dans l'édition allemande définitive des *Œuvres complètes.* Ainsi le lecteur désireux de se reporter aux textes originaux pourra-t-il passer de l'édition française à l'édition allemande sans se trouver désorienté.

La section VI ne contient que les œuvres publiées par Nietzsche lui-même de 1882 à 1888, accompagnées de leurs variantes, à l'exclusion des fragments posthumes qui leur sont contemporains. À partir de 1882 et d'*Ainsi parlait Zarathoustra,* il n'était plus possible en effet, sans arbitraire, de rattacher un ensemble de fragments posthumes à telle ou telle œuvre prise en particulier. C'est pourquoi les deux dernières sections (VII et VIII) ont été réservées à ces posthumes des six dernières années de la vie active de Nietzsche.

Les précisions suivantes sur l'établissement du texte des posthumes sont indispensables à une bonne compréhension de l'édition française des *Œuvres philosophiques complètes.*

À l'intérieur de chacune de ces cinq sections regroupant les posthumes, chaque manuscrit a été numéroté par nous. Cette numérotation correspond à l'ordre chronologique des différents manuscrits ou des *différentes couches d'un même manuscrit* : il arrive en effet que Nietzsche ait travaillé sur un manuscrit à deux reprises, parfois à de longs intervalles de temps. Dans ce cas, les deux couches du manuscrit porteront un numéro différent et pourront même se trouver dans deux sections différentes. Le manuscrit M III 4, par exemple, fut rédigé par Nietzsche d'abord à l'époque du *Gai Savoir* (automne 1881), puis à l'époque de la seconde partie de *Zarathoustra* (été 1883). On en trouvera donc une partie dans la section V (c'est le cahier de fragments posthumes n° 15 du *Gai Savoir* dans la présente édition française), et une autre dans la section VII. Dans d'autres cas, bien entendu, plusieurs couches d'un même manuscrit se trouveront dans la même section. Dans la section IV par exemple, le manuscrit U II 5 a été rédigé pendant l'été 1876, puis en octobre-décembre 1876 ; les deux couches, très nettement distinctes, sont respectivement numérotées 17 et 19, et, entre elles, s'insère un manuscrit complet, M II, écrit en septembre 1876 et qui porte le numéro 18. Dans le même manuscrit U II 5, on trouve d'ailleurs une couche antérieure elle-même aux couches IV 17 et 19; nous l'avons donc placée dans la section III, au numéro 32. Nous mettons en évidence l'existence de ces différentes couches d'un même manuscrit en ajoutant au signe conventionnel qui le désigne une lettre de l'alphabet (*a, b, c,* etc.); ainsi U II 5 apparaît trois fois dans notre édition : U II 5 *a* : section III n° 32; U II 5 *b* : section IV n° 17; U II 5 *c* : section IV n° 19 (ces deux dernières couches constituant les cahiers de fragments posthumes n° 17 et n° 19 de *Humain, trop humain* I dans la présente édition).

À l'intérieur de chaque manuscrit, dans notre édition, chaque fragment posthume est lui-même numéroté selon sa place chronologique, *qui ne correspond presque jamais à la pagination des Archives.* Le numéro d'ordre du manuscrit (ou de la couche d'un manuscrit) est donc suivi d'un second numéro d'ordre, placé entre crochets, qui indique la place du fragment à l'intérieur du manuscrit (ou de la couche). Par exemple : 17 [25] désigne le vingt-cinquième fragment du manuscrit (ou de la couche) qui porte, dans sa section, le numéro d'ordre 17. Dans les Notes, quand nous renvoyons à un fragment posthume qui se trouve dans la même section que l'œuvre commentée, nous donnons le numéro d'ordre du fragment et celui du manuscrit qui le contient, mais non celui de la section à laquelle ils appartiennent. Ainsi, lorsque, dans une note d'*Aurore* (relative à l'aphorisme 235), nous renvoyons au fragment posthume 4 [24], cela veut dire que l'on trouvera ce fragment, sous ce numéro, dans la même section que le texte d'*Aurore* lui-même, c'est-à-dire la section V. Si au contraire nous renvoyons à des fragments qui se trouvent dans d'autres sections (ce qui est toujours le cas dans les volumes qui ne contiennent pas de posthumes), alors le numéro du fragment sera précédé du chiffre romain qui désigne la section : par exemple IV 5 [22].

III. SUR L'APPAREIL CRITIQUE

Il résulte de ce qui précède que, dans l'appareil critique, il est fait référence, tantôt au manuscrit tel qu'il se trouve aux Archives, tantôt à la série établie par nous à partir de ce même manuscrit, et publiée dans la présente édition. Pour éviter toute confusion, le lecteur est invité à se souvenir qu'en dépit de leur similitude, il s'agit là de deux ensembles bien distincts. Il va de soi en effet que tous les textes contenus dans une série se retrouvent bien dans le manuscrit correspondant, mais non tous les textes du manuscrit dans la série qui en est la réduction.

Prenons de nouveau en exemple la série de textes (série V 15, cahier 15 du *Gai Savoir* dans la présente édition) établis par nous à partir du manuscrit M III 4. Ce manuscrit ayant été utilisé par Nietzsche pour la rédaction du *Gai Savoir* et pour celle de *Par-delà bien et mal,* nous avons naturellement exclu de la série les aphorismes incorporés par lui à ces deux livres. Ainsi, à la différence du manuscrit original, la série V 15 contient uniquement des textes posthumes. L'ensemble des séries ainsi établies contient toute l'œuvre posthume de Nietzsche. Lorsqu'il est fait mention de la série V 15 dans l'appareil critique, c'est toujours sous forme de *Note,* en tant que référence interne invitant le lecteur à comparer des textes voisins par le sens (de la même manière qu'il y est fait mention, à l'aide de sigles tels que GS, PBM, etc., d'ouvrages publiés par Nietzsche).

Le sigle M III 4 est, lui, dans cet appareil critique, d'un emploi tout différent. Tandis que la mention de la série donne lieu à une *Note,* celle du manuscrit introduit une *Variante.* Le sigle M III 4 désigne les textes qui subsistent, en effet, *comme variantes,* dans le manuscrit original portant ce sigle aux Archives, après les prélèvements effectués aussi bien par Nietzsche pour la composition de GS et de PBM, que par nous-mêmes pour l'établissement de la série V 15. C'est donc en tant que variantes, ébauches ou versions non définitives de textes publiés d'autre part (en GS, PBM ou telle autre série de posthumes du type V 15) qu'au lieu de les intégrer à la série V 15, nous les avons réservés à l'appareil critique, où ils se trouvent donnés non pas intégralement, mais seulement dans les différences qu'ils présentent par rapport aux versions ultérieures. D'autres variantes enfin ont dû être exclues de la présente édition française. Toutes sans exception sont consignées dans l'édition allemande. Il ne pouvait en être de même dans la version de langue française : nombre d'entre elles, en effet, du fait de leur caractère purement formel et de leur brièveté, n'auraient plus même, en traduction, sens de variantes.

Pour les œuvres citées, les chiffres renvoient au numéro des pages, sauf dans le cas des œuvres de Nietzsche lui-même où ils renvoient au numéro de l'aphorisme. Les notes de traduction, en bas de page, sont signalées par des astérisques, les notes et variantes de l'appareil critique sont appelées par des chiffres.

Abréviations

GA Gross-Oktav-Ausgabe, 19 vols, à partir de 1894 chez Naumann-Kröner, Leipzig.

Za *Ainsi parlait Zarathoustra.*

DD *Dithyrambes de Dionysos.*
WB *Richard Wagner à Bayreuth.*
PBM *Par-delà bien et mal.*
NT *La Naissance de la tragédie.*
CI *Le Crépuscule des Idoles.*
GS *Le Gai Savoir.*
GSP *Prologue du Gai Savoir.*
HTH *Humain, trop humain.*
VP 1 & 2 *La Volonté de puissance.*
SE *Schopenhauer éducateur.*
DS *David Strauss.*
UH *De l'utilité et des inconvénients de l'histoire pour la vie.*
GM *La Généalogie de la morale.*
BN Ouvrages contenus dans la bibliothèque de Nietzsche.

Autres signes employés

|−| *Mot illisible.*
|+++| *Lacune.*
−−− *Phrase inachevée.*
|□| *Mots rayés par Nietzsche.*
<□> *Restitution des éditeurs.*

Les citations de Schopenhauer renvoient à l'édition Frauenstädt (Leipzig, 1873-74), que Nietzsche possédait.

CONSIDÉRATIONS INACTUELLES

par Friedrich Nietzsche
professeur ordinaire de philologie classique
à l'université de Bâle

Troisième partie :

Schopenhauer éducateur

Traduction : Henri-Alexis Baatsch

1.

Le voyageur qui avait vu beaucoup de pays et de peuples et plusieurs continents et à qui l'on demandait quelle qualité il avait partout retrouvé chez les hommes, répondit : ils ont une propension à la paresse. D'aucuns penseront qu'il aurait répondu avec plus de justesse et de raison : ils sont tous timorés. Ils se cachent derrière les coutumes et les opinions. Au fond tout homme sait très bien qu'il n'est au monde qu'une fois, à titre d'unicum, et que nul hasard, même le plus étrange, ne combinera une seconde fois une multiplicité aussi bizarrement bariolée dans ce tout unique qu'il est : il le sait, mais il le cache comme une mauvaise conscience – pourquoi? Par crainte du voisin qui exige cette convention et lui-même s'en couvre. Mais qu'est-ce qui oblige l'individu à craindre son voisin, à penser et à agir en bête de troupeau et à ne pas se réjouir de lui-même? La pudeur peut-être, chez quelques-uns, plutôt rares. Chez la plupart, c'est l'indolence, la nonchalance, bref cette propension à la paresse dont parlait le voyageur. Il a raison : les hommes sont encore plus paresseux que timorés et ils craignent avant tout les ennuis dont les accableraient une honnêteté et une nudité absolues. Seuls les artistes haïssent cette démarche nonchalante, à pas comptés, dans des manières empruntées et des opinions postiches, et dévoilent le secret, la mauvaise conscience de chacun, le principe que tout homme est le miracle d'une fois; ils osent nous montrer l'homme tel qu'il est lui-même et tel qu'il est seul dans chaque mouvement de ses muscles, bien plus, qu'il est beau et digne de considération selon la stricte conséquence de son unicité, qu'il est neuf et incroyable comme toutes les œuvres de la nature et nullement ennuyeux. Si le grand penseur méprise les hommes, c'est leur paresse qu'il méprise, car c'est elle qui leur donne l'allure indifférente des marchandises fabriquées en série, indignes de commerce et d'enseignement. L'homme qui ne veut pas appartenir à la masse n'a qu'à cesser d'être indulgent à son propre égard; qu'il suive sa conscience qui lui crie : « Sois toi-même! Tu n'es pas tout ce que maintenant tu fais, penses et désires. »

Toute âme jeune entend cet appel jour et nuit, et tressaille; car elle pressent la mesure de bonheur qui lui est destinée de toute éternité quand elle pense à sa véritable émancipation : bonheur auquel d'aucune manière elle ne parviendra aussi longtemps qu'elle restera dans les chaînes de l'opinion courante et de la peur. Et quelle vie sans espoir et dépourvue de sens peut s'ouvrir sans cette libération! Il n'existe pas dans la nature de créature plus sinistre et plus répugnante que l'homme qui s'est dérobé à son propre génie et qui louche maintenant à droite et à gauche, en arrière et de tous les côtés. On n'a même plus le droit à la fin d'attaquer un tel homme car il n'est qu'extérieur sans noyau, vêtement bouffant, teint et usé, fantôme chamarré qui ne peut inspirer la peur et moins encore la compassion. Et si l'on dit avec raison du paresseux qu'il tue le temps, il faut s'occuper sérieusement de tuer une bonne fois le temps d'une période qui place son salut dans les opinions reçues, c'est-à-dire dans les paresses privées [1], je veux dire qu'il faut l'effacer de l'histoire de la véritable émancipation de la vie. Quelle ne sera pas la répugnance des générations futures quand elles auront à s'occuper de l'héritage de cette période où ce n'étaient pas les hommes vivants qui gouvernaient, mais des semblants d'hommes, interprètes de l'opinion. C'est pourquoi notre siècle passera peut-être pour une lointaine postérité pour le moment le plus obscur et le plus inconnu, parce que le plus inhumain de l'histoire. Quand je parcours les nouvelles rues de nos villes, je me prends à penser que dans un siècle plus rien ne restera debout de ces affreuses maisons que s'est construite la race des conformistes de l'opinion et qu'alors les opinions de ces bâtisseurs se seront effondrées elles aussi. Quel espoir au contraire devrait animer tous ceux qui ne se sentent pas citoyens de ce temps, car s'ils l'étaient, ils contribueraient à tuer leur époque et à sombrer avec elle – alors qu'ils veulent l'éveiller à la vie, afin de survivre eux-mêmes dans cette vie.

Mais même si l'avenir ne nous laissait aucun espoir, la singularité de notre existence en ce moment précis est ce qui nous encourage le plus fortement à vivre selon notre propre loi et selon notre propre mesure : je veux dire ce fait inexplicable que nous vivions justement aujourd'hui alors que nous disposions pour naître de l'étendue infinie du temps, que nous ne possédons que le court laps de temps d'un aujourd'hui et qu'il nous faut montrer en lui pour quelles raisons et à quelles fins nous sommes apparus précisément ce jour. Nous avons à assumer envers nous-mêmes la responsabilité de notre existence, en conséquence nous voulons nous comporter comme les vrais timoniers de celle-ci et ne pas permettre que notre existence ressemble à une contingence privée de pensée. Il faudra l'aborder avec tant soit peu d'audace et de témérité, d'autant que dans le meilleur comme dans le pire des cas on la perdra toujours. Pourquoi s'accrocher à telle motte de terre, à tel métier, pourquoi prêter l'oreille aux propos du voisin? C'est tellement provincial de jurer obéissance à des conceptions qui, à quelques centaines de lieues d'ici, n'obligent déjà plus. L'Orient et l'Occident sont des traits que quelqu'un dessine à la craie sous nos yeux pour duper notre pusillanimité. Je vais tenter de parvenir à la liberté, se dit la jeune âme. Et parce que le hasard veut que deux nations se haïssent et se fassent la guerre, ou qu'une mer sépare deux continents, ou qu'on enseigne alentour une religion qui n'existait pourtant pas il y a quelques milliers d'années, faudra-t-il qu'elle en soit empêchée? Tu n'es pas toi-même tout cela, se dit-elle. Personne ne peut bâtir à ta place le pont qu'il te faudra toi-même franchir sur le fleuve de la vie – personne, hormis toi. Certes il existe des sentiers, et des ponts et des demi-dieux sans nombre qui s'offriront à te porter de l'autre côté du fleuve, mais seulement au prix de toi-même : tu te mettrais en gage et tu te perdrais. Il n'existe au monde qu'un seul chemin sur lequel nul autre que toi puisse passer. Où mène-t-il? Ne le demande pas, suis-le. Qui donc énonçait ce principe : « Un homme ne s'élève jamais plus haut que lorsqu'il ne sait pas où son chemin peut encore le mener [1] »?

Mais comment nous retrouver nous-mêmes? Comment l'homme peut-il se connaître? Il est une chose obscure et voilée; et si le lièvre a sept peaux, l'homme peut bien se dépouiller de soixante-dix fois sept peaux, il ne pourra pas encore se dire : « Voici ce que tu es vraiment, ce n'est plus l'enveloppe. » C'est de surcroît un commencement pénible et dangereux que de creuser ainsi en soi-même et de descendre de force, par le plus court chemin, dans le puits de son être. Avec quelle facilité alors il risque de se blesser, si grièvement qu'aucun médecin ne peut plus le guérir. Et de plus serait-ce bien nécessaire quand tout porte témoignage de ce que nous sommes, nos amitiés comme nos haines, notre regard comme la pression de notre main, notre mémoire et ce que nous oublions, nos livres et les traits de notre plume? Mais c'est un moyen d'engager l'interrogatoire essentiel. Que la jeune âme se retourne vers sa vie antérieure et se demande : « Qu'as-tu vraiment aimé jusqu'à ce jour, quelles choses t'ont attirée, par quoi t'es-tu sentie dominée et tout à la fois comblée? Fais repasser sous tes yeux la série entière de ces objets vénérés et peut-être te livreront-ils, par leur nature et leur succession, une loi, la loi fondamentale de ton vrai moi. Compare ces objets, vois comme ils se complètent, s'élargissent, se surpassent, se transfigurent mutuellement, comme ils forment une échelle graduée sur laquelle jusqu'à présent tu as grimpé jusqu'à ton moi. Car ton essence vraie n'est pas cachée au fond de toi, elle est placée infiniment au-dessus de toi ou du moins de ce que tu prends communément pour ton moi. Tes vrais éducateurs, ceux qui te formeront, te trahiront ce qui est vraiment le sens originel et la substance fondamentale de ton essence, ce qui résiste absolument à toute éducation et à toute formation, quelque chose en tout cas d'accès difficile, comme un faisceau lié et rigide : tes éducateurs ne peuvent être autre chose que tes libérateurs. » Et c'est là le secret de toute formation, elle ne procure pas des membres artificiels, des nez de cire, des yeux à bésicles; bien au contraire, ce qui pourrait nous accorder ces dons n'est qu'une image dégénérée de celle-ci. Elle est, elle, libération, extirpation de toutes les mauvaises herbes, des décombres, de la vermine qui veut s'attaquer aux tendres germes des plantes, elle est effusion de lumière et de chaleur, le murmure amical de la pluie nocturne; elle est imitation et adoration de la nature dans ce que celle-ci a de maternel et de miséricordieux, elle achève la nature quand elle en prévient les accès impitoyables et cruels et les fait tourner à bien, quand elle jette le voile sur ses intentions de marâtre et les manifestations de son triste aveuglement.

Certes, il existe bien d'autres moyens de se trouver, d'échapper à l'étourdissement dans lequel on se meut d'ordinaire comme dans un sombre nuage, et de venir à soi, mais je n'en connais pas de meilleur que de se souvenir de ses maîtres et de ses éducateurs. C'est pourquoi je songe aujourd'hui au seul professeur, au seul maître dont j'aie à m'enorgueillir, *Arthur Schopenhauer*, pour me souvenir d'autres plus tard.

2.

Si je veux décrire quel événement fut pour moi le premier regard que je jetai dans les écrits de Schopenhauer, il me faut m'attarder un peu à une représentation qui me hantait sans conteste dans ma jeunesse, plus fréquente et plus pressante que toute autre. Lorsque autrefois je m'abandonnais à ma guise à former des vœux, je m'imaginais que le terrible effort, le redoutable devoir de m'éduquer moi-même me serait épargné par le destin parce qu'au bon moment je trouverais un philosophe pour m'éduquer, un vrai philosophe auquel on puisse obéir sans plus de réflexion parce qu'on aurait en lui davantage de confiance qu'en soi-même. Ensuite, il est vrai, je me demandais quels principes il pourrait donc suivre pour mon éducation. Et je me demandais ce qu'il dirait des deux maximes d'éducation qui sont en vogue de notre temps. L'une exige que l'éducateur ait tôt fait de reconnaître le point fort de ses élèves et dirige alors toutes les énergies, toutes les sèves et tout l'éclat du soleil sur celui-ci afin d'amener à maturité et à fécondité cette unique vertu. L'autre maxime veut au contraire que l'éducateur tire parti de toutes les forces existantes, les cultive et fasse régner entre elles un rapport harmonieux. Mais faudrait-il pour autant contraindre à la musique celui qui a une inclination avérée pour l'orfèvrerie? Donnera-t-on raison au père de Benvenuto Cellini qui poussait sans relâche son fils à l'étude de « l'aimable cornet », et le contraignait donc, ce fils, à ce que lui appelait « ce maudit sifflement [1] »? On ne saurait approuver ce procédé lorsqu'il s'agit de dons aussi vigoureux et aussi affirmés. Et peut-être même ne faudrait-il appliquer cette maxime de développement harmonieux que pour les natures un peu faibles qui recèlent, il est vrai, toute une nichée de besoins et de penchants, qui pourtant, pris ensemble et séparément, n'ont pas grande importance. Mais où trouvons-nous cette totalité harmonique, cet accord à plusieurs voix au sein d'une même nature, où admirons-nous davantage l'harmonie, si ce n'est précisément chez des hommes semblables à Cellini, chez lesquels tout, la connaissance, le désir, l'amour, la haine, procède d'un même centre, vise à une même racine, et chez qui justement la prépondérance impérieuse et souveraine de ce centre vivant produit un système harmonieux de mouvements alternants tant latéraux que verticaux? Et peut-être qu'ainsi ces deux maximes ne sont nullement contradictoires? Peut-être l'une dit-elle simplement que l'homme doit avoir un centre, et l'autre, qu'il doit aussi avoir une périphérie? Cet éducateur philosophe dont je rêvais saurait, à n'en pas douter, non seulement découvrir la force centrale, mais aussi empêcher qu'elle agît de manière destructrice à l'égard des autres forces; je m'imaginais que sa tâche éducative consisterait plutôt à transformer tout l'homme en un système solaire et planétaire que m'ouvrait la vie, et à découvrir la loi de sa mécanique supérieure.

Cependant ce philosophe me faisait défaut et j'essayais tantôt d'une chose, tantôt d'une autre; je mesurais quelle piètre figure nous faisons, nous, hommes modernes, face aux Grecs et aux Romains, ne fût-ce même qu'au regard du sérieux et de la sévérité dans la conception des tâches de l'éducation. Ce besoin au cœur, on peut parcourir toute l'Allemagne, et toutes les universités en particulier, on ne trouvera pas ce que l'on cherche; d'ailleurs nombre de désirs plus simples et plus élémentaires n'y trouvent pas satisfaction. Par exemple, celui qui parmi les Allemands voudrait se former comme orateur ou bien apprendre dans une école le métier d'écrivain, ne trouverait nulle part maître ou école. On semble ne pas avoir encore seulement pensé ici que l'éloquence et l'écriture sont des arts qui ne peuvent être acquis sans la direction la plus minutieuse et l'apprentissage le plus pénible. Mais rien ne montre avec plus d'évidence et de honte la présomptueuse satisfaction d'eux-mêmes de nos contemporains que l'indigence, mi-avaricieuse, mi-insouciante, de leurs exigences en matière d'éducateurs et de maîtres. De quoi ne se contente-t-on pas, même dans nos cercles les plus distingués et les plus instruits, en fait de précepteurs! De quel ramassis d'esprits biscornus et d'institutions vieillotes ne se satisfait-on pas souvent sous le nom de lycée! Quel établissement supérieur, quelle université nous satisfont, nous tous – quels dirigeants, quelles institutions, comparés à la difficulté de la tâche d'éduquer un homme pour en faire un homme! Même la manière tant admirée dont les savants allemands se précipitent sur leur science montre avant tout qu'en agissant ainsi ils pensent davantage à la science qu'à l'humanité et qu'on leur a enseigné à se sacrifier pour elle comme une patrouille perdue, afin d'inciter à ce sacrifice de nouvelles générations. Le commerce avec la science, quand il n'est pas guidé et délimité par une maxime supérieure d'éducation, mais toujours plus déchaîné selon le principe « plus il y en a, mieux cela vaut », est certainement aussi nuisible aux savants que la doctrine économique du *laisser faire* * pour la moralité de nations entières. Qui sait encore que l'éducation du savant, dont il ne faut ni sacrifier ni laisser se dessécher l'humanité, est un problème d'une extrême difficulté? Et pourtant cette difficulté saute aux yeux quand on prête attention aux nombreux spécimens qui sont restés tordus et bossus pour s'être voués sans réflexion et bien trop tôt à la science. Mais il existe un témoignage plus important encore de l'absence de toute éducation supérieure, plus important, plus dangereux et surtout beaucoup plus général. S'il est sur-le-champ évident qu'on ne peut former de nos jours ni un orateur ni un écrivain – parce qu'il n'existe précisément pas pour eux d'éducateurs –; s'il est presque aussi évident qu'à l'heure actuelle un savant sera nécessairement perverti et dévié – parce que c'est la science, et donc une abstraction inhumaine qui doit l'éduquer –, posons-nous enfin cette question : où sont à vrai dire pour nous tous, savants et ignorants, grands et petits, nos célébrités et nos modèles moraux parmi nos contemporains, visible incarnation de toute morale créatrice en ce temps? À quoi a abouti en définitive

* En français dans le texte.

toute cette réflexion sur les questions morales dont toute société noble et évoluée s'est pourtant préoccupée de tout temps? Il n'y a plus d'illustres modèles et il n'y a plus de réflexion de ce type. On vit en fait du capital de moralité accumulé par nos ancêtres et hérité d'eux, et que nous ne savons plus augmenter mais seulement dissiper. Dans notre société, ou bien l'on ne parle absolument pas de telles choses, ou bien on le fait avec une gaucherie et une inexpérience d'orientation naturaliste qui ne peut susciter que la nausée. C'est ainsi que nos écoles et nos maîtres en sont venus à faire tout simplement abstraction de toute éducation morale ou à se contenter d'un pur formalisme; et la vertu est un mot sous lequel maîtres et élèves n'arrivent plus à penser rien, un mot passé de mode dont on sourit – et c'est pire encore quand on ne sourit pas, parce qu'alors c'est hypocrisie.

L'explication de cette mollesse et du bas étiage de toutes les forces morales est difficile et compliquée. Pourtant, quiconque prend en considération l'influence du christianisme victorieux sur la moralité de notre vieux monde n'a pas le droit d'ignorer non plus la réaction du christianisme en train de succomber, et donc son destin toujours plus vraisemblable à notre époque. Par la hauteur de son idéal, le christianisme a si bien dépassé les systèmes de morale antiques et le sentiment naturel qui règne uniformément en eux que l'on est devenu sourd à ce naturel et qu'on l'a trouvé répugnant; mais ultérieurement, quand on était encore capable de reconnaître, mais non de réaliser, ce qui est le meilleur et le plus élevé, on ne fut plus en mesure de retourner, si fort qu'on le voulût, à ce qui est bon et haut, je veux dire à cette vertu antique. L'homme moderne vit dans ce va-et-vient entre christianisme et antiquité, entre un christianisme de mœurs timoré ou menteur et une pensée selon le style antique, également sans courage et embarrassée d'elle-même; il s'y trouve mal. La crainte héréditaire de ce qui est naturel et d'autre part l'attrait renouvelé pour ce même naturel, le désir de trouver un point d'appui quelque part, l'impuissance de sa connaissance qui titube entre le bien et le meilleur, tout cela engendre une inquiétude, une confusion dans l'âme moderne qui la condamne à être stérile et sans joie. Jamais on n'a eu autant besoin d'éducateurs moraux et jamais il n'a été aussi peu vraisemblable de les trouver; aux époques où les médecins sont les plus nécessaires, lors de grandes épidémies, c'est alors qu'ils sont aussi le plus en péril. Car où sont les médecins de l'humanité moderne qui soient eux-mêmes assez fermes et solides sur leurs pieds pour pouvoir par surcroît soutenir un autre et le guider par la main? Un certain assombrissement, une certaine apathie pèsent sur les meilleures personnalités de notre époque, un sempiternel dégoût de cette lutte entre la dissimulation et l'honnêteté qui se livre dans leur sein, une inquiétude qui trouble la confiance qu'ils ont en eux-mêmes – ce qui les rend tout à fait incapables d'être à la fois pour autrui des guides et des censeurs.

C'était donc véritablement prendre mes désirs pour des réalités quand je m'imaginais pouvoir trouver comme éducateur un vrai philosophe capable d'élever quelqu'un au-dessus de la déficience du temps présent et d'enseigner de nouveau à être *simple* et *honnête* dans la pensée et dans la vie, et donc inactuel, au sens le plus profond du mot; car les hommes sont maintenant devenus si complexes et si compliqués qu'il leur faut devenir malhonnêtes dès qu'ils parlent, dès qu'ils posent des affirmations et veulent agir en conséquence.

En proie à cette détresse, à ces besoins, à ces désirs, je fis connaissance avec Schopenhauer.

Je suis de ces lecteurs de Schopenhauer qui dès la première page savent avec certitude qu'ils liront toutes les autres et prêteront l'oreille au moindre mot qu'il ait jamais dit. Ma confiance en lui fut immédiate et elle est encore la même qu'il y a neuf ans. Je le compris comme s'il avait écrit pour moi, pour m'exprimer de manière intelligible, mais immodeste et folle. C'est pourquoi je n'ai jamais trouvé de paradoxe chez lui, tout au plus, çà et là, une petite erreur. Car que sont les paradoxes, si ce n'est des affirmations qui n'inspirent aucune confiance, parce que l'auteur lui-même les a formulées sans véritable confiance, parce qu'avec elles il voulait briller, séduire et somme toute paraître? Schopenhauer ne veut jamais paraître, car il écrit pour lui-même et personne ne se plaît à être trompé, surtout pas un philosophe qui s'est même érigé cette loi : « Ne trompe personne, pas même toi. Pas même en usant de cette tromperie obligeante et mondaine qu'entraîne presque toute conversation, et que les écrivains imitent quasiment à leur insu; encore moins avec la tromperie plus consciente de la tribune, et les moyens artificiels de la rhétorique. » Schopenhauer, au contraire, se parle à lui-même : ou si l'on veut à toute force lui supposer un auditeur, qu'on pense à un fils instruit par son père. C'est un discours droit, rude et bienveillant devant un auditeur qui écoute avec amour. Nous manquons de tels écrivains. La vigoureuse euphorie de celui qui parle nous enveloppe au premier accent de sa voix; nous éprouvons alors le même sentiment qu'en pénétrant dans la futaie, nous respirons profondément et soudain nous nous sentons de nouveau bien. Nous le sentons, il y a là un air toujours égal et fortifiant, ici règnent une certaine désinvolture, un certain naturel inimitables comme en possèdent les hommes qui se trouvent chez eux à l'intérieur d'eux-mêmes, et qui plus est maîtres d'une riche demeure : à l'opposé de ces écrivains qui sont les premiers étonnés quand d'aventure ils se montrent spirituels et dont le discours contracte de ce fait quelque chose d'inquiet et de forcé. Rien non plus, lorsque Schopenhauer parle, ne nous rappelle le savant aux membres naturellement raides et mal exercés, à la poitrine étroite, et dont la démarche est, partant, anguleuse, embarrassée ou affectée; et d'autre part l'âme rude et un peu bourrue de Schopenhauer, loin de faire regretter la souplesse et l'élégance de cour des bons écrivains français, enseigne au contraire à les mépriser, et nul ne découvrira chez lui cette imitation, cette sorte d'argenture et d'apparence de style français où se complaisent certains auteurs allemands. Ici et là, le style de Schopenhauer me rappelle un peu Goethe, mais sinon aucun modèle allemand [1]. Car il s'entend à dire ce qui est profond simplement, ce qui est émouvant sans rhétorique, ce qui est strictement scientifique sans pédanterie; et de quel Allemand aurait-il bien pu l'apprendre? Il est également exempt de la manière subtile, mobile à l'excès et – révérence parler – assez peu allemande de Lessing, ce qui est un grand mérite car au regard de l'expression en prose, Lessing est l'auteur le plus séduisant parmi les Allemands. Et pour avancer tout de suite le plus grand bien que je puisse formuler au sujet de son style, je lui appliquerai cette phrase, qui est de lui : « Un philosophe doit être très honnête pour n'avoir recours à aucun procédé de poésie ni de rhétorique. » Que l'honnêteté soit quelque chose, et même une vertu, à l'époque des opinions publiques, cela appartient assurément au cercle des opinions privées qui sont interdites. Aussi n'aurai-je pas loué Schopenhauer, je l'aurai simplement caractérisé, si je répète : il est honnête, même comme écrivain. Et si peu d'écrivains le sont qu'à vrai dire on devrait se méfier de tous les hommes qui écrivent. Je ne connais qu'un seul écrivain que, pour l'honnêteté, je place aussi haut, sinon plus, que Schopenhauer : c'est Montaigne. En vérité, du fait qu'un tel homme a écrit, le plaisir de vivre sur cette terre en a été augmenté. Pour ma part, du moins, depuis que j'ai fait connaissance avec cette âme, la plus libre et la plus vigoureuse, il me faut dire de lui ce qu'il dit de Plutarque : « À peine ai-je jeté les yeux sur lui qu'il me pousse une jambe ou une aile [1]. » C'est à côté de lui que je me rangerais si le devoir s'imposait de se choisir une patrie sur la terre.

Outre l'honnêteté, Schopenhauer a encore une autre qualité en commun avec Montaigne : une sérénité qui rend réellement serein. *Aliis laetus, sibi sapiens.* Il y a en effet deux sortes très différentes de sérénité. Le vrai penseur réjouit et rassérène toujours, qu'il parle sérieusement ou qu'il plaisante, qu'il exprime sa perspicacité humaine ou sa divine indulgence; cela, sans gestes chagrins, sans mains qui tremblent, sans regards noyés, mais avec sûreté et simplicité, avec courage et vigueur, peut-être avec quelque chose de chevaleresque et de dur, mais toujours en vainqueur. Et c'est précisément cela qui réjouit au plus profond et au plus intime de l'être : voir le dieu triomphant debout à côté de tous les monstres qu'il a combattus. Au contraire la gaieté que l'on rencontre parfois chez des écrivains médiocres et des penseurs de peu de souffle nous afflige à la lecture; c'était par exemple l'effet sur moi de la gaieté de David Strauss. On a honte à bon droit d'avoir de ces contemporains si sereins qu'ils compromettent l'époque, et nous autres avec elle, auprès de la postérité. De tels plaisantins n'aperçoivent même pas les douleurs et les monstres qu'ils prétendent voir et combattre en tant que penseurs; aussi leur sérénité éveille-t-elle le dépit parce qu'elle illusionne : elle veut donner à croire qu'une victoire vient d'être remportée. Au fond, il n'y a de sérénité que là où il y a victoire, et cela vaut autant pour les œuvres de vrais penseurs que pour toute œuvre d'art. Le contenu peut bien en être aussi terrible et grave que le problème même de l'existence : l'œuvre n'aura d'effet oppressant et torturant que si le demi-penseur et le demi-artiste ont répandu sur elle les exhalaisons de leur insatisfaction; tandis que rien de plus joyeux ni de meilleur ne peut être accordé à l'homme que d'approcher l'un de ces victorieux qui, parce qu'ils ont pensé le plus profond, doivent précisément aimer ce qu'il y a de plus vivant, et qui pour finir inclinent avec sagesse au beau. Ils parlent réellement, ils ne balbutient pas, et ne bavardent pas non plus en commentant les autres; ils se meuvent et vivent vraiment, et non selon cette mascarade sinistre que vivent d'ordinaire les hommes : c'est pourquoi à proximité d'eux nous nous sentons enfin réellement humains et naturels et nous voudrions nous exclamer comme Goethe : « Quelle chose magnifique et délicieuse qu'un être vivant! Comme il est bien adapté à sa condition, comme il est vrai, comme il est rempli d'être [1]! »

Je ne décris rien d'autre que la première impression, pour ainsi dire physiologique, que Schopenhauer suscita en moi, cette magique effusion de l'énergie la plus intime qui se communique d'un être de la nature à l'autre et qui survient au premier et au plus léger contact; et si j'analyse après coup cette impression, je la trouve composée de trois éléments, l'impression de son honnêteté, de sa sérénité et de sa constance. Il est honnête parce qu'il parle et écrit pour lui-même et à lui-même; serein, parce qu'il a vaincu par la pensée ce qu'il y a de plus difficile, et constant parce que ainsi il doit être. Sa force monte droite et légère comme une flamme dans l'air tranquille, sûre d'elle, sans tremblement, sans inquiétude. Dans chaque cas il trouve son chemin sans même que nous remarquions qu'il l'ait cherché; au contraire, comme mû par une loi de pesanteur, il s'y élance, ferme et agile, inexorable. Et quiconque a jamais senti ce que c'est, à notre époque d'humanité hybride, que de rencontrer un être entier, cohérent, mobile sur ses propres gonds, exempt d'hésitation et d'entraves, celui-là comprendra mon bonheur et ma surprise lorsque je découvris Schopenhauer : je pressentais que j'avais trouvé en lui cet éducateur et ce philosophe que j'avais si longtemps cherché. Ce n'était certes qu'en tant que livre pourtant, et c'était là une grande déficience. Je m'efforçai d'autant plus de voir à travers le livre et de me représenter l'homme vivant dont j'avais à lire le grand testament et qui promettait de ne choisir pour ses héritiers que ceux qui voulaient et pouvaient être davantage que ses simples lecteurs : c'est-à-dire ses fils et ses disciples.

3.

J'estime un philosophe dans la mesure où il est en état de donner un exemple. Nul doute que par l'exemple il puisse entraîner à sa suite des peuples entiers; l'histoire des Indes qui est presque l'histoire de la philosophie indienne le prouve. Mais l'exemple doit être donné par la vie visible et non pas seulement par les livres; il doit donc être donné, comme l'enseignaient les philosophes de la Grèce, par l'expression du visage, l'attitude, le vêtement, le régime alimentaire, les mœurs, plus encore que par les paroles et surtout que par l'écriture. Comme nous sommes loin encore en Allemagne de cette courageuse visibilité d'une vie philosophique! Les corps ne se libèrent ici que très lentement, quand les esprit semblent depuis bien longtemps libérés; et pourtant ce n'est qu'illusion de croire qu'un esprit soit libre et indépendant, quand cette autonomie acquise – qui est au fond une limitation créatrice que l'on s'impose – ne se manifeste pas du matin au soir dans chaque pas et dans chaque regard. Kant restait attaché à l'Université, se soumettait aux gouvernements, il gardait les dehors d'une foi religieuse, supportait de vivre parmi des collègues et des étudiants : il est donc naturel que son exemple ait produit surtout des professeurs de philosophie et une philosophie de professeurs. Schopenhauer s'embarrasse peu des castes académiques, il fait bande à part, il recherche l'indépendance à l'égard de l'État et de la société – c'est là son exemple, son modèle –, pour commencer par ce qu'il y a de plus extérieur. Mais il est bien des degrés dans la libération de la vie philosophique qui sont encore inconnus chez les Allemands et qui ne pourront le demeurer toujours. Nos artistes vivent avec plus d'audace et d'honnêteté; et le plus puissant exemple que nous ayons devant nous, celui de Richard Wagner, montre que le génie n'a pas le droit de craindre d'entrer dans la contradiction la plus hostile avec les formes et les ordres existants, s'il veut manifester au jour la vérité et l'ordre supérieurs qu'il porte en lui. Mais la « vérité », dont nos professeurs discourent tant, semble assurément être une chose bien plus modeste dont il ne faut redouter ni désordre ni excentricité : c'est une créature d'humeur facile et bienveillante qui ne se lasse pas d'assurer à tous les pouvoirs établis qu'elle ne veut créer d'ennuis à personne; n'est-on pas « science pure »? Je voulais donc dire que la philosophie en Allemagne doit de plus en plus désapprendre à être « science pure », et c'est justement là l'exemple de l'homme Schopenhauer.

Mais c'est miracle et rien de moins qu'il ait pu s'élever à ce modèle humain : il était en effet comme enveloppé de l'extérieur et de l'intérieur par les plus monstrueux dangers qui auraient écrasé ou mis en pièces toute créature plus faible. Il y avait, à ce qu'il me semble, de fortes présomptions pour que l'homme Schopenhauer succombât et ne laissât comme vestige, dans le meilleur des cas, que de la « science pure » : mais cela même seulement dans le meilleur des cas; le plus vraisemblable eût été ni homme ni science.

Un Anglais moderne [1] décrit ainsi le danger le plus général que courent les hommes d'exception qui vivent dans une société attachée à la norme ordinaire : « Au début, ces caractères étrangers sont abattus, puis ils deviennent mélancoliques, puis malades et pour finir ils périssent. Un Shelley n'aurait pas pu vivre en Angleterre et une race de Shelley eût été impossible. » Nos Hölderlin, nos Kleist, et combien d'autres, ont dépéri du fait de leur caractère insolite et ils n'ont pu supporter le climat de la prétendue culture allemande. Et seules des natures d'airain, comme Beethoven, Goethe, Schopenhauer et Wagner, peuvent tenir bon. Mais chez eux aussi l'effet de cette lutte, de cette crispation épuisante entre toutes se manifeste par bien des traits et des rides : leur respiration devient difficile et leur ton se fait souvent trop violent. Ce diplomate chevronné [2], qui n'avait fait qu'entrevoir Goethe et échanger quelques mots avec lui, ne disait-il pas à ses amis : *Voilà un homme qui a eu de grands chagrins *!* – ce que Goethe a traduit en allemand : « *das ist auch einer, der sich's hat sauer werden lassen!* » Et il ajoute : « Si la trace de la douleur affrontée, de l'activité déployée ne se laisse pas effacer

* En français dans le texte.

des traits de notre visage, il n'est rien d'étonnant à ce que tout ce qui reste de nous et de nos efforts porte la même trace. » Voilà ce Goethe que nos philistins de la culture désignent comme le plus heureux des Allemands pour démontrer qu'il doit être possible d'être heureux parmi eux – avec l'arrière-pensée qu'il est impardonnable de s'y trouver malheureux et solitaire. De cela, avec une grande cruauté, ils ont même déduit et expliqué en pratique le dogme qu'il y a toujours dans toute solitude une faute secrète. Et le pauvre Schopenhauer avait aussi sur le cœur une de ces fautes secrètes : celle d'estimer plus sa philosophie que ses contemporains; de plus, il avait l'infortune d'avoir appris de Goethe justement que pour sauver l'existence de sa philosophie, il lui fallait la défendre à tout prix contre l'indifférence de ses contemporains; il y a en effet une sorte de censure inquisitoriale que les Allemands, à en croire Goethe, ont portée fort loin : c'est un silence de pierre. Du moins par ce procédé avait-on déjà obtenu que la majeure partie de la première édition de son œuvre principale fût envoyée au pilon. Le danger menaçant de voir sa grande action rendue au néant par le simple effet de l'indifférence le jeta dans une inquiétude terrible, difficile à maîtriser; aucun partisan notable ne se manifestait. Il est triste pour nous de le voir en quête de la moindre trace de sa propre notoriété; et son bruyant, trop bruyant triomphe final, lorsqu'il est enfin réellement lu *(« legor et legar * »)*, a quelque chose de douloureux et d'émouvant. Tous ces traits, dans lesquels il ne marque pas la dignité du philosophe, montrent précisément l'homme souffrant qui appréhende pour ses biens les plus précieux; c'est ainsi que le tourmente le souci de perdre sa petite fortune et peut-être de ne plus pouvoir assumer son attitude pure et vraiment antique à l'égard de la philosophie; c'est ainsi qu'il s'est souvent trompé dans sa quête d'hommes tout à fait confiants et compatissants, pour retourner toujours avec un regard mélancolique à son fidèle chien. C'était véritablement un solitaire; aucun ami vraiment de la même humeur que lui n'était là pour le consoler – et entre un seul et aucun, il y a, comme entre quelque chose et rien, un infini. Celui qui a de vrais amis ne sait pas ce qu'est la vraie solitude, eût-il pour adver-

* Je suis lu et je serai lu. *(N. d. T.)*

saire le monde entier autour de lui. – Mais je vois bien, hélas, que vous ne savez pas ce qu'est la solitude. Partout où il y a eu des sociétés, des gouvernements, des religions, des opinions publiques puissantes, bref, partout où il y a eu tyrannie, elle a exécré le philosophe solitaire, car la philosophie offre à l'homme un asile où nulle tyrannie ne peut pénétrer, la caverne de l'intériorité, le labyrinthe du cœur : ce qui indispose les tyrans. Les solitaires se cachent, mais là les guette aussi leur plus grand danger. Ces hommes, qui ont abrité leur liberté au fond d'eux-mêmes, doivent aussi avoir une vie extérieure, se rendre visibles, se faire voir. Du fait de leur naissance, de leur domicile, de leur éducation, de leur patrie, du hasard, de l'importunité d'autrui, ils se trouvent engagés dans d'innombrables relations humaines; on leur prête de même une infinité d'opinions, simplement parce qu'elles sont les opinions régnantes; toute expression du visage qui n'est pas négative passe pour une approbation; tout mouvement de la main qui ne détruit pas est interprété comme un assentiment. Ils savent bien, ces solitaires libres dans leur esprit, qu'ils paraissent constamment, en quelque manière, autres qu'ils ne pensent; alors qu'ils ne veulent rien que la vérité et l'honnêteté, il se tisse autour d'eux un réseau de malentendus; et la violence de leur désir ne peut empêcher que pèse sur leur action une brume d'opinions fausses, d'accommodements, de demi-concessions, de silences complaisants, d'interprétations erronées. Cela amasse un nuage de mélancolie sur leur front : car de telles natures haïssent plus que la mort qu'il soit nécessaire de paraître. Et cette amertume prolongée les rend volcaniques et menaçants. De temps en temps, ils se vengent de leur dissimulation forcée, de la réserve qu'ils s'imposent. Ils sortent de leur caverne avec des mines effroyables, leurs paroles et leurs actes sont alors explosions, et il arrive qu'ils succombent d'avoir été eux-mêmes. Schopenhauer vivait ainsi dangereusement. De tels solitaires ont justement besoin d'amour, ils ont besoin de compagnons avec qui ils puissent se montrer ouverts et francs comme envers eux-mêmes, et en présence de qui cesse la crispation du silence et de la dissimulation. Ôtez-leur ces compagnons et vous provoquerez un péril croissant; Heinrich von Kleist est mort de cette absence d'amour et le plus terrible remède à appliquer aux hommes d'exception est de les refouler si profondément en eux-mêmes que chacune de leurs échappées prend l'allure d'une éruption volcanique. Il est pourtant toujours un demi-dieu qui supporte de vivre dans des conditions aussi effroyables, et de vivre en vainqueur; et si vous voulez écouter ses chants solitaires, écoutez la musique de Beethoven.

Tel fut le premier danger à l'ombre duquel Schopenhauer a grandi : l'isolement. Le second s'appelle : désespérer de la vérité. Ce danger accompagne tout penseur qui commence son chemin à partir de la philosophie de Kant, à supposer qu'il soit un homme robuste et complet dans la souffrance et dans le désir, et non simplement une cliquetante machine à penser et à calculer. Or nous savons tous très bien ce qu'il y a de honteux à ce présupposé; il me semble même en général que Kant n'a exercé cette pénétration vivante, métamorphosant sang et sèves, que sur très peu d'individus. Certes, on peut lire partout que depuis l'entreprise de ce silencieux savant une révolution a éclaté dans tous les domaines de l'esprit; mais je ne peux le croire. Car je ne le distingue pas clairement chez les hommes qui auraient dû être révolutionnés tout les premiers avant que de quelconques domaines entiers le puissent être. Mais à peine Kant aurait-il commencé d'exercer une influence populaire, nous remarquerions celle-ci sous la forme d'un scepticisme et d'un relativisme rongeurs et destructeurs; et c'est seulement chez les esprits les plus actifs et les plus nobles, ceux qui n'ont jamais supporté de rester dans le doute, que surgirait à sa place ce bouleversement, ce désespoir à l'égard de toute vérité ainsi que par exemple Heinrich von Kleist l'a vécu comme effet de la philosophie kantienne. « Il y a peu, écrit-il dans son style saisissant, j'ai fait connaissance avec la philosophie de Kant, et il me faut maintenant te communiquer une pensée à son sujet, n'ayant pas lieu de craindre qu'elle t'ébranlera aussi profondément, aussi douloureusement que moi. – Nous ne pouvons pas trancher si ce que nous appelons la vérité est vraiment la vérité, ou si cela nous apparaît seulement ainsi. Dans le second cas, la vérité que nous amassons ici n'est plus rien après la mort et tout effort pour acquérir une propriété qui nous suive aussi dans la tombe est vain. – Si la pointe de cette pensée ne touche pas ton cœur, ne souris pas cependant d'un autre qui s'en trouve blessé au plus profond, dans son intérieur le plus sacré. Mon but unique, mon but suprême a sombré et je n'en ai plus aucun [1]. »

Oui, quand donc les hommes auront-ils de nouveau cette sensibilité naturelle et kleistienne, quand apprendront-ils à nouveau à mesurer le sens d'une philosophie selon leur « intérieur le plus sacré »? Et pourtant cela est déjà nécessaire pour apprécier ce que Schopenhauer justement peut être pour nous après Kant – le guide qui conduit des hauteurs de la morosité sceptique ou du renoncement critique à celles de la contemplation tragique, avec le ciel nocturne et ses étoiles à l'infini au-dessus de nous, l'homme qui s'est lui-même, le premier, assigné ce chemin et l'a parcouru. C'est là sa grandeur, de se placer face à l'image de la vie comme devant une totalité pour l'interpréter comme totalité. Alors que les esprits les plus perspicaces n'arrivent pas à se débarrasser de l'erreur que l'on parvient mieux à cette interprétation en examinant avec minutie les couleurs du tableau et la matière sur laquelle il est peint; avec pour résultat peut-être qu'il s'agit là d'une toile à la texture particulièrement subtile et que les couleurs apposées ne peuvent être analysées chimiquement. Il faut deviner le peintre si l'on veut comprendre le tableau – Schopenhauer le savait. Or à présent l'entière corporation de toutes les sciences ne vise qu'à comprendre cette toile et ces couleurs, et non le tableau. On peut même dire que seul celui qui a fermement embrassé du regard la peinture générale de la vie et de l'existence se servira des sciences particulières sans se nuire à lui-même, car sans cette image régulative d'ensemble, elles ne sont que des ficelles qui, à la fin, ne mènent nulle part et rendent le cours de notre vie encore plus confus et plus labyrinthique. Comme je l'ai dit, Schopenhauer est grand en ceci qu'il poursuit ce tableau comme Hamlet poursuit le spectre, sans se laisser détourner, comme le font les savants, et sans s'empêtrer dans une scolastique conceptuelle, comme c'est le sort des dialecticiens effrénés. L'étude de tous les quarts de philosophes n'a d'autre attrait que de montrer que ceux-ci se portent d'emblée, dans l'édifice des grandes philosophies, aux passages où il est permis de débattre avec pédanterie du pour et du contre, où il est permis de ruminer, de douter, de contredire, et qu'ils échappent partant à l'exigence de toute grande philosophie, qui, comme totalité ne dit jamais toujours que : « Telle est l'image de toute vie, déduis-en le sens de la tienne. » Et inversement : « Déchiffre seulement ta vie et tu comprendras les hiéroglyphes de la vie universelle. »

Et c'est ainsi aussi qu'il faut toujours interpréter d'abord la philosophie de Schopenhauer : de façon individuelle, par l'individu seul et à son propre usage, pour qu'il se pénètre de sa propre misère et de ses besoins, de ses limites, et apprenne à connaître les remèdes et les consolations : c'est-à-dire l'abnégation du moi, la soumission aux fins les plus nobles, et avant tout celles de la justice et de la pitié. Il nous enseigne à distinguer entre les façons réelles ou apparentes de travailler au bonheur humain, et comment ni la richesse, ni les honneurs, ni le savoir ne peuvent arracher l'individu à la lassitude profonde qu'il éprouve devant l'absence de valeur de son existence, et comment l'effort pour acquérir ces biens ne reçoit de sens que par un but d'ensemble élevé et transfigurateur : conquérir la puissance pour, grâce à elle, venir en aide à la *physis* et en corriger tant soit peu les folies et les maladresses. Au départ, certes, ce n'est d'abord que pour soi : mais à travers soi, à la fin, c'est pour tous. C'est assurément un effort qui mène en profondeur et intimement à la résignation, car quelles choses et combien peuvent encore en général être améliorées, qu'il s'agisse du particulier ou de l'universel!

Si nous appliquons ces termes à Schopenhauer, nous touchons au troisième et au plus remarquable danger dans lequel il a vécu, et qui était dissimulé dans toute la structure et toute l'ossature de son être. Tout homme trouve d'ordinaire en lui une limite à ses dons comme à son vouloir moral, et cette limite le remplit de nostalgie et de mélancolie. Et de même que du fond du sentiment de son péché il aspire à la sainteté, il porte en lui, en tant qu'être intellectuel, une aspiration profonde au génie. Là réside la racine de toute vraie culture, et si j'entends par ce mot la nostalgie de l'homme à *renaître* comme saint et comme génie, je sais qu'il n'est nul besoin d'être bouddhiste pour comprendre ce mythe. Quand, dans le cercle des savants ou même de ceux que l'on appelle les gens cultivés, nous rencontrons des dons sans cette nostalgie, ces dons nous inspirent de la répulsion et du dégoût, parce que nous pressentons que ces hommes, avec tout leur esprit, loin de faire progresser une culture en gestation et l'enfantement du génie – ce qui est le but de toute culture –, y font obstacle. Il y a là un état d'endurcissement qui équivaut à cette vertu froide et fière d'elle-même, façonnée par l'habitude, et qui est aussi le plus loin de la véritable sainteté et en écarte.

Or la nature de Schopenhauer renfermait une dualité étrange et extrêmement périlleuse. Peu de penseurs ont senti à ce point et avec cette incomparable précision le travail du génie en eux; et son génie lui faisait la plus haute promesse : qu'il n'y aurait pas de sillon plus profond que celui que son soc tracerait dans le sol de l'humanité moderne. Ainsi il se savait une partie de son être satisfaite et comblée, sans désir, certain de la force qu'elle avait – ainsi, conscient d'être un achèvement vainqueur, portait-il sa vocation avec grandeur et dignité. Une nostalgie impétueuse vivait dans l'autre moitié de son être. Nous le comprenons en entendant dire qu'il se détourna avec un regard douloureux du portrait de Rancé, le grand fondateur de la Trappe, en prononçant ces mots : « C'est là œuvre de grâce. » Car le génie aspire d'autant plus à la sainteté que depuis son guet il a vu plus loin et plus clair qu'un autre homme, là où la connaissance et l'être se réconcilient, là où règnent la paix et la négation du vouloir, et jusqu'à cette autre rive dont parlent les Hindous. Mais c'est là justement le miracle : quelle ne devait pas être l'unité inconcevable et indestructible de la nature de Schopenhauer, pour n'être ni brisée ni non plus endurcie par cette nostalgie! Ce que cela signifie, chacun le comprendra à la mesure de ce qu'il est et de ce qu'il vaut, et nul d'entre nous ne le comprendra entièrement, dans toute sa gravité.

Plus on réfléchit aux trois dangers exposés plus haut, plus on s'étonne de voir avec quelle vigueur Schopenhauer s'est défendu contre eux, et comme il est sorti sain et droit de cette lutte. Avec de nombreuses balafres et des plaies ouvertes, certes, et dans un état d'esprit qui semble peut-être âpre à l'excès, et parfois aussi par trop guerrier. Son idéal propre s'élève même au-dessus de l'homme le plus grand. Que Schopenhauer puisse être un modèle, cela reste vrai en dépit de toutes ces cicatrices et de toutes ces taches. On pourrait même dire que ce qu'il y avait d'imparfait et de trop humain dans son être est précisément ce qui nous rapproche le plus de lui au sens le plus humain du mot car nous le voyons alors comme un être souffrant et comme un compagnon de souffrance, et non plus seulement dans la hauteur dédaigneuse du génie.

Ces trois dangers de constitution qui menaçaient Schopenhauer nous menacent tous. Chacun porte en soi comme noyau de son être une unicité productive; et lorsqu'il prend conscience de cette unicité, un halo étranger se forme autour de lui, le halo de l'insolite. Pour la plupart, c'est là quelque chose d'insupportable parce que, ainsi que je l'ai dit, ils sont paresseux et parce qu'à cette unicité s'attache toute une chaîne de peines et de fardeaux. Nul doute que pour l'être insolite qui se charge de cette chaîne la vie perde presque tout ce que l'on espère d'elle dans la jeunesse : gaieté, sécurité, facilité, honneur. Un destin de solitude est le cadeau que lui font ses contemporains. Qu'il vive où il veut, le désert et la caverne sont déjà là. Qu'il veille alors à ne pas se laisser asservir, à ne pas tomber dans le découragement et la mélancolie. Aussi, qu'il s'entoure des images de bons et vaillants combattants tels que Schopenhauer en fut un. Mais le second danger qui menaçait Schopenhauer n'est pas tout à fait rare non plus. Il y a çà et là un homme naturellement doué de perspicacité, ses pensées suivent volontiers le double chemin dialectique; s'il lâche imprudemment la bride à son talent, comme il est facile qu'il succombe comme homme et ne mène plus guère que dans la « science pure » une vie de fantôme; ou que, habitué à chercher dans les choses le pour et le contre, il perde absolument le sens de la vérité et qu'il doive vivre ainsi sans courage ni confiance, niant, doutant, rongeur et mécontent, dans une demi-espérance, attendant d'être déçu : « Une vie pareille, un chien n'en voudrait pas [1]! » Le troisième danger, c'est l'endurcissement, moral et intellectuel; l'homme déchire le lien qui le rattachait à son idéal; dans tel ou tel domaine, il cesse d'être fécond, de procréer, au sens de la culture, il devient nuisible ou inutile. L'unicité de son être est devenue un atome insécable, incommunicable, une pierre figée. Et c'est ainsi que l'on peut dépérir par cette unicité comme par peur de celle-ci, dépérir d'être soi et du renoncement à soi, dépérir par nostalgie et par endurcissement : et vivre en général, c'est être en danger.

Outre ces dangers de toute sa constitution auxquels Schopenhauer était exposé, qu'il eût vécu dans ce siècle ou dans un autre – il fut assailli par d'autres périls qui tenaient à son temps; et cette distinction entre dangers constitutifs et dangers d'époque est essentielle pour comprendre ce qu'il y a d'exemplaire et d'éducateur dans la nature de Schopenhauer. Représentons-nous l'œil du philosophe posé sur l'existence : il veut de nouveau en déterminer la valeur. Car cela a toujours été le travail propre des grands penseurs de légiférer pour la mesure, la monnaie et le poids des choses. Quel obstacle pour lui quand l'humanité qu'il voit la plus proche n'est justement qu'un fruit médiocre dévoré de vers! Pour être juste envers l'existence en général, combien lui faudra-t-il ajouter à la non-valeur du temps présent! S'il est profitable de s'occuper de l'histoire des peuples passés ou étrangers, ce l'est d'autant plus pour le philosophe qui veut énoncer un jugement juste sur le sort général de l'humanité, et donc non seulement sur le sort moyen, mais avant tout aussi sur le sort suprême qui peut échoir aux individus comme aux peuples entiers. Maintenant, tout présent s'impose avec insistance, il agit et détermine le regard, même si le philosophe ne le veut pas; et dans le calcul d'ensemble il se trouvera involontairement chiffré trop haut. C'est pourquoi le philosophe doit estimer exactement son époque par comparaison avec d'autres et, tout en triomphant pour lui-même du présent, il doit aussi en triompher dans son image qu'il donne de la vie, c'est-à-dire le rendre imperceptible et en quelque sorte peindre sur lui. C'est une tâche très difficile, à peine possible. Le jugement des anciens philosophes grecs sur la valeur de l'existence en dit bien plus qu'un jugement moderne parce qu'ils avaient sous les yeux et autour d'eux la vie même dans une luxuriante perfection et que chez eux le sentiment du penseur ne s'égare pas comme chez nous dans le conflit du désir de liberté, beauté, grandeur de la vie, et l'instinct de vérité qui demande seulement : Quelle est donc la valeur de l'existence en général? Pour toutes les époques, il demeure important de savoir ce que Empédocle a dit de l'existence, au cœur de la joie de vivre la plus vigoureuse et la plus exubérante qu'ait connue la culture grecque; son jugement pèse très lourd, d'autant qu'il n'est contredit par aucun jugement contraire de quelque autre grand philosophe de la même grande époque. Il est seulement celui qui s'exprime de la manière la plus claire, mais au fond – pour peu que l'on prête l'oreille, ils disent tous la même chose. Comme on l'a dit, un penseur moderne souffrira toujours d'un désir inassouvi : il exigera qu'on lui montre d'abord de la vie, une vie vraie, rouge, saine, afin qu'il puisse à son sujet se prononcer en juge. Tout au moins pour lui-même, il considérera comme nécessaire d'être un homme vivant avant de se croire un juge équitable. Telle est la raison pour laquelle les philosophes modernes appartiennent aux promoteurs les plus puissants de la vie, de la volonté de vivre, et du fond de leur époque anémiée aspirent à une culture, à une transfiguration de la *physis*. Mais cette aspiration est aussi leur *péril* : le réformateur de la vie et le philosophe – c'est-à-dire : le juge de la vie – s'affrontent en eux. De quelque côté que penche la victoire, c'est une victoire qui inclut une perte. Comment donc Schopenhauer a-t-il échappé à ce danger aussi?

Si l'on aime précisément à considérer tout grand homme comme le véritable fils de son temps et qu'il souffre en tout cas de toutes les infirmités de celui-ci de manière plus forte et plus sensible que tous les hommes plus médiocres, le combat de ce grand homme *contre* son temps n'est en apparence qu'un combat insensé et destructeur contre lui-même. Mais ce n'est là qu'une apparence car, dans le temps, il combat ce qui l'empêche d'être grand, ce qui chez lui ne signifie jamais que : être libre et tout à fait lui-même. Il s'ensuit que son hostilité est au fond dirigée contre ce qui est en lui-même, certes, mais n'est pas véritablement lui-même, dirigée contre le mélange impur et confus d'éléments incompatibles à jamais inconciliables, contre la fausse soudure de l'actuel à son propre caractère inactuel; et à la fin, il se révèle que le prétendu fils de son temps n'en est que le *bâtard*. Ainsi, dès sa plus tendre jeunesse, Schopenhauer s'est-il dressé contre cette mère fausse, vaniteuse et indigne, son époque, et en l'expulsant pour ainsi dire de lui il a purifié et guéri son être et il s'est retrouvé dans la santé et la pureté qui lui appartiennent. C'est pourquoi il faut se servir des écrits de Schopenhauer comme d'un miroir de l'époque, et ce n'est évidemment pas faute au miroir si tout ce qui est actuel n'apparaît en lui que comme une maladie qui défigure, sous forme de maigreur et de pâleur, d'yeux creux et de mines affaissées, de souffrances reconnaissables de cette enfance bâtarde. La nostalgie d'une nature forte, d'une humanité simple et saine, était chez lui une nostalgie de lui-même. Et dès qu'il eut en lui vaincu le temps, il lui fallut aussi, d'un œil étonné, apercevoir en lui-même le génie. Le secret de son être lui fut désormais révélé, et déjouée l'intention de cette marâtre époque qui voulait lui dissimuler ce génie. L'empire de la *physis* transfigurée était découvert. Dès lors, quand il tournait son œil intrépide vers la question : « Quelle est donc la valeur de la vie en général? » – il n'avait plus à juger une époque confuse et décolorée, sa vie hypocrite et sans clarté. Il savait bien qu'il y a sur cette terre à trouver et à atteindre des choses plus hautes et plus pures qu'une telle vie de conformité au temps, et que quiconque ne connaît et n'apprécie l'existence que selon cette forme détestable lui fait cruellement tort. Non, c'est au génie lui-même qu'on en appelle à présent, pour entendre si lui, qui est le fruit suprême de la vie, ne pourrait pas d'aventure justifier la vie absolument parlant; l'homme magnifique et créateur doit répondre à la question : « Au plus profond de ton cœur, dis-tu oui à cette existence? Te suffit-elle? Veux-tu être son porte-parole, son rédempteur? Car il ne faut qu'un seul véritable oui de ta bouche – et la vie si lourdement accusée sera acquittée. » – Que répondra-t-il? – La réponse d'Empédocle.

4.

Peu importe que ce dernier signe reste pour le moment incompris; j'en arrive à quelque chose de très compréhensible : expliquer comment nous pouvons tous, par Schopenhauer, nous éduquer *contre* notre temps, parce que nous avons, grâce à lui, l'avantage de *connaître* vraiment ce temps. Si toutefois c'est un avantage! En tout cas il se pourrait que dans quelques siècles ce ne fût plus du tout possible. Je me plais à imaginer que les hommes seront un jour prochain rassasiés de lecture, et rassasiés des écrivains; qu'un jour le savant réfléchira, fera son testament et prescrira que son cadavre soit brûlé au milieu de ses livres et surtout de ses propres écrits. Et s'il est vrai que les forêts doivent se faire de plus en plus rares, ne faudra-t-il pas en venir un jour à traiter les bibliothèques comme autant de bois, de paille et de brindilles? La plupart des livres sont bien nés de la fumée et de la vapeur des têtes : qu'ils redeviennent donc vapeur et fumée! S'ils n'avaient pas de feu en eux, le feu les en châtiera! Il se pourrait donc que dans un siècle futur notre époque passât justement pour un *saeculum obscurum* parce que c'est de ses produits que l'on aura le plus longtemps et le plus assidûment alimenté les poêles. Quel n'est donc pas notre bonheur d'avoir encore pu connaître cette époque! Si en effet cela a le moindre sens de s'occuper de son temps, c'est un bonheur en tout cas de s'en occuper le plus à fond possible, de manière à ne plus garder le moindre doute à son sujet : c'est précisément ce que nous accorde Schopenhauer.

Certes, ce bonheur serait cent fois plus grand si de cette enquête il résultait qu'il n'y a jamais rien eu d'aussi fier et d'aussi riche d'espoirs que cette époque. Pour le moment, il existe encore des gens naïfs dans quelque coin de la terre, en Allemagne par exemple, qui sont disposés à le croire et qui même affirment avec le plus grand sérieux que depuis quelques années, le monde s'est corrigé et que quiconque pourrait encore nourrir de sombres et lourdes pensées à propos de l'existence se trouve réfuté par les « faits ». Car on en est là : la fondation du nouvel Empire allemand serait le coup décisif et destructeur de toute espèce de philosophie « pessimiste » – il n'y a pas à en démordre. Celui qui maintenant veut répondre à la question : que signifie à notre époque le philosophe comme éducateur?, doit répondre à cette question très répandue et surtout très prisée au sein des universités, et le faire ainsi : c'est une honte, une abjection qu'une flatterie aussi répugnante au service des idoles du jour puisse être prononcée et répétée par des hommes réputés pensants et honorables – c'est la preuve que l'on n'a même plus idée de ce qui sépare le sérieux de la philosophie du sérieux d'un journal. Ces gens-là ont perdu le dernier vestige, non seulement de toute pensée philosophique, mais aussi de toute pensée religieuse, et en lieu et place, ce qu'ils ont acquis, ce n'est pas l'optimisme, c'est le journalisme, l'esprit – et l'absence d'esprit – du jour et des journaux. Toute philosophie qui croit qu'un événement politique puisse écarter, ou qui plus est résoudre, le problème de l'existence est une plaisanterie de philosophie, une pseudo-philosophie. Depuis que le monde existe, on a vu souvent se fonder des États; c'est une vieille histoire. Comment une innovation politique suffirait-elle à faire des hommes, une fois pour toutes, les heureux habitants de la terre? Mais si quelqu'un croit vraiment de tout son cœur que la chose soit possible, qu'il se montre; car en vérité il mérite de devenir professeur de philosophie dans une université allemande, tout comme Harms à Berlin, Jürgen Meyer à Bonn et Carrière à Munich.

Mais nous vivons là les conséquences de la doctrine récemment prêchée sur tous les toits : l'État est la fin suprême de l'humanité et il n'y a pas pour un homme de devoirs plus hauts que de servir l'État; je reconnais là, non une rechute dans le paganisme, mais dans la bêtise. Il se peut que l'homme en question qui voit dans le service de l'État son devoir suprême ne connaisse effectivement pas de devoirs plus hauts; il est pourtant des hommes et des devoirs au-delà, et l'un de ces devoirs, qui me paraît à moi du moins supérieur au service de l'État, exige de détruire la bêtise sous toutes ses formes, y compris donc celle-ci. C'est pourquoi je m'occupe ici d'une espèce d'hommes dont la téléologie va un peu au-delà du bien d'un État, je veux dire les philosophes; et d'eux je ne m'occupe aussi qu'en considération d'un monde qui est derechef plutôt indépendant du bien de l'État, la culture. Des nombreux anneaux qui, imbriqués l'un dans l'autre, constituent la communauté humaine, quelques-uns sont d'or, d'autres de tombac.

Maintenant, comment le philosophe envisage-t-il la culture à notre époque? Tout autrement, il faut l'avouer, que tous ces professeurs de philosophie satisfaits de l'État dans lequel ils vivent. Quand il pense à la hâte générale, à la croissance de la vitesse de chute, à la disparition de tout recueillement, de toute simplicité, il lui semble presque discerner les symptômes d'une extirpation, d'un déracinement complets de la culture. Les eaux de la religion sont en reflux et laissent derrière elles des marécages ou des étangs; les nations s'opposent à nouveau avec la plus grande hostilité et désirent se pourfendre. Les sciences, poursuivies sans mesure et abandonnées au plus aveugle *laisser faire* * déchiquettent et dissolvent tout ce qui était fermement cru; les classes cultivées et les États sont emportés par un courant d'argent gigantesque et méprisable. Jamais le monde n'a été plus mondain, plus pauvre d'amour et de bonté. Les classes cultivées ne sont plus des phares ou des asiles au sein de tout ce tourbillon d'esprit séculier. De jour en jour elles deviennent elles-mêmes plus inquiètes, plus vides d'amour et de pensée. Tout est au service de la barbarie

* En français dans le texte.

qui vient, tout y compris l'art et la science de ce temps. L'homme cultivé a dégénéré pour devenir le plus grand ennemi de la culture car il veut nier par des mensonges la maladie générale et il gêne les médecins. Ils s'aigrissent, ces pauvres bougres débiles, quand on parle de leur faiblesse et qu'on s'oppose à leur néfaste esprit de mensonge. Ils aimeraient trop faire croire qu'ils ont remporté la palme sur tous les siècles et ils se démènent avec une gaieté factice. Leur façon de simuler le bonheur a parfois quelque chose d'émouvant parce que leur bonheur a quelque chose de totalement inconcevable. On n'est même pas tenté de leur demander, comme Tannhäuser à Biterolf : « De quoi donc as-tu joui, toi le plus malheureux [1]? » Car, hélas, nous savons nous-mêmes trop bien, et autrement qu'eux, ce qu'il en est. Un jour d'hiver pèse sur nous et nous habitons dans la haute montagne, en proie au danger et au besoin. Brève est toute joie et pâle le rayon de soleil qui glisse vers nous de la montagne blanche. Alors une musique s'élève, un vieil homme tourne la manivelle d'un orgue de barbarie, les danseurs s'ébranlent – ce spectacle émeut le voyageur : tout est si sauvage, si clos, si terne, si désespéré, et voici que retentit un accent de joie, de joie instinctive et bruyante! Mais les brumes du soir précoce rôdent déjà, le son s'éteint, le pas du voyageur crisse; aussi loin que porte encore sa vue, il ne voit plus rien que le visage désolé et cruel de la nature.

Mais s'il peut y avoir quelque chose de partial à ne relever dans le tableau de la vie moderne que la faiblesse des lignes et la pâleur des couleurs, l'autre face n'a en tout cas rien de réjouissant, elle n'en est au contraire que plus inquiétante. Il y a certes là des forces, des forces inouïes, mais sauvages, originelles et absolument implacables. Comme un chaudron de sorcière, on les observe dans une attente anxieuse : à chaque instant cela peut tressaillir, lancer des éclairs, annonçant d'effroyables apparitions. Nous sommes préparés depuis un siècle à des ébranlements radicaux; et si l'on tente depuis peu d'opposer à cette inclination profondément moderne aux effondrements et aux explosions la force constitutive de l'État prétendu national, celui-ci n'en restera pas moins pour longtemps encore qu'une aggravation de l'insécurité et de la menace générales. Ne nous y trompons pas, si les individus se comportent comme s'ils ne savaient rien de toutes ces préoccupations, leur inquiétude révèle combien ils les connaissent. Ils pensent à eux-mêmes avec plus de hâte et d'exclusivisme que jamais encore les humains ne l'ont fait à leur propre égard, ils construisent et plantent pour leur journée, et la chasse au bonheur n'est jamais plus acharnée que lorsqu'il faut le capturer entre aujourd'hui et demain, parce qu'après-demain peut-être la saison de la chasse sera à tout jamais finie. Nous vivons la période des atomes, du chaos atomique. Au Moyen Âge, les forces antagonistes étaient à peu près contenues par l'Église, et dans une certaine mesure assimilées les unes aux autres par la forte pression qu'elle exerçait. Quand le lien se déchire, que la pression se relâche, l'un se dresse contre l'autre. La Réforme proclama qu'il y avait beaucoup d'*adiaphora* *, de choses qui appartenaient à des domaines qui ne relevaient pas de la pensée religieuse. Tel fut le prix qu'elle dut acquitter pour acquérir elle-même le droit de vivre, comme le christianisme avait dû déjà payer un prix équivalent pour affirmer son existence face à l'Antiquité bien plus religieuse que lui. Dès lors cette séparation gagna de proche en proche. Presque tout sur terre n'est plus maintenant défini que par les forces les plus grossières et les plus maléfiques, par l'égoïsme des possédants et par les despotes militaires. L'État, aux mains de ces derniers, tente bien, comme l'égoïsme des possédants, de tout réorganiser à son profit et de se faire le lien et la pression de toutes ces forces antagonistes : c'est-à-dire qu'il souhaite que les hommes pratiquent à son égard le même culte idolâtre que naguère ils vouaient à l'Église. Avec quel succès? Nous aurons lieu de l'apprendre. Nous sommes en tout cas encore dans le fleuve chargé de glace du Moyen Âge; le dégel a eu lieu et un mouvement l'agite, gigantesque et dévastateur. Les blocs s'amoncellent, toutes les rives sont inondées et en péril. La révolution ne peut plus être évitée, la révolution atomique. Mais quels sont les éléments insécables les plus petits de la société humaine?

Nul doute qu'à l'approche de telles périodes ce qui est humain est presque plus en danger que durant l'effondrement et le tourbillon chaotique eux-mêmes, et que l'attente anxieuse et l'avide exploitation de la minute font surgir toutes les

* Choses indifférentes. *(N. d. T.)*

lâchetés, toutes les pulsions égoïstes de l'âme : alors que la détresse réelle et en particulier l'universalité d'une grande détresse d'ordinaire améliorent les hommes et les réchauffent. Au milieu de ces périls de notre période, qui donc désormais consacrera ses services de veilleur et de chevalier à l'idée d'*humanité*, au trésor du temple sacré et intangible que les générations les plus diverses ont peu à peu accumulé? Qui dressera l'*image de l'homme*, quand tous ne sentent en eux que le ver de l'égoïsme et une terreur immonde et sont tellement déchus de cette image, tombés dans l'animalité, voire dans une rigidité mécanique?

Il est trois images de l'homme que notre époque a érigées l'une après l'autre et où les mortels puiseront sans doute longtemps encore l'impulsion capable de transfigurer leur propre vie : l'homme de Rousseau, l'homme de Goethe et pour finir l'homme de Schopenhauer. De ces images, la première a la plus grande flamme et elle est assurée de l'effet le plus populaire; la seconde n'est faite que pour le petit nombre, pour ceux qui sont des natures contemplatives de grand style, et elle est mécomprise par la masse. La troisième exige pour contemplateurs les hommes les plus actifs : eux seuls la regarderont sans dommage; car elle épuise les contemplatifs et elle effraie la masse. De la première est émanée une force qui a poussé à des révolutions violentes et qui y pousse encore; car dans tous les ébranlements, dans tous les tremblements de terre socialistes, c'est toujours l'homme de Rousseau qui s'agite, comme le vieux Typhon sous l'Etna. Opprimé et à demi broyé par des castes arrogantes, une richesse impitoyable, corrompu par les prêtres et par une mauvaise éducation, humilié à ses propres yeux par des mœurs ridicules, l'homme dans sa détresse invoque la « nature sacrée » et il éprouve soudain qu'elle est aussi loin de lui qu'un quelconque dieu épicurien. Ses prières ne l'atteignent pas, tant il est englouti dans le chaos de la contre-nature. Il s'arrache avec sarcasme toute la parure bariolée qui peu auparavant lui paraissait être précisément ce qu'il avait de plus humain, ses arts et ses sciences, les avantages de sa vie raffinée, il frappe du poing les murs dans la pénombre desquels il a tant dégénéré, il appelle de ses cris la lumière, le soleil, la forêt, les rocs. Et lorsqu'il s'écrie : « Seule la nature est bonne, seul l'homme naturel est humain », il se méprise et aspire à se dépasser :

dans cet état d'esprit, l'âme est prête à des décisions redoutables mais elle exhale aussi de ses profondeurs le plus noble et le plus rare.

L'homme de Goethe n'est pas une puissance aussi menaçante et il est même dans un certain sens le correctif, le sédatif de ces émotions périlleuses dont l'homme de Rousseau est la proie. Dans sa jeunesse, Goethe lui-même a adhéré de tout son cœur aimant à l'évangile de la bonne nature; son Faust était le reflet le plus haut et le plus hardi de l'homme de Rousseau, du moins dans la mesure où son appétit dévorant de vie, son insatisfaction et sa nostalgie, son commerce avec les démons du cœur étaient représentables. Mais voyons ce qui naît de tous ces nuages amoncelés : ce n'est certes pas l'éclair! Et c'est là justement que se manifeste la nouvelle image de l'homme, l'homme goethéen. On pourrait croire que Faust va être conduit, en révolté et en libérateur insatiable, à travers la vie partout menacée, force qui nie par bonté, véritable génie de la révolution, religieux et démoniaque tout à la fois, par contraste avec son compagnon nullement démoniaque, bien qu'il ne puisse se débarrasser de lui et qu'il doive aussi bien utiliser que mépriser sa malignité sceptique et son esprit négateur – ce qui est le sort tragique de tout révolté et de tout libérateur. Mais l'on se trompe si l'on attend rien de ce genre; l'homme de Goethe cède ici le pas à l'homme de Rousseau; car il hait toute violence, tout écart brusque – c'est-à-dire aussi : toute action; et c'est ainsi que Faust le libérateur du monde ne devient guère plus qu'un voyageur du monde. Tous les domaines de la vie et de la nature, tous les passés, les arts, les mythologies, toutes les sciences voient cet insatiable contemplateur les survoler, le désir le plus profond s'excite et se calme, Hélène même ne le retient pas davantage – et vient alors le moment que guette son compagnon sardonique. Le vol se termine en quelque lieu de la terre, les ailes retombent, Méphistophélès est là tout près. Quand l'Allemand cesse d'être Faust, nul danger n'est plus grand pour lui que de devenir un philistin et de tomber aux mains du diable – seules des puissances célestes peuvent le délivrer de cela. Comme je l'ai dit, l'homme de Goethe est le contemplatif de grand style. S'il ne dépérit pas sur terre, c'est uniquement parce qu'il réunit pour s'en nourrir tout ce qui a jamais existé et existe encore de grand et de mémorable et qu'il vit ainsi, fût-ce seulement d'une vie qui va de désir en désir; il n'est pas l'homme actif : bien plus, si quelque part il s'insère dans le cadre ordonné existant des actifs, on peut être sûr qu'il n'en sort rien de bon – ainsi de tout le zèle dont Goethe lui-même a fait montre pour le théâtre –, et surtout qu'aucun « ordre » ne sera renversé. L'homme de Goethe est une force conservatrice et conciliante – mais il risque, on l'a dit, de dégénérer en philistin, comme l'homme de Rousseau peut se faire facilement personnage catilinaire. Un peu plus de vigueur musculaire et d'impétuosité naturelle chez ce goethéen, et ses vertus en seraient plus grandes. Il semble que Goethe ait su où se trouvaient le danger et la faiblesse de son homme, et il y fait allusion dans les paroles de Jarno à Wilhelm Meister : « Vous êtes chagrin et amer, cela est bel et bon; si vous arrivez à vous fâcher pour de bon, ce sera mieux encore [1]. »

Donc, pour parler sans détours : il est nécessaire que nous nous fâchions vraiment pour que tout soit mieux. Et c'est là que l'image de l'homme de Schopenhauer doit nous encourager. *L'homme de Schopenhauer prend sur lui la souffrance volontaire de la véracité* et cette souffrance lui sert à tuer sa volonté propre et à préparer le bouleversement, la totale conversion de son être, où résident le but et le sens véritable de la vie. Cette façon de dire le vrai semble aux autres hommes un épanchement de méchanceté, car ils considèrent la conservation de leurs médiocrités et de leurs fariboles comme un devoir d'humanité et ils pensent qu'il faut être méchant pour leur casser ainsi leurs jouets. À un tel individu ils sont tentés de crier ce que Faust dit à Méphistophélès : « C'est ainsi que tu opposes à la force éternellement active, salutaire et créatrice la poigne froide du diable [2] »; et celui qui voudrait vivre selon Schopenhauer ressemblerait sans doute davantage à un Méphistophélès qu'à un Faust, du moins aux yeux myopes des modernes qui aperçoivent toujours dans la négation le signe du Malin. Mais il est une façon de nier et de détruire qui est précisément l'épanchement de cette puissante aspiration à la sanctification et au salut, dont Schopenhauer a été chez nous, hommes profanes, hommes séculiers au sens propre du terme, le premier maître philosophique. Toute existence qui peut être niée mérite aussi de l'être; et être véridique signifie croire à une existence qui ne pourrait absolument pas être niée, croire à une existence qui est elle-même vraie et sans mensonge. C'est pourquoi l'homme véridique éprouve que son activité a un sens métaphysique, explicable selon les lois d'une vie supérieure et autre, un sens affirmatif dans l'acception la plus profonde, même si tout ce qu'il fait semble destiné à détruire et à briser les lois de la vie présente. De ce fait, son activité devient une souffrance constante; mais il sait ce que savait aussi Maître Eckhart : « L'animal le plus rapide qui te portera à la perfection, c'est la douleur [1]. » Je serais tenté de penser que quiconque pose devant son âme une telle orientation de vie sent son cœur s'épanouir et naître en lui un désir ardent d'être cet homme schopenhauérien : donc, pour soi et pour son bien personnel, pur et d'un calme merveilleux, dans sa connaissance plein d'un feu fort et dévorant et bien loin de la neutralité froide et méprisable du prétendu homme de science, très au-dessus d'une contemplation chagrine et maussade, s'offrant toujours lui-même en première victime de la vérité reconnue et pénétré au plus profond de la conscience des souffrances qui naîtront nécessairement de son authenticité. Certes, par sa vaillance il détruit son bonheur terrestre, il doit même être hostile aux hommes qu'il aime, aux institutions au sein desquelles il a grandi, il n'a le droit de ménager ni hommes ni choses, quoiqu'il partage leurs blessures, il sera méconnu et passera longtemps pour le compagnon de puissances qu'il abhorre; selon la mesure humaine de sa pénétration, il lui arrivera d'être injuste, malgré tout son effort de justice. Mais il peut se convaincre et se consoler avec les paroles dont Schopenhauer, son grand éducateur, a usé une fois : « Une vie heureuse est impossible; ce qu'un homme peut atteindre de plus élevé, c'est une *vie héroïque*. C'est cette *vie* que mène celui qui, de quelque manière et en quelque occasion que ce soit, lutte avec d'énormes difficultés pour ce qui d'une manière ou d'une autre profite à tous et qui finit par vaincre, mais n'en est que mal ou nullement récompensé. Au terme, il demeure pétrifié, comme le prince du *Re Cervo* [*Roi Cerf*] de Gozzi, mais dans une noble attitude et dans un geste magnanime. Son souvenir reste et il est célébré comme celui d'un héros; sa volonté, mortifiée toute une vie par la fatigue et le travail, l'insuccès et l'ingratitude du monde, s'éteint dans le nirvâna [2]. » Cette vie héroïque, ainsi que la mortification qui en elle s'accomplit, correspond certes très peu à la notion indigente qu'en ont ceux qui en parlent le plus, qui célèbrent des fêtes à la mémoire des grands hommes et pensent que le grand homme est grand de la même manière qu'ils sont petits, par cadeau en quelque sorte et pour son plaisir, ou bien par un mécanisme et par obéissance aveugle à cette nécessité intérieure : si bien que celui qui n'a pas reçu le cadeau ou n'éprouve pas la nécessité a autant le droit d'être petit que celui-là d'être grand. Mais cadeau ou nécessité, ce sont là de méprisables mots par lesquels on veut échapper à une exhortation intérieure, ce sont des injures à celui qui a entendu celle-ci, et donc au grand homme; il est entre tous précisément celui qui accepte le moins de se trouver comblé ou contraint – il sait aussi bien que tout petit homme avec quelle facilité on peut prendre la vie et sur quel lit moelleux il pourrait s'étendre s'il entretenait avec lui-même et avec ses semblables des relations affables et ordinaires. Tous les agencements de l'homme ne sont-ils pas ordonnés pour que dans une distraction constante des pensées la vie ne soit pas *sentie*? Pourquoi veut-il si fort le contraire, c'est-à-dire justement sentir la vie, c'est-à-dire souffrir de la vie? Parce qu'il remarque qu'on veut le tromper sur lui-même et qu'il existe une sorte de consensus pour le tirer hors de sa propre caverne. Alors il se rebiffe, dresse l'oreille et décide : « Je veux rester mien! » Résolution terrible, il ne le comprend que peu à peu. Car il lui faut maintenant plonger dans les profondeurs de l'existence, avec sur les lèvres une série de questions insolites : pourquoi est-ce que je vis? Quelle leçon dois-je apprendre de la vie? Comment suis-je devenu ce que je suis et pourquoi faut-il que je souffre d'être ainsi? Il se tourmente et il voit que personne ne se tourmente ainsi, combien au contraire les mains de ses contemporains se tendent avec passion vers les événements fantastiques du théâtre politique, à moins qu'eux-mêmes sous cent masques divers ne paradent en jeunes gens, en hommes, en vieillards, en pères, en citoyens, en prêtres, en fonctionnaires, en commerçants, préoccupés ardemment de leur commune comédie et nullement d'eux-mêmes. À la question « Pourquoi vis-tu? », ils répondraient tous vite et fièrement – « pour *devenir* un bon citoyen, un savant, un homme d'État » – et pourtant ils *sont* quelque chose qui ne pourra jamais devenir autre chose, et pourquoi sont-ils justement cela? Hélas, et rien de mieux? Celui qui ne comprend sa vie que comme un point dans le développement d'une race, d'un État ou d'une science et veut donc pleinement s'intégrer à l'histoire du devenir, partant à l'histoire tout court, n'a pas compris la leçon que l'existence lui donne et il lui faudra l'apprendre une nouvelle fois. Cet éternel devenir est un jeu de marionnettes menteur où l'homme s'oublie lui-même, c'est la véritable dispersion qui éparpille l'individu à tous les vents, c'est le jeu stupide et sans fin que devant nous et avec nous joue le temps, ce grand enfant. L'héroïsme de la véracité consiste à cesser un jour d'être son jouet. Dans le devenir, tout est creux, mensonger et plat et digne de notre mépris; l'énigme qu'il doit résoudre, l'homme ne peut la résoudre qu'à partir de l'être, dans le fait d'être ainsi et non autre, dans l'impérissable. Il commence alors à examiner à quel point sa croissance est liée à celle du devenir, à celle de l'être – une tâche énorme se présente à son âme : détruire tout ce qui appartient au devenir, mettre en lumière tout le faux des choses. Il veut également tout connaître, mais il le veut autrement que l'homme de Goethe, non pas au nom d'une noble mollesse, pour se conserver lui-même et se réjouir de la multiplicité des choses; il est au contraire lui-même la première victime qu'il apporte. L'homme héroïque méprise son bien-être ou son mal-être, ses vertus et ses vices et il méprise en général de mesurer les choses selon sa mesure, il n'espère plus rien de soi et il veut voir en toutes choses jusqu'à ce fond désespéré. Sa force réside dans son oubli de soi, et s'il pense à lui, il appréhende la distance qu'il y a de lui à son but élevé et il a le sentiment de voir derrière lui et sous lui un petit tas misérable de scories. Les anciens penseurs cherchaient de toutes leurs forces le bonheur et la vérité – et nul ne trouvera jamais ce qu'il lui faut chercher, dit le cruel principe de la nature. Mais celui qui cherche en tout la non-vérité, et s'associe volontairement au malheur, rencontrera peut-être un autre miracle de déception : quelque chose d'indicible dont le bonheur et la vérité ne sont que des images nocturnes et idolâtres s'approche de lui, la terre perd sa pesanteur, les événements et les puissances de la terre deviennent un songe, une transfiguration pareille à celle des soirs d'été se répand autour de lui. Il semble au visionnaire qu'il vienne seulement de s'éveiller et que seuls jouent encore les nuages d'un rêve qui s'évanouit. Mais eux aussi, à un moment, se dissiperont : alors il fera jour.

5.

Mais j'ai promis de représenter selon mon expérience Schopenhauer comme *éducateur* et pour cela il est bien loin de suffire que je peigne, de surcroît en termes imparfaits, le type humain idéal qui domine en Schopenhauer et autour de lui, comme son idée platonicienne en quelque sorte. Le plus difficile reste à faire : dire comment se dégage de cet idéal un nouveau cycle de devoirs et comment l'on peut avec un but aussi transcendant se mettre en relation avec une activité régulière, bref montrer que cet idéal *éduque*. On pourrait autrement penser que ce n'est rien d'autre que l'intuition bienfaisante, voire enivrante, que nous accordent certains instants, pour nous laisser aussitôt d'autant mieux en plan, et nous abandonner à une lassitude d'autant plus profonde. Il est certain également que c'est ainsi que nous *commençons* notre commerce avec cet idéal, avec ces soudains contrastes de lumière et d'obscurité, d'ivresse et de dégoût et que l'expérience qui se répète là est aussi vieille que les idéaux. Mais nous n'allons pas nous attarder longtemps à la porte et passons outre au préambule. Alors il faut demander avec sérieux et détermination : est-il possible de rapprocher de nous ce but incroyablement élevé de sorte qu'il nous éduque, tout en nous élevant? – afin que ne se réalise pas en nous la grande parole de Goethe : « L'homme est né pour une situation limitée; il peut comprendre des buts simples, proches, définis et il s'accoutume à user des moyens dont il dispose sous la main; mais dès qu'il est au-delà, il ne sait ni ce qu'il veut ni ce qu'il doit et c'est tout un, qu'il soit dispersé par la multitude des objets ou jeté hors de lui par la hauteur et la dignité de ceux-ci. Son malheur est toujours de viser quelque chose à laquelle ne s'accorde pas une activité propre, régulière [1]. » Avec une bonne apparence de droit on peut précisément objecter à cet homme de Schopenhauer que sa dignité et sa hauteur ne sont susceptibles que de nous jeter hors de nous-mêmes et partant de nous exclure à nouveau de toute communauté d'individus actifs : c'en est fait de l'enchaînement des devoirs et du flot de la vie. L'un s'habituera peut-être pour finir à se scinder avec humeur et à vivre selon une double orientation, c'est-à-dire en contradiction avec lui-même, incertain ici et là et pour cette raison plus faible et plus stérile de jour en jour; tandis que l'autre ira jusqu'à renoncer par principe à participer encore et c'est à peine s'il verra si d'autres agissent. Les périls sont toujours grands quand il est trop exigé de l'homme et qu'il ne peut *accomplir* aucun devoir; il arrive que les natures les plus fortes en soient brisées, les plus faibles, les plus nombreuses sombrent dans une paresse contemplative et, par nonchalance, finissent par perdre jusqu'à cette contemplation même.

En réponse à de telles objections, j'accorderai que notre travail sur ce point n'a fait que commencer et que selon ma propre expérience, je ne sais et je ne vois encore qu'une chose de manière distincte : il est possible selon cette image idéale d'imposer à vous et à moi une chaîne de devoirs réalisables et que quelques-uns d'entre nous ressentent déjà la pression de cette chaîne. Mais pour pouvoir exprimer sans réticence la formule selon laquelle je voudrais appréhender ce nouveau cercle de devoirs, j'ai besoin des considérations préliminaires suivantes.

De tous temps, les hommes profonds ont toujours eu pitié des animaux, de cela justement qu'ils souffraient de la vie et n'avaient pourtant pas la force de tourner contre eux-mêmes l'aiguillon de la souffrance et de comprendre leur existence de manière métaphysique; la souffrance dépourvue de sens a au plus profond quelque chose de révoltant. Aussi sur divers points de la terre est née la supposition que les âmes des hommes coupables sont reléguées dans ces corps animaux et que cette souffrance au premier regard révoltante et dépourvue de sens se résolvait en pure intelligibilité selon la justice éternelle, en tant que peine et expiation. En vérité, c'est une lourde peine de vivre ainsi en animal, soumis à la faim et au désir et de ne pas même parvenir à la moindre conscience sur cette vie; comment imaginer destin plus lourd que celui de la bête de proie, pourchassée dans le désert par le plus rongeur des tourments, rarement satisfaite et ne l'étant jamais qu'avec une satisfaction qui se fait douleur, soit dans la lutte sanglante avec d'autres animaux, soit dans la voracité répugnante et le trop-plein de la satiété. Tenir à la vie avec cet aveuglement, cette folie, y tenir sans autre ambition, loin de savoir que l'on est ainsi puni et pourquoi on l'est, mais au contraire dans la stupidité d'un effroyable désir, aspirer à ce châtiment comme à un bonheur – c'est cela être animal; et si la nature entière s'empresse vers l'homme, elle donne ainsi à entendre qu'il lui est nécessaire pour la délivrer de la malédiction de la vie animale et qu'enfin en lui l'existence se présente à elle-même un miroir sur le fond duquel la vie n'apparaît plus insensée mais au contraire dans sa signification métaphysique. Pourtant, que l'on y réfléchisse bien : où cesse l'animal, où commence l'homme? Cet homme qui importe seul à la nature! Aussi longtemps que quelqu'un réclame la vie comme un bonheur, il n'a pas encore élevé son regard au-dessus de l'horizon de l'animal, si ce n'est qu'il veut avec davantage de conscience ce que l'animal cherche dans une pulsion aveugle. Mais c'est ainsi qu'il en va pour nous tous durant la plus grande partie de notre vie : nous ne sortons pas d'ordinaire de l'animalité, nous sommes nous-mêmes ces animaux qui semblent souffrir sans raison.

Mais il est des moments *où nous comprenons cela* : alors les nuages se déchirent, et nous voyons comment nous-mêmes avec la nature tout entière nous nous empressons vers l'homme, comme vers quelque chose d'élevé au-dessus de nous. Frissonnant dans cette clarté soudaine, nous jetons nos regards alentour et en arrière : là s'agitent les bêtes de proie affinées et nous sommes au milieu d'elles. La monstrueuse mobilité des hommes sur le grand désert terrestre, les villes et les États qu'ils fondent, leurs guerres, leur activité sans répit d'accumulation et de dépense, leur cohue, leur façon d'apprendre les uns des autres, de se tromper et de se piétiner mutuellement, leurs cris dans la détresse, leurs clameurs de victoire – tout cela est le prolongement de l'animalité; comme si l'homme devait être à dessein rétrogradé dans son éducation et frustré par tromperie de sa disposition métaphysique, et pour tout dire comme si la nature après avoir si longtemps désiré l'homme et travaillé à lui, tremblait maintenant devant lui et préférait retourner à l'inconscience de l'instinct. Hélas, elle a besoin de la connaissance, et elle frémit de la connaissance qui lui est si nécessaire; ainsi la flamme danse-t-elle inquiète de-ci, de-là, en quelque sorte effrayée d'elle-même, et saisit mille choses avant de s'emparer de cela pourquoi la nature a en général besoin de la connaissance. Nous savons tous, à de certains moments, que les institutions les plus vastes de notre vie ne sont faites que pour esquiver notre authentique tâche, que nous aimerions nous cacher la tête quelque part, comme si notre conscience aux cent yeux n'allait pouvoir nous y surprendre, nous savons que nous donnons précipitamment notre cœur à l'État, au gain, à la vie de société ou à la science, simplement pour ne plus le posséder, tout comme nous nous assujettissons à une lourde tâche journalière avec plus d'ardeur et plus d'inconscience qu'il n'est besoin pour vivre, parce qu'il nous semble nécessaire de ne pas parvenir à la réflexion. La hâte est générale parce que chacun se fuit lui-même; générale aussi, la dissimulation timide de cette hâte, parce que l'on veut paraître satisfait et que l'on aimerait donner le change sur sa misère aux observateurs plus perspicaces; général, le besoin de nouveaux grelots de paroles qui, accrochés à la vie, lui donneront un peu d'une bruyante fête. Chacun connaît ce bizarre état, quand surgissent soudain des souvenirs désagréables et que nous nous efforçons par des mouvements violents et des cris de les chasser de notre esprit : mais les mouvements et les cris de la vie universelle laissent deviner que nous nous trouvons tous et toujours dans un tel état, craignant le souvenir et l'intériorisation. Qu'est-ce donc qui nous harcèle si souvent, quel moustique nous empêche de dormir? Les spectres rôdent autour de nous, chaque instant de la vie veut nous dire quelque chose, mais nous ne voulons pas entendre cette voix des esprits. Lorsque nous sommes seuls et silencieux, nous craignons que l'on ne nous souffle quelque chose à l'oreille, aussi haïssons-nous le silence et nous étourdissons-nous dans la vie de société.

Tout cela, je l'ai dit, nous le comprenons de temps à autre et nous nous étonnons beaucoup de tout ce vertige d'angoisse et de précipitation, et de tout ce qu'il y a de rêve dans notre vie, qui semble redouter le réveil, et rêve avec d'autant plus de vivacité et d'inquiétude qu'elle approche de celui-ci. Mais nous sentons en même temps que nous sommes trop faibles pour supporter longtemps ces instants de repliement au plus profond et que nous ne sommes pas les hommes vers lesquels la nature aspire pour sa délivrance : ce nous est déjà beaucoup de pouvoir, un instant, dégager notre tête et remarquer dans quel fleuve nous sommes plongés. Et même à cette émergence, à cet éveil d'un instant vite évanoui, nous n'y parvenons pas de notre propre force, il faut que nous soyons soulevés – et quels sont ceux qui nous soulèvent?

Ce sont ces *hommes* véritables, *ceux qui ne sont plus des animaux, les philosophes, les artistes et les saints*; dès qu'ils paraissent – et avec cette apparition – la nature qui ne bondit jamais fait son unique bond, et c'est un bond de joie, car pour la première fois elle se sent arrivée au but, là où elle comprend qu'elle doit désapprendre à se chercher des fins et qu'elle a misé trop haut dans le jeu de la vie et du devenir. Elle se transfigure avec cette connaissance, et sur son visage s'épand une douce lassitude du soir, cela que les hommes appellent « beauté ». Ce qu'elle exprime maintenant par ces mines transfigurées, c'est la grande *lumière* jetée sur l'existence; et le vœu suprême que puissent formuler les mortels, c'est de participer durablement, les oreilles grandes ouvertes, à cette lumière. Si l'on réfléchit par exemple à tout ce que Schopenhauer a dû *entendre* au cours de sa vie, on peut bien se dire après coup : « Hélas, tes oreilles sourdes, ta tête obtuse, ton intelligence vacillante, ton cœur rabougri, hélas, tout ce que j'appelle mien, comme je le méprise! Ne pas savoir voler, seulement voltiger! Voir au-dessus de soi et ne pas pouvoir y parvenir! Connaître et fouler avec assurance le chemin qui mène à la perspective incommensurable du philosophe, et reculer en chancelant au bout de quelques pas! Et dût ce désir suprême ne se réaliser qu'un seul jour, comme on offrirait volontiers en échange le reste de sa vie! Monter aussi haut que jamais penseur n'est monté, s'élever dans l'air pur des Alpes et des glaciers, là où il n'y a plus ni voiles ni brumes, là où la constitution fondamentale des choses s'exprime avec rudesse et rigidité, mais aussi avec une inexorable clarté! Ce n'est qu'en pensant cela que l'âme devient solitaire et infinie; mais si son vœu allait s'accomplir, si le regard tombait soudain sur les choses abruptement, comme un rayon de lumière, si la pudeur, l'angoisse et le désir s'abolissaient – de quel nom alors nommer son état, ce nouvel et énigmatique émoi sans émotivité, dans lequel, pareille à l'âme de Schopenhauer, elle reposerait, couchée sur les prodigieux hiéroglyphes de l'existence, sur la doctrine pétrifiée du devenir, non pas semblable à la nuit, mais à la lumière ardente et rutilante, inondant l'univers? En retour, quel destin que de pressentir assez de la destination et de la félicité propres du philosophe pour éprouver toute l'indétermination et le malheur du non-philosophe, de celui qui désire sans espoir! Se savoir comme le fruit sur l'arbre qu'un excès d'ombre empêchera de jamais mûrir, et voir tout à côté de soi le rayon de soleil qui fait tant défaut! »

Ce serait assez de tourment pour rendre envieux et méchant un homme aussi déshérité, pour peu qu'il puisse seulement devenir envieux et méchant; mais il finira probablement par tourner son âme vers d'autres perspectives pour qu'elle ne se consume pas en vaine nostalgie – et il *découvrira* alors un nouveau cycle de devoirs.

J'en arrive ici à la question de savoir s'il est possible de se mettre en relation avec le grand idéal de l'homme schopenhauérien par une activité propre et régulière. Une chose est sûre avant tout : ces nouveaux devoirs ne sont pas les devoirs d'un homme isolé; on participe, bien au contraire, avec eux d'une puissante communauté dont les liens ne sont nullement des formes et des lois extérieures, mais une pensée fondamentale. C'est la pensée fondamentale de la *culture* dans la mesure où celle-ci ne sait assigner qu'une seule tâche à chacun d'entre nous : *favoriser la naissance du philosophe, de l'artiste et du saint en nous et en dehors de nous et travailler ainsi à l'achèvement de la nature.* Car de même que la nature a besoin du philosophe, elle a besoin de l'artiste, pour une fin métaphysique, sa propre illumination, pour que lui soit enfin présenté en une image pure et achevée ce que dans l'agitation de son devenir elle ne parviendra jamais à voir distinctement – partant pour sa propre connaissance de soi. Goethe l'a fait remarquer dans une parole orgueilleuse et profonde : tous les essais de la nature n'ont de sens que dans la mesure où l'artiste devine finalement ses balbutiements, vient à sa rencontre à mi-chemin et exprime ce qu'elle a véritablement voulu dire avec eux. « Je l'ai souvent dit, s'écrie-t-il, et je le redirai souvent, la *causa finalis* des conflits de l'univers et de l'humanité, c'est la poésie dramatique. Car sinon il n'y a absolument rien à tirer de tout cela [1]. » Et c'est ainsi que la nature, en définitive, a besoin du saint, chez qui le moi est entièrement dissous, et dont la vie souffrante n'est plus ou presque plus ressentie comme individuelle, mais comme un sentiment au plus profond d'égalité, de compassion et d'unité avec tout le vivant. Elle a besoin du saint en qui survient ce miracle de métamorphose, auquel n'aboutit jamais le jeu du devenir, cette humanisation finale et suprême à laquelle toute la nature aspire et conspire pour se délivrer d'elle-même. Nul doute, nous sommes tous apparentés et liés au saint, tout comme nous sommes apparentés au philosophe et à l'artiste. Il est des moments, comme des étincelles du plus clair et du plus adorable des feux, à la lumière desquelles nous ne comprenons plus le mot « moi ». Il y a au-delà de notre être quelque chose qui dans ces moments devient un *en deçà*, et c'est pourquoi nous aspirons du plus profond du cœur à ces ponts entre ici et là. Dans notre constitution ordinaire, nous ne pouvons assurément en rien contribuer à la naissance de cet homme libérateur, aussi nous *haïssons*-nous dans cet état, d'une haine qui est la racine de ce pessimisme que Schopenhauer a dû réenseigner à notre époque, mais qui est aussi vieux que la nostalgie de la culture. Sa racine, mais non sa fleur, son étage le plus profond en quelque sorte mais non son pignon, le début de sa carrière, mais non son but; car quelque jour il nous faudra encore apprendre à haïr quelque chose d'autre et de plus général, et non plus notre individu et sa misérable limite, sa fluctuation et son inquiétude, dans cet état supérieur où nous aimerons aussi quelque chose d'autre que ce que nous savons aimer à présent. Lorsque, dans notre naissance présente ou dans une autre future, nous aurons été nous-mêmes admis dans cet ordre entre tous sublime des philosophes, des artistes et des saints, alors seulement une fin nouvelle sera fixée à notre amour et à notre haine – pour l'heure nous avons notre tâche et notre cycle de devoirs, notre haine et notre amour. Car nous savons ce qu'est la culture. Si on l'applique à l'homme de Schopenhauer, elle veut que nous préparions et que nous favorisions l'engendrement toujours nouveau de celui-ci, en faisant connaissance avec ce qui lui est hostile et en l'ôtant de son chemin – bref, elle veut qu'infatigables nous luttions contre tout ce qui nous a privés, *nous*, de l'accomplissement suprême de notre existence, en nous empêchant de devenir en personne de ces hommes selon Schopenhauer.

6.

Il est parfois plus difficile d'admettre une chose que d'en saisir la raison; et sans doute en est-il ainsi pour la plupart de ceux qui méditent la proposition : « L'humanité doit constamment travailler à engendrer de grands hommes – c'est là sa tâche et nulle autre. » Comme on aimerait appliquer à la société et à ses fins un enseignement que l'on peut tirer de la considération de toutes les espèces du règne animal et végétal – pour elles, seul importe l'exemplaire individuel supérieur, le plus inhabituel, le plus puissant, le plus complexe, le plus fécond –, quel plaisir ce serait, si des préjugés enracinés par l'éducation quant à la finalité de la société n'offraient une opiniâtre résistance! Il est somme toute aisé de comprendre que le but du développement d'une espèce réside là où elle parvient à sa limite et se transforme en une espèce supérieure, et non dans la masse des exemplaires et leur prospérité ou même dans les exemplaires qui se trouvent selon la chronologie être les tout derniers, que ce but est bien plutôt dans les existences apparemment dispersées et contingentes qui surgissent ici et là lors de circonstances favorables; et il devrait quand même être tout aussi aisé de comprendre que, puisque l'humanité peut prendre conscience de sa finalité, elle a à rechercher et à instaurer les circonstances favorables qui permettront la naissance de ces grands hommes rédempteurs. Mais je ne sais combien de choses s'y opposent : tantôt il faut trouver cette fin dernière dans le bonheur de tous ou de la plupart, tantôt dans le développement de grandes communautés; et autant chacun se résout promptement à sacrifier sa vie à un État par exemple, autant il se comportera avec lenteur et circonspection si c'est, non un État, mais un individu qui exige ce sacrifice. Cela semble une absurdité qu'un homme soit là en fonction d'un autre homme; « que ce soit de préférence pour tous les autres, ou du moins pour le plus grand nombre possible! » Ô bonhomme! Comme s'il était plus raisonnable de laisser trancher le nombre quand il s'agit de valeur et de signification! Car la question est en effet celle-ci : comment ta vie, qui est vie individuelle, acquiert-elle la plus haute valeur, la plus profonde signification? Comment est-elle le moins gaspillée? Ce n'est sûrement que dans la mesure où tu vis au profit de l'exemplaire le plus rare et le plus précieux, et non au profit du plus grand nombre, c'est-à-dire de ceux qui, pris isolément, sont les exemplaires de la moindre valeur. Et l'état d'esprit qu'il faut justement implanter et cultiver chez un jeune homme, c'est qu'il se comprenne somme toute lui-même comme une œuvre manquée de la nature, mais en même temps comme un témoignage des intentions les plus grandes et les plus merveilleuses de cette artiste : elle a échoué, devrait-il se dire; mais je veux honorer sa grande intention en me mettant à son service, afin qu'une autre fois elle réussisse mieux.

Avec ce dessein, il se place dans la sphère de la *culture*; car celle-ci est l'enfant de la connaissance de soi, et de l'insatisfaction de soi, de tout individu. Celui qui se réclame d'elle exprime ce faisant : « Je vois au-dessus de moi quelque chose de plus haut et de plus humain que moi-même; aidez-moi tous à y accéder comme j'aiderai quiconque reconnaît la même chose et souffre d'elle, pour qu'enfin renaisse l'homme qui se sentira complet et infini dans la connaissance et dans l'amour, dans la contemplation et le pouvoir, et qui de toute sa plénitude s'attachera à la nature et s'inscrira en elle comme juge et mesure de la valeur des choses. » Il est difficile d'amener quelqu'un à cet état de connaissance impavide de soi parce qu'il est impossible d'enseigner l'amour; car c'est dans l'amour que l'âme acquiert, non seulement une vue claire, analytique et méprisante de soi, mais aussi ce désir de regarder au-dessus d'elle et de chercher de toutes ses forces un moi supérieur encore caché je ne sais où. Ainsi seul celui qui a attaché son cœur à quelque grand homme reçoit de ce fait la *première consécration de la culture*; le signe en est la honte de soi sans humeur ni haine envers sa propre étroitesse et sa mesquinerie, la compassion pour le génie qui a dû sans répit s'arracher à cette torpeur, à cette sécheresse qui sont nôtres, c'est le préjugé favorable envers tous ceux qui sont en devenir et en lutte, c'est l'intime conviction de trouver presque partout la nature en détresse, aspirant à l'homme, éprouvant avec douleur que l'œuvre est encore une fois manquée, et pourtant réussissant partout les ébauches, les traits, les formes les plus admirables : si bien que les hommes avec qui nous vivons ressemblent à un champ où gisent les ébauches des plus précieuses sculptures, où tout nous crie : « Venez, aidez-nous, achevez-nous, rapprochez ce qui va ensemble, notre aspiration est immense à devenir entiers. »

J'ai appelé cette somme d'états intérieurs la première consécration de la culture, mais il me faut maintenant décrire les effets de la *seconde* consécration, et je sais bien que ma tâche est ici plus difficile. Car il faut à présent opérer le passage des événements intérieurs au jugement sur les événements extérieurs, le regard doit se tourner vers le dehors pour retrouver dans le grand monde mouvant ce désir de culture qu'il connaît par ces premières expériences, l'individu doit se servir de son combat et de son aspiration comme de l'alphabet avec lequel il pourra désormais déchiffrer les efforts des hommes. Mais là non plus il n'a pas le droit de séjourner, il lui faut passer de ce degré au degré supérieur, la culture exige de lui non seulement cette expérience intérieure, non seulement le jugement sur le monde dont le flot l'environne; en définitive elle exige surtout l'action, c'est-à-dire le combat pour la culture, l'hostilité à l'égard des influences, des habitudes, des lois, des institutions dans lesquelles il ne reconnaît pas son but : l'engendrement du génie.

Car ce qui frappe d'abord celui qui a réussi à se placer à ce second degré, c'est *l'étroitesse et la rareté extraordinaires du savoir quant à ce but*, contrastant avec l'universalité de l'effort pour la culture et la masse indicible de forces dépensées à son service. On se demande avec étonnement si d'aventure ce savoir ne serait pas du tout nécessaire, et si la nature n'atteint pas aussi son but même quand la plupart définissent faussement la finalité de leur propre effort? Quiconque s'est habitué à priser très haut la finalité inconsciente de la nature n'aura peut-être aucune peine à répondre : « Oui, c'est ainsi! Que les hommes pensent et disent ce qu'ils veulent de leur but ultime, dans leur pulsion obscure ils n'en restent pas moins conscients du droit chemin [1]. » Il faut avoir un peu vécu pour pouvoir contredire cela; mais celui qui est persuadé que le but de la culture est de favoriser la naissance de l'homme véritable, et rien d'autre, et qui dès lors mesure qu'aujourd'hui encore, malgré tout le déploiement et l'éclat de la culture, la naissance de cet homme ne se distingue pas beaucoup d'une cruauté continue envers les animaux, celui-là trouvera très nécessaire qu'à la place de cette « pulsion obscure » se substitue enfin une volonté consciente. Et cela aussi pour une seconde raison : qu'il ne soit plus possible d'utiliser cet instinct mal au clair sur son but, cette célèbre pulsion obscure, à des fins de tout autre nature, et de le conduire sur des chemins où le but suprême, l'engendrement du génie, ne pourra jamais être atteint. Car il existe une façon d'*abuser de la culture* et *d'en faire une serve* – il suffit de regarder autour de soi! Et les puissances, qui de nos jours travaillent le plus pour la culture, nourrissent précisément des arrière-pensées et ne se conduisent pas envers elle selon une optique pure et désintéressée.

C'est en premier lieu l'*égoïsme des affairistes* qui a besoin de l'aide de la culture et qui par gratitude l'aide en retour, tout en désirant bien entendu lui prescrire ce faisant le but et la mesure. De ce côté-là viennent le principe et le raisonnement en vogue qui disent à peu près : plus il y a de connaissance et de culture, plus il y a de besoins, donc plus il y a aussi de production, de profit et de bonheur – voilà la fallacieuse formule. Les partisans de cette formule définiraient la culture comme l'intelligence avec laquelle on devient, dans ses besoins et dans leur satisfaction, absolument actuel, mais avec laquelle en même temps on dispose le mieux de tous les moyens et de tous les procédés qui permettent de gagner de l'argent avec la plus grande facilité. Former le plus grand nombre possible d'hommes courants, au sens où l'on parle de monnaie courante, tel serait l'objectif; et selon cette conception, un peuple sera d'autant plus heureux qu'il possédera davantage de ces hommes courants. Aussi l'intention des établissements modernes d'enseignement doit-elle être d'amener chacun, dans la mesure où cela réside dans sa nature, à reproduire le modèle « courant », de l'éduquer de telle sorte qu'il tire de son degré propre de connaissance et de savoir la plus grande quantité possible de bonheur et de profit. À l'aide de cette formation générale, l'individu devrait – telle est l'exigence – pouvoir se taxer lui-même avec précision afin de savoir ce qu'il a à exiger de la vie; et l'on affirme enfin qu'il existe un lien naturel et nécessaire entre « l'intelligence et la propriété », « la richesse et la culture », bien plus, que ce lien est une nécessité *morale*. On exècre ici toute éducation qui rend solitaire, qui pose des fins supérieures à l'argent et au gain et qui consomme beaucoup de temps; on stigmatise ces variétés plus sérieuses de l'éducation en leur décernant les noms d'« égoïsme raffiné » et d'« épicurisme intellectuel et immoral ». Selon la moralité qui prévaut ici, c'est précisément le contraire qui est apprécié : une éducation rapide pour devenir bientôt un être qui gagne de l'argent, mais une éducation assez approfondie cependant pour en gagner beaucoup. On n'accorde à l'homme que juste ce qu'il faut de culture dans l'intérêt du profit général et du commerce mondial, mais c'est autant que l'on exige de lui. Bref : « L'homme a nécessairement droit au bonheur terrestre, c'est pourquoi la culture est nécessaire, mais seulement pour cela! »

C'est en second lieu l'*égoïsme de l'État* qui désire également l'extension et la généralisation la plus grande de la culture et qui a en main les instruments les plus efficaces pour satisfaire ses désirs. À supposer que l'État se sache assez fort, non seulement pour désentraver mais aussi pour imposer son joug en temps utile, à supposer que ses fondements soient assez sûrs et amples pour pouvoir supporter toute la voûte de la culture, la diffusion de la culture parmi ses citoyens ne profitera jamais qu'à lui-même dans sa rivalité avec d'autres États. Partout où l'on parle maintenant d'« État culturel », on lui voit assigner pour tâche de libérer assez les forces spirituelles d'une génération pour qu'elles puissent ainsi servir et être utiles aux institutions existantes : mais pas au-delà; de même que l'on détourne en partie un torrent par des digues et des canalisations pour de sa force réduite actionner des moulins – alors que sa force entière serait plutôt dangereuse qu'utile au moulin. Cette libération consiste aussi et bien plutôt à forger des chaînes. Que l'on se rappelle seulement ce qu'il est peu à peu advenu du christianisme soumis à l'égoïsme de l'État. Le christianisme est assurément une des manifestations les plus pures de cette pulsion vers la culture, et notamment vers l'engendrement toujours renouvelé du saint; mais comme il a été utilisé cent fois à mouvoir les moulins des puissances d'État, la maladie l'a pénétré peu à peu jusqu'à la moelle, il est devenu la proie de l'hypocrisie et du mensonge et il a dégénéré jusqu'à contredire son but originel. Son dernier avatar même, la Réforme allemande, n'aurait été qu'une brusque lueur bientôt éteinte, si elle n'avait volé à la lutte et à l'embrasement des États des forces et des flammes nouvelles.

C'est en troisième lieu la culture favorisée par tous ceux qui sont conscients d'un *contenu de laideur ou d'ennui* et qui veulent donner le change sur lui au moyen de la prétendue « belle forme ». Par les détails extérieurs, la parole, le geste, par le décor, le faste et les bonnes manières il s'agit d'obliger le spectateur à une fausse conclusion quant au contenu : étant entendu que l'on juge d'ordinaire le dedans d'après le dehors. Il me semble parfois que les hommes modernes éprouvent un ennui infini à se côtoyer et qu'ils finissent par trouver nécessaire de se rendre intéressants à l'aide de tous les arts. Alors par leurs artistes ils se font eux-mêmes présenter et servir comme des plats pimentés et épicés, ils s'inondent de tous les aromates de l'Orient et de l'Occident, et certes, ils exhalent maintenant un parfum des plus intéressants, ils fleurent tout à la fois l'Orient et l'Occident. Ils s'arrangent pour satisfaire à tous les goûts, chacun doit être servi, qu'il se plaise à ce qui sent bon ou mauvais, à la sublimation ou à la grossièreté paysanne, au grec ou au chinois, aux tragédies ou aux saletés de théâtre. Les plus fameux de ces cuisiniers au service de ces hommes modernes, qui veulent à tout prix être intéressants et intéressés, se trouvent, on le sait, chez les Français, les pires chez les Allemands. C'est au fond plus consolant pour les derniers que pour les premiers, et nous n'en voudrons surtout pas aux Français s'ils se moquent de notre manque d'intérêt et d'élégance et si le désir de certains Allemands d'acquérir de l'élégance et des manières leur rappelle l'Indien qui tient à porter un anneau dans le nez et réclame bien haut d'être tatoué.

Rien ne m'empêchera ici de faire une digression. Depuis la dernière guerre avec la France, bien des choses ont changé et bougé en Allemagne, et il est évident que l'on a rapporté aussi quelques nouveaux désirs à propos de la culture allemande. Cette guerre a été pour beaucoup le premier voyage dans la moitié du monde la plus élégante; quelle chose magnifique alors que l'ingénuité du vainqueur qui ne dédaigne pas d'apprendre auprès du vaincu un peu de culture! On rappelle sans cesse aux arts décoratifs qu'ils doivent rivaliser avec leurs voisins plus cultivés, il faut que l'aménagement de la maison allemande se rapproche des intérieurs français, et la langue allemande elle-même doit, par le biais d'une académie fondée sur le modèle français, s'accorder au « bon goût » et se débarrasser de l'influence inquiétante que Goethe aurait exercée sur elle – comme en jugeait tout dernièrement l'académicien berlinois Du Bois-Reymond. En tout silence et en toute honnêteté nos théâtres ont depuis longtemps déjà visé le même but – et jusqu'au savant allemand élégant qui est déjà inventé – eh bien, il faut nous attendre désormais à ce que tout ce qui n'a pas voulu se plier convenablement à cette loi de l'élégance – la musique, la tragédie, la philosophie allemandes – soit désormais écarté comme non allemand.

Mais en vérité il ne vaudrait même plus la peine de lever le petit doigt en faveur de la culture allemande, si l'Allemand ne concevait cette culture, qui lui fait encore défaut et à laquelle il devrait dorénavant aspirer, que sous la forme d'arts et de gentillesses dont on enjolive la vie, en y incluant toute l'ingéniosité des maîtres de danse et des tapissiers, et si même dans la langue il ne voulait plus faire d'efforts que pour dégager des règles approuvées par l'académie et un certain bon ton. Il semble cependant que la dernière guerre, et la comparaison personnelle avec les Français, n'ait guère suscité de plus hautes prétentions, et je soupçonne bien plutôt souvent que l'Allemand voudrait désormais se soustraire par la violence à ces vieilles obligations que lui imposent ses dons prodigieux, la gravité et la profondeur spécifiques de sa nature. Il préférerait pour une fois jongler, faire le singe, il aimerait apprendre les manières et les arts qui rendent la vie distrayante. Mais rien de plus insultant pour l'esprit allemand que de le traiter comme une cire qu'on finirait un jour, à force de la pétrir, par douer d'élégance. Et s'il est malheureusement vrai qu'une bonne partie des Allemands souhaite se laisser ainsi pétrir et remettre en forme, il faut par contre opposer à cela jusqu'à ce qu'on l'entende : elle n'habite plus en vous, cette ancienne manière allemande, qui est en vérité dure, âpre et pleine de résistances, mais qui est aussi la plus précieuse matière que seuls les plus grands sculpteurs ont le droit de travailler parce que seuls ils en sont dignes. Ce que vous avez en vous au contraire, c'est un matériau mou et informe; faites-en ce que vous voudrez, élégantes poupées et intéressantes idoles – ici encore la parole de Richard Wagner prévaudra : « L'Allemand est anguleux et gauche lorsqu'il veut sacrifier aux manières; mais il est sublime et supérieur à tous quand il prend feu [1]. » Les élégants ont toute raison de prendre garde à ce feu allemand, car autrement il pourrait bien un jour les dévorer avec toutes leurs poupées et leurs idoles de cire. – On pourrait certes déduire d'origines encore autres et plus profondes cette tendance à la « belle forme » dominante en Allemagne : cette hâte, cette saisie haletante de l'instant, cette précipitation qui amène à cueillir toutes choses encore vertes, cette course et cette chasse qui creuse des rides sur les visages des hommes d'à présent et qui s'imprime sur tout ce qu'ils font comme une sorte de tatouage. Comme si un breuvage qui ne les laisse plus respirer en paix agissait en eux, ils se ruent en proie à une inquiétude indécente, esclaves tourmentés des trois M : le moment, les manières de penser et les modes. Si bien que le manque de dignité et de décence saute par trop péniblement aux yeux et qu'une élégance mensongère se trouve à nouveau nécessaire pour masquer la maladie de cette hâte indigne. Car tel est le lien qui unit la mode avide de la belle forme au contenu hideux de l'homme contemporain : celle-là doit dissimuler, celui-ci doit être dissimulé. Être cultivé dorénavant signifie : ne pas laisser remarquer à quel point on est misérable et mauvais, féroce dans l'ambition, insatiable dans l'accumulation, égoïste et éhonté dans la jouissance. Quand je mettais en évidence pour quelqu'un l'absence d'une culture allemande, on m'a déjà plusieurs fois objecté : « Mais cette absence est toute naturelle car jusqu'à présent les Allemands ont été trop pauvres et trop modestes. Laissez seulement nos compatriotes devenir riches et conscients d'eux-mêmes, et ils auront aussi une culture! » S'il est vrai que c'est la foi qui sauve, *ce* type-là de foi me rend, moi, malheureux, parce que je sens que cette culture allemande à l'avenir de laquelle on croit – celle de la richesse, du vernis et de la dissimulation polie – est le contretype le plus hostile de la culture allemande à laquelle je crois. Certes, à devoir vivre parmi les Allemands, on souffre beaucoup de la trop fameuse grisaille de leur vie et de leurs sens, du manque de forme, de l'hébétude et de la confusion, de la lourdeur dans les rapports les plus délicats, mais plus encore de la malveillance, d'une certaine dissimulation et d'une certaine impureté du caractère; on souffre et on s'offense de leur goût invétéré pour le faux et pour l'inauthentique, pour la mauvaise imitation et pour la traduction de bonnes choses étrangères en mauvais produits indigènes; mais à présent que cette inquiétude fébrile, cette soif du succès et du profit, cette surestimation de l'instant s'y sont ajoutés comme les pires maux, il est tout à fait révoltant de penser que l'on ne cherche jamais par principe à guérir toutes ces maladies et toutes ces faiblesses et qu'il s'agit seulement de les farder – par le biais par exemple de la « culture de la forme intéressante »! Et cela chez un peuple qui a produit Schopenhauer et Wagner! Et qui les produira bien des fois encore! Ou bien nous illusionnons-nous sur un désespoir sans issue? Ces deux-là que je viens de nommer, peut-être ne nous sont-ils même plus caution que des forces semblables aux leurs sont encore réellement présentes dans l'esprit et dans l'âme des Allemands? Seraient-ils eux-mêmes des exceptions, les derniers contreforts, les dernières pentes en quelque sorte de certaines qualités qu'autrefois l'on tenait pour allemandes? Je ne sais trop qu'en penser et c'est pourquoi je vais retourner sur ma route des considérations générales dont des doutes préoccupants cherchent bien souvent à me détourner. Toutes ces puissances qui certes favorisent la culture, sans pour autant que l'on en reconnaisse le but, l'engendrement du génie, n'étaient point encore dénombrées; j'en ai nommé trois : l'égoïsme des affairistes, l'égoïsme de l'État et l'égoïsme de tous ceux qui ont motif à se dissimuler et à se camoufler sous la forme. Je mentionnerai en quatrième lieu *l'égoïsme de la science* et l'essence particulière de ses serviteurs, les *savants.*

La science est à la sagesse ce que la vertu est à la sainteté : elle est froide et sèche, elle n'a pas d'amour et elle ignore tout d'un sentiment profond d'insatisfaction et de nostalgie. Elle est utile à elle-même autant qu'elle est nuisible à ses serviteurs, dans la mesure où elle transpose en eux son propre caractère et ainsi ossifie en quelque sorte leur humanité. Tant que l'on entendra essentiellement par culture le progrès de la science, elle passera impitoyable et glacée devant le grand homme qui souffre, parce que la science ne voit partout que des problèmes de connaissance, et qu'à vrai dire, dans son monde, la souffrance est quelque chose de déplacé et d'incompréhensible, et n'est donc tout au plus qu'un problème.

Mais pour peu que l'on s'habitue à traduire toute expérience en un jeu dialectique de questions et de réponses et en une pure affaire d'intelligence, il est surprenant de voir avec quelle rapidité l'homme se dessèche en déployant semblable activité, au point qu'il n'est bientôt plus capable que de faire s'entrechoquer ses os. Tout le monde le sait et le voit : alors comment se peut-il néanmoins que les jeunes gens ne reculent pas d'effroi devant de tels squelettes et ne se lassent pas de se vouer aux sciences, aveuglément, sans choix ni mesure? Cela ne peut pourtant pas venir de la prétendue « pulsion pour la vérité » : car comment pourrait-il exister une pulsion qui vise à la connaissance froide, pure, sans conséquence? Les véritables forces instinctives qui résident chez les serviteurs de la science ne se révèlent en fait que trop clairement au regard non prévenu : et on ne saurait trop conseiller d'examiner et de disséquer également un jour les savants, après qu'ils se sont eux-mêmes accoutumés à palper hardiment et à dépecer tout au monde, même les choses les plus vénérables. Pour dire sans détour ce que je pense, mon principe est le suivant : le savant consiste en un réseau embrouillé d'impulsions et d'excitations très variées, c'est un métal impur par excellence. Que l'on prenne de prime abord une curiosité forte et toujours accrue, la soif des aventures de la connaissance, la violence constamment excitante du neuf et du rare, opposé au vieux et à l'ennuyeux. Que l'on y ajoute un certain instinct dialectique de dépistage et de jeu, une joie de chasseur à débrouiller les cheminements de renard de la pensée, telle que ce n'est pas à vrai dire la vérité qui est cherchée, mais la quête elle-même et que le plaisir fondamental réside dans le fait de rôder et de traquer avec ruse et dans la mise à mort selon les règles de l'art. À cela se joint encore l'instinct de contradiction : la personnalité tient à se sentir et à se faire en opposition à toutes les autres. La lutte devient un plaisir et la victoire personnelle est le but, tandis que la lutte pour la vérité n'est que le prétexte. Pour une bonne part se mêle aussi chez le savant l'instinct de trouver *certaines* « vérités » : par servilité envers certaines personnes, envers des castes, envers des opinions, des églises et des gouvernements régnants, parce qu'il sent qu'il se rend service à lui-même en mettant la « vérité » de leur côté. Moins régulièrement, mais assez souvent pourtant, surgissent chez le savant les qualités suivantes : premièrement rectitude * et le sens de la simplicité – très estimables si elles sont davantage que de la maladresse et de l'inexpérience dans la dissimulation, laquelle exige un peu de malice. Partout en effet où la malice et la souplesse sautent aux yeux, il est bon d'être un peu sur ses gardes et de mettre en doute la droiture du caractère. D'autre part, cette rectitude est le plus souvent de peu de valeur et même pour la science elle n'est que rarement fructueuse, car elle s'attache à ce qui est habituel et a coutume de ne dire la vérité que pour les choses simples ou *in adiaphoris* **; en effet il convient mieux en ce cas à la paresse de dire la vérité que de la taire. Et comme tout ce qui est neuf exige une révision du savoir, la rectitude respecte autant qu'il est possible l'ancienne opinion et reproche au novateur de manquer du *sensus recti*. À l'évidence, elle a résisté à la théorie de Copernic parce qu'elle avait pour elle l'apparence visuelle et la routine. La haine de la philosophie qui n'est nullement rare chez les savants est avant tout la haine des longs enchaînements logiques et de l'ingéniosité des preuves. On peut même dire au fond que chaque génération de savants possède à son insu une norme pour le degré de perspicacité *permise*; ce qui est au-delà est révoqué en doute, et l'on s'en sert presque comme motif de suspicion à l'égard de la bonhomie. – En second lieu, c'est la pénétration pour les choses proches, liée à une grande myopie pour le lointain et le général. Son champ de vision est d'ordinaire très étroit et il lui faut tenir les yeux presque sur l'objet. Si le savant veut passer d'un point déjà exploré à un autre, il tourne vers celui-ci tout son appareil visuel. Il décompose une image en simples taches, comme on se sert à l'opéra d'une lorgnette pour voir la scène et examiner tantôt une tête, tantôt un détail de costume, mais rien d'entier. Il ne voit jamais ces taches isolées reliées entre elles, et se borne à en déduire la cohésion; c'est pourquoi tout ce qui est général ne lui laisse jamais de forte impression. Comme il est par exemple incapable d'embrasser un écrit dans son entier, il le juge selon quelques fragments, quelques phrases ou encore quelques fautes; il serait facilement induit à affirmer qu'un tableau n'est qu'un amas désordonné de touches de couleur. – En troisième lieu,

* *Biederkeit.*
** Dans les choses indifférentes. *(N. d. T.)*

le prosaïsme et la vulgarité de sa nature, dans ses inclinations et dans ses aversions. Avec cette qualité il est particulièrement heureux en histoire, dans la mesure où il décèle les mobiles des hommes du passé selon les mobiles de lui connus. Une taupe est le plus à l'aise dans une taupinière. Il est protégé de toutes les hypothèses ingénieuses et aventureuses; s'il est persévérant, il exhume tous les motifs vulgaires du passé parce qu'il se sent de la même espèce. C'est aussi bien sûr pourquoi il est le plus souvent incapable de comprendre et d'apprécier ce qui est rare, grand, insolite, et donc l'important et l'essentiel. – En quatrième lieu, l'indigence de sentiment et la sécheresse. Ce sont elles qui l'autorisent aux vivisections. Il ne soupçonne pas la souffrance que mainte connaissance apporte avec elle, et partant il ne craint pas de s'aventurer dans des domaines où le cœur d'autres frémit. Il est froid, aussi paraît-il facilement cruel. On le trouve téméraire mais il ne l'est pas davantage que la taupe qui ne connaît pas le vertige. – En cinquième lieu, sa médiocre estime de soi, ou mieux sa modestie. Même relégués dans quelque coin misérable, ils n'ont aucun sentiment d'être sacrifiés, gaspillés, ils semblent souvent savoir au plus profond d'eux-mêmes qu'ils sont des animaux qui rampent et non de ceux qui volent. Ils deviennent presque touchants par cette qualité. – En sixième lieu : la fidélité envers leurs maîtres et leurs guides. Ils veulent de tout cœur aider ceux-ci et ils savent bien que c'est avec la vérité qu'ils les aident le mieux. Car ils sont reconnaissants du fait que ce n'est que par eux qu'ils ont eu accès aux augustes péristyles de la science, auxquels, suivant leur propre chemin, ils ne seraient jamais parvenus. De nos jours, le maître, qui sait ouvrir un domaine où même les plus médiocres esprits peuvent travailler avec quelque succès, devient dans les plus brefs délais un homme célèbre, si nombreux est aussitôt l'essaim qui se presse autour de lui. En même temps, chacun de ces disciples fidèles et reconnaissants est un mauvais coup pour le maître parce qu'ils l'imitent tous et que, surgissant chez d'aussi piètres individus, ce sont précisément ses défauts qui apparaissent démesurément grands et exagérés, tandis que ses vertus en revanche se montrent chez les mêmes individus diminuées d'autant. – Septièmement, l'habitude pour le savant de poursuivre son chemin sur la voie dans laquelle on l'a poussé, le sens de la vérité développé selon un vide de pensée, conformément à la routine acquise. De telles natures sont des collectionneurs, des exégètes, des fabricants d'index et d'herbiers; ils s'instruisent et font des recherches dans un domaine donné, uniquement parce qu'ils ne pensent jamais qu'il en existe d'autres. Leur zèle a quelque chose de la monstrueuse bêtise de la pesanteur : aussi sont-ils souvent très productifs. – Huitièmement, la fuite devant l'ennui. Alors que le véritable penseur n'aspire à rien tant qu'au loisir, le savant ordinaire le fuit parce qu'il ne sait qu'en faire. Ses consolateurs, ce sont les livres : c'est-à-dire qu'il écoute quelqu'un penser autrement que lui, et passe à cet entretien tout le long d'une longue journée. Il choisit en particulier des livres avec lesquels il se sent une certaine affinité, à l'égard desquels il puisse un peu réagir soit par attraction, soit par répulsion : des livres donc où lui-même entre en considération, ou bien son état, ses convictions en matière de politique, d'esthétique ou simplement de grammaire; si de plus il a une science à lui, il ne lui manquera jamais de moyens de distraction ni de tue-mouches contre l'ennui. – Neuvièmement, c'est le motif du gagne-pain, et donc au fond les célèbres « borborygmes d'un estomac souffrant ». On sert la vérité quand elle est en mesure de procurer directement un traitement et de l'avancement, ou tout au moins de conquérir la faveur de ceux qui distribuent le pain et les honneurs. Mais on ne sert aussi que *cette* vérité-là : c'est pourquoi une frontière s'instaure entre les vérités lucratives que beaucoup servent et les vérités qui ne sont pas exploitables : elles qui ne sont servies que par les rares dont on ne peut pas dire : *ingenii largitor venter* *. – Dixièmement, le respect des collègues, la crainte de leur mépris; motif plus rare et plus élevé que le précédent, mais pourtant très fréquent. Tous les membres de la corporation se surveillent réciproquement avec la plus extrême jalousie, afin que la vérité dont dépendent tant de choses, le pain, la fonction, les honneurs, soit réellement baptisée du nom de son inventeur. On paie strictement à l'autre le respect qu'on lui doit pour la vérité qu'il a trouvée, pour exiger le même tribut en retour si d'aventure un jour on allait en trouver une soi-même. On fait exploser à grand bruit la non-vérité, l'erreur, afin que le nombre des concurrents ne devienne pas trop grand; mais ici et là

* Leur ventre est le pourvoyeur de leur esprit. *(N. d. T.)*

c'est aussi la vérité réelle que l'on fait quelquefois exploser, afin qu'au moins pour un petit moment on fasse de la place à des erreurs opiniâtres et insolentes; car il ne manque nulle part, et ici non plus, de ces « idiotismes moraux », communément appelés friponneries. – Onzièmement le savant par vanité, variété déjà plus rare. Il veut si possible avoir tout un domaine pour lui, aussi choisit-il des curiosités, en particulier si elles nécessitent des frais extraordinaires, des voyages, des fouilles, de nombreuses relations dans différents pays. Il se contente le plus souvent de l'honneur d'être lui-même regardé comme une curiosité et il ne songe pas à faire son gagne-pain de ses savantes études. – Douzièmement le savant par jeu. Sa délectation consiste à chercher et à dénouer de petits nœuds dans les sciences; il n'aime pas alors avoir trop d'efforts à faire pour ne pas perdre le sentiment du jeu. Aussi ne pénètre-t-il pas précisément en profondeur, mais il attrape souvent quelque chose de vrai que l'œil péniblement rampant du savant qui gagne son pain ne voit jamais. – Si comme mobile du savant, je mentionne encore en treizième lieu et pour finir l'instinct de justice, on pourrait m'objecter que cet instinct noble, déjà presque susceptible d'une interprétation métaphysique, est bien trop difficile à distinguer d'autres instincts et qu'il est au fond insaisissable et indéfinissable pour un œil humain; c'est pourquoi j'ajoute ce dernier numéro avec le pieux désir que cet instinct se fasse chez les savants plus fréquent et plus efficace qu'il ne se rend visible. Car une étincelle du feu de la justice tombée dans l'âme d'un savant suffit à embraser sa vie et son effort, à les dévorer de manière si purificatrice qu'il n'a plus de repos et qu'il est pour toujours arraché à cet état d'esprit tiède ou glacé dans lequel les savants ordinaires accomplissent leur besogne quotidienne.

Tous ces éléments, ou un grand nombre d'entre eux, ou quelques-uns seulement, qu'on les imagine à présent vigoureusement mélangés et malaxés : l'on assiste alors à la naissance du serviteur de la vérité. C'est une chose très surprenante que de voir comme ici, au profit d'une affaire au fond extra-humaine et surhumaine – la connaissance pure, indifférente au résultat, et partant aussi dépourvue d'instincts –, quantité de petits instincts et de menus penchants très humains sont fondus ensemble pour former un composé chimique; surprenant aussi le résultat, le savant, qui, à la lumière de cette affaire supraterrestre, haute et absolument pure, se transfigure au point que l'on en oublie tout à fait le mélange et la mixture qui ont été nécessaires pour l'engendrer. Il est pourtant des instants où l'on est bien obligé d'y penser et de s'en souvenir : quand précisément il s'agit de la signification du savant pour la culture. Celui qui sait observer remarque en effet que selon son essence le savant est *infécond* – c'est une conséquence de sa genèse! – et qu'il éprouve une certaine haine naturelle envers l'homme qui est fécond; c'est la raison pour laquelle de tout temps les génies et les savants se sont affrontés. Ces derniers en effet veulent tuer, disséquer, comprendre la nature, les premiers veulent accroître la nature par une nouvelle nature vivante; aussi y a-t-il un conflit d'opinions et d'activités. Des époques vraiment heureuses n'eurent pas besoin du savant et ne le connurent pas, des époques profondément malades et moroses l'ont estimé comme l'homme supérieur et digne entre tous et lui ont donné le premier rang.

Qu'en est-il maintenant de notre temps pour ce qui est de la maladie et de la santé, qui serait assez médecin pour le savoir? Il est certain qu'aujourd'hui encore dans de nombreux domaines, l'estime que l'on porte au savant est trop grande et qu'elle a un effet nuisible surtout pour tout ce qui concerne la naissance du génie. Le savant n'a pas de cœur pour la détresse du génie, il pérore à son sujet d'une voix tranchante et froide, et il n'est que trop prompt à hausser les épaules à son propos, comme s'il s'agissait d'un objet bizarre et biscornu, dont il n'a ni le temps ni le goût de s'occuper. Ce n'est pas chez lui non plus que se trouve le savoir quant à la finalité de la culture.

Mais somme toute, qu'avons-nous appris à travers toutes ces considérations? Que partout où la culture semble être aujourd'hui le plus vivement favorisée, on ne sait rien de ce but. L'État a beau faire valoir très haut son mérite au sujet de la culture, il ne la favorise que pour se favoriser lui-même et il ne conçoit pas un but qui est supérieur à son bien et à son existence propres. Ce que veulent les gens d'affaires lorsqu'ils réclament sans relâche l'instruction et l'éducation, ce n'est en dernière analyse que du profit. Lorsque ceux qui ont besoin de forme s'attribuent le véritable travail pour la culture et sont d'avis par exemple que tout art leur appartient et doit être au service de leur besoin, la seule chose claire est qu'ils disent oui à eux-mêmes en affirmant la culture : qu'eux non plus donc ne sont pas encore sortis d'un malentendu. Nous avons assez parlé du savant. Autant donc ces quatre puissances s'empressent-elles de s'exciter l'une l'autre à réfléchir aux meilleurs moyens de faire servir la culture à leurs propres intérêts, autant sont-elles abattues et vides de pensées lorsque cet intérêt qui est le leur n'est pas stimulé. C'est pourquoi les conditions de la naissance du génie *ne se sont pas améliorées* à l'époque moderne, et l'animosité à l'endroit des hommes originaux s'est accrue au point que Socrate n'aurait pas pu vivre chez nous, et qu'en tout cas il n'aurait pas atteint soixante-dix ans.

Je rappellerai à présent ce que j'exposais dans le troisième chapitre : notre monde moderne dans son ensemble n'a pas l'air si solidement bâti et durable que l'on puisse aussi prophétiser au concept de sa culture une durée éternelle. Il faut même admettre comme vraisemblable que le prochain millénaire aura quelques idées nouvelles qui feraient dresser les cheveux sur la tête de tous nos contemporains. *La croyance à une signification métaphysique de la culture* n'aurait encore à tout prendre rien de si effrayant; mais bien peut-être quelques conséquences que l'on pourrait en tirer pour l'éducation et le système scolaire.

Assurément cela exige une réflexion tout à fait inhabituelle que de porter, à partir et au-delà des institutions pédagogiques présentes, son regard sur des institutions absolument étrangères et autres, que la deuxième ou la troisième génération trouvera déjà peut-être nécessaires. Tandis, en effet, que grâce aux efforts des enseignants supérieurs actuels, on met sur pied le savant, ou le fonctionnaire, l'affairiste ou le philistin de la culture, ou encore pour finir, et le plus souvent, un hybride de tous, ces institutions qu'il reste à inventer auraient sans doute une tâche plus difficile – non pas peut-être en soi plus difficile, puisque ce serait en tout cas une tâche plus naturelle, et dans cette mesure plus facile; peut-il y avoir plus difficile par exemple que de former un jeune homme à la profession de savant, en allant contre la nature, comme on le fait de nos jours? Mais la difficulté pour les hommes est de réviser leurs notions et de s'assigner un nouveau but; et il en coûtera une peine indicible d'échanger les pensées de base de notre pédagogie actuelle qui plonge ses racines dans le Moyen Âge, et se représente à dire vrai le savant médiéval comme but de l'éducation achevée, contre une nouvelle pensée de base. Il est déjà temps d'envisager ces conflits; car il faut bien qu'une quelconque génération entame le combat dans lequel une autre vaincra. Déjà l'individu qui a compris cette nouvelle pensée fondamentale de la culture se trouve à une croisée de chemins; s'il s'engage sur l'un d'eux, son temps lui fera fête, il ne lui ménagera ni les couronnes ni les récompenses, des partis puissants le soutiendront, derrière son dos comme devant lui se tiendront autant d'individus dans les mêmes dispositions et dès que le chef de file fera retentir le mot d'ordre, tous les rangs y feront écho. Le premier devoir est ici de « combattre en rangs et en corps », le second de traiter en ennemis tous ceux qui ne veulent pas s'aligner. Le second chemin lui fera rencontrer des compagnons plus rares, il est plus difficile, plus sinueux, plus escarpé; ceux qui cheminent sur le premier se moqueront de lui parce qu'il progresse avec plus de peine et se trouve plus souvent en danger, ils tenteront de l'attirer à eux. Si d'aventure les deux chemins se croisent, on le maltraitera, on le jettera de côté, ou bien on l'isolera en s'écartant de lui à respectueuse distance. Que signifie une institution de culture pour les différents voyageurs de ces deux chemins? L'immense essaim qui se presse vers son but par le premier chemin entend par là des dispositions et des lois grâce auxquelles il est lui-même ordonné et va de l'avant, et qui éliminent les rebelles et les solitaires, et tous ceux qui visent à des buts plus hauts et plus éloignés. Pour cette autre troupe moins nombreuse, une institution aurait certes une tout autre finalité à accomplir; par une solide organisation de défense, elle entend empêcher qu'elle soit emportée et disloquée par le torrent de cet essaim, et que les individus qui la composent ne succombent à un épuisement prématuré, voire se dégoûtent de leur grande tâche. Ces individus doivent achever leur œuvre – tel est le sens de leur cohésion; et tous ceux qui participent de l'institution doivent s'efforcer, par une épuration continuelle et une sollicitude mutuelle, de préparer la naissance du génie et la maturation de son œuvre, en lui et autour de lui. Beaucoup, même parmi les talents de second et de troisième ordre, sont appelés à cette collaboration et ne trouvent que dans le dévouement à une telle mission le sentiment de vivre pour un devoir, le but et le sens de leur vie. Mais de nos jours, ce sont ces talents justement qui sont dévoyés par les voix fallacieuses de la « culture » à la mode et rendus étrangers à leur instinct; cette tentation s'adresse à leurs velléités égoïstes, à leurs faiblesses, à leurs vanités, c'est à eux que l'esprit du temps chuchote et insinue avec insistance : « Suivez-moi et n'allez pas là-bas! Car vous n'y serez que des serviteurs, des auxiliaires, des instruments, éclipsés par des natures supérieures, vous n'y serez jamais heureux de votre spécificité, vous serez manipulés par des fils, enchaînés, traités en esclaves et même en automates; chez moi, vous jouissez en maîtres de votre libre personnalité, vos dons peuvent briller pour eux-mêmes, vous devez figurer, vous, dans les tout premiers rangs, une suite immense vous environnera et comment l'acclamation de l'opinion publique ne vous réjouirait-elle pas davantage que l'approbation distinguée qui vous serait dispensée d'en haut, des cimes éthérées et froides du génie? » Les meilleurs même succombent à de telles séductions; et au fond, ce qui tranche ici, ce n'est pas tant la rareté et la vigueur du don que l'influence d'une certaine disposition fondamentale à l'héroïsme et le degré de parenté et d'intrication intérieures avec le génie. Car *il y a* des hommes qui éprouvent comme *leur* détresse propre de voir le génie engagé dans une lutte pénible et en danger de se détruire lui-même, ou de voir ses œuvres écartées avec indifférence par l'égoïsme à courte vue de l'État, la platitude des affairistes et la suffisance desséchée des savants : et c'est aussi pourquoi j'espère qu'il se trouvera quelques hommes pour comprendre ce que je veux dire en retraçant le destin de Schopenhauer et pourquoi, selon ma représentation, Schopenhauer éducateur doit véritablement *éduquer*.

7.

Mais si nous laissons un moment de côté toutes ces pensées d'un avenir lointain et d'un possible bouleversement du système d'éducation : que faudrait-il *présentement* souhaiter et, le cas échéant, procurer au philosophe en devenir, afin qu'il puisse prendre haleine et dans le cas le plus favorable jouir des conditions d'existence, non pas faciles, mais au moins tolérables, de Schopenhauer? Que faudrait-il en outre inventer pour donner plus de vraisemblance à son action sur les contemporains? Quels obstacles faudrait-il lever pour qu'avant tout son modèle obtienne son plein effet, et que le philosophe de nouveau éduque des philosophes? Notre considération s'engage ici dans le domaine du pratique et du scabreux.

La nature se veut toujours d'utilité commune mais elle ne s'entend pas à trouver à cette fin les moyens et les procédés les meilleurs et les plus habiles : c'est là sa grande douleur et c'est pourquoi elle est mélancolique. Qu'en engendrant le philosophe et l'artiste elle veuille rendre l'existence intelligible et significative pour les hommes, c'est certain puisqu'elle-même aspire à sa propre rédemption; mais que d'incertitude, de faiblesse et d'insignifiance dans l'effet auquel elle parvient le plus souvent par les philosophes et les artistes! Combien il est rare déjà qu'elle produise seulement un effet! À l'égard du philosophe en particulier, grand est son embarras pour le faire servir à l'intérêt commun; ses moyens semblent être autant de tâtonnements, d'inspirations hasardeuses, si bien qu'elle échoue d'innombrables fois dans son intention et que la plupart des philosophes ne deviennent pas d'utilité commune. Le procédé de la nature a tout l'air d'un gaspillage, pourtant ce n'est pas le gaspillage d'une luxuriance criminelle, c'est celui de l'inexpérience; il faut admettre que si elle était un être humain elle n'en finirait plus de s'irriter contre elle-même et de sa maladresse. La nature décoche le philosophe comme une flèche parmi les hommes, elle ne vise pas, mais elle espère que la flèche se fichera quelque part. Ce faisant, elle se trompe un nombre infini de fois et elle en est dépitée. Elle se comporte avec autant de prodigalité dans le domaine de la culture que dans celui des plantes et des semences. Elle accomplit ses fins de manière générale et lourde, en sacrifiant beaucoup trop de forces. L'artiste, et d'autre part les connaisseurs et les amateurs de son art se conduisent les uns par rapport aux autres comme une grossière pièce d'artillerie et une nuée de moineaux. C'est faire œuvre de simplesse que de déclencher une grosse avalanche pour balayer un peu de neige, d'assommer un homme pour écraser la mouche qu'il a sur le nez. L'artiste et le philosophe témoignent contre le sens pratique de la nature dans le choix de ses moyens, quoiqu'ils soient la plus excellente preuve de la sagesse de ses fins. Ils ne touchent toujours que peu de gens quand ils devraient les toucher tous, et même ces quelques-uns ne sont pas touchés avec la force que le philosophe et l'artiste ont donnée à leur projectile. Il est triste de devoir porter des appréciations si différentes sur l'art considéré comme cause et l'art considéré comme effet : si prodigieux qu'il soit comme cause, comme il est paralysé, assourdi comme effet! Selon la volonté de la nature, l'artiste crée son œuvre pour le bien des autres hommes, nul doute là-dessus : il sait malgré tout que jamais aucun de ces autres ne comprendra et n'aimera son œuvre comme lui la comprend et l'aime. Ce degré élevé et unique d'amour et de compréhension est donc nécessaire, selon la maladroite disposition de la nature, pour qu'un degré inférieur surgisse; ce qui est le plus grand et le plus noble est employé à la naissance de ce qui est moindre et sans noblesse. La nature est mauvaise économiste, ses dépenses sont bien plus grandes que la recette qu'elle escompte; en dépit de sa richesse elle finira bien par se ruiner un jour. Elle aurait pris des dispositions plus raisonnables si sa règle domestique eût été : peu de frais et un profit centuple, si par exemple il n'y avait que peu d'artistes et ceux-ci avec des forces plus faibles, mais en revanche de nombreux esprits accueillants et réceptifs, et eux justement d'une espèce plus forte et plus puissante que ne l'est celle même des artistes : de sorte que par rapport à la cause, l'effet de l'œuvre d'art serait un écho cent fois multiplié. Ou bien ne devrait-on pas à tout le moins espérer que cause et effet fussent de même force! Comme la nature reste en deçà de cette attente! Il semble souvent qu'un artiste, et surtout un philosophe soit *par hasard* dans son époque, en solitaire ou en voyageur égaré et attardé. Que l'on prenne à cœur de se représenter une bonne fois la grandeur absolue et totale de Schopenhauer dans tous les domaines – et la petitesse, l'absurdité de son effet! Rien ne peut être plus humiliant pour un honnête homme de ce temps que de se rendre compte que Schopenhauer a l'air de s'y trouver par hasard, et de quelques puissances et impuissances il a jusqu'à présent dépendu que son action ait été si tronquée. D'abord et pendant longtemps, à la honte durable de notre siècle littéraire, c'est le défaut de lecteurs qui lui a nui; puis, les lecteurs une fois venus, l'incongruité de ceux qui les premiers ont témoigné pour lui publiquement; plus encore, me semble-t-il, l'insensibilité de tous les hommes modernes à l'égard des livres qu'ils ne veulent absolument plus prendre au sérieux; peu à peu s'est encore ajouté un nouveau danger, né des multiples tentatives pour adapter Schopenhauer à la faiblesse de l'époque ou même l'incorporer comme une épice étrangère et séduisante, une sorte de poivre métaphysique. Sans doute, il est ainsi peu à peu parvenu à la notoriété et à la célébrité et je crois que dès à présent plus de gens connaissent son nom que celui de Hegel : et pourtant, il est encore un solitaire, et jusqu'à aujourd'hui son action ne s'est toujours pas fait sentir! Et moins que personne, ses véritables ennemis littéraires, ceux qui aboient à ses trousses, auront eu l'honneur d'empêcher cette action, premièrement parce qu'il y a très peu de gens qui supportent de les lire, et en second lieu parce qu'ils mènent directement à Schopenhauer celui qui supporte cette lecture; car qui s'est jamais laissé détourner par un ânier de monter un beau cheval, même si celui-ci vante si fort son âne au détriment du cheval?

Celui donc qui a reconnu ce qu'il y a de déraison dans la nature de cette époque doit réfléchir aux moyens d'y apporter quelques remèdes; mais sa tâche sera de faire connaître Schopenhauer aux esprits libres et à ceux qui souffrent profondément de notre époque, de les rassembler et de produire à travers eux un courant dont la force aura à vaincre la gaucherie dont la nature fait preuve d'ordinaire, et aujourd'hui encore, dans l'utilisation du philosophe. De tels hommes comprendront que ce sont les mêmes résistances qui font obstacle à l'effet d'une grande philosophie et celle qui entrave la production d'un grand philosophe; aussi, pourront-ils s'assigner comme but de préparer la renaissance de Schopenhauer, autrement dit celle du génie philosophique. Mais ce qui s'est opposé dès le début à l'effet et à la propagation de sa doctrine, ce qui entend en définitive faire échouer par tous les moyens cette renaissance du philosophe, c'est, pour le dire en deux mots, l'insanité de la nature humaine actuelle : raison pour laquelle tous les grands hommes en devenir doivent dépenser une énergie incroyable, seulement pour se sauver eux-mêmes de cette insanité. Le monde dans lequel ils entrent à présent est encombré de niaiseries; nul besoin en vérité que ce soient uniquement des dogmes religieux, il y a aussi de ces notions creuses comme le « progrès », la « culture générale », le caractère « national », « l'État moderne », le « *Kulturkampf* »; on peut même dire que toutes les paroles à signification générale portent aujourd'hui un apprêt artificiel et antinaturel, aussi une postérité plus éclairée reprochera-t-elle le plus vivement à notre temps d'avoir été une époque tordue et contrefaite, si fort que nous fassions parade de notre « santé ». La beauté des récipients antiques, dit Schopenhauer [1], jaillit de ce qu'ils expriment avec une grande naïveté ce qu'ils sont et leur objet; et il en va de même pour tous les autres instruments des Anciens : en leur présence, on sent que si la nature produisait des vases, des amphores, des lampes, des tables, des sièges, des casques, des boucliers, des cuirasses, etc., ils auraient cet aspect. Inversement, quiconque observe aujourd'hui combien presque tout le monde s'occupe de l'art, de l'État, de la religion, de la culture – pour ne rien dire, et avec raison, de nos « récipients » –, trouve les hommes plongés dans un certain arbitraire barbare et une exagération d'expression, et pour le génie en devenir, c'est précisément le principal obstacle qu'aient cours en son temps des notions aussi bizarres et des besoins aussi chimériques : ils sont les poids d'airain qui si souvent, invisibles et inexplicables, font plier sa main lorsqu'il veut guider la charrue – de telle sorte que même ses œuvres les plus hautes, parce qu'elles se sont élevées de force, doivent également porter en elles jusqu'à un certain point la marque de cette violence.

Si maintenant je cherche à réunir les conditions grâce auxquelles dans le meilleur des cas un philosophe né n'est à tout le moins pas écrasé par cette insanité d'époque, je remarque quelque chose de singulier : ce sont en partie exactement les conditions dans lesquelles, en général du moins, Schopenhauer lui-même a grandi. Il est vrai que les conditions contraires ne manquaient pas : c'est ainsi qu'en la personne de sa mère, vaniteuse et bel esprit, cette insanité du temps s'est approchée de lui de terrible manière. Mais la liberté républicaine du fier caractère de son père l'a en quelque sorte sauvé de sa mère et lui a donné la première chose dont un philosophe a besoin : une virilité inflexible et rude. Ce père n'était ni un fonctionnaire ni un intellectuel : de multiples fois il voyagea avec le jeune homme dans les pays étrangers – autant d'avantages pour celui qui veut connaître non les livres, mais les hommes, qui ne doit pas apprendre à respecter un gouvernement mais la vérité. De bonne heure il fut armé d'indifférence à l'égard des limitations nationales, jusqu'à se montrer même par trop rigoureux envers elles; il vivait en Angleterre, en France, en Italie, pas autrement que dans son propre pays et il ne sympathisait pas peu avec l'esprit espagnol. Dans l'ensemble, il n'estimait pas que ce fût un honneur d'être précisément né parmi les Allemands : et je ne sais pas même s'il se fût ravisé dans les conditions politiques nouvelles qui sont les nôtres. On sait que pour l'État, il considérait que ses uniques fins sont d'assurer la protection extérieure, la protection intérieure et la protection contre les protecteurs, et qu'en lui attribuant d'autres fins que de protection, on pouvait facilement mettre en péril son véritable but : aussi à l'effroi de tous les prétendus libéraux, légua-t-il ses biens aux ayants droit des soldats prussiens tombés en 1848 pour la défense de l'ordre. Désormais, il est probable que ce sera toujours davantage signe de supériorité intellectuelle que quelqu'un s'entende à traiter avec simplicité l'État et ses devoirs; car celui qui a le *furor philosophicus* au corps n'aura absolument plus de temps pour le *furor politicus* et il se gardera sagement de lire des journaux chaque jour ou plus encore de servir un parti : cependant il n'hésitera pas un instant à prendre sa place si son pays est réellement menacé. Tous ces États où d'autres que les hommes d'État doivent se soucier de politique sont mal organisés, et ils méritent de périr par le nombre de leurs politiciens.

Une autre grande faveur fut accordée à Schopenhauer en ce qu'il ne fut pas d'emblée destiné à être un savant et élevé dans cette intention, mais qu'il a réellement travaillé quelque temps, même si c'était déjà à contrecœur, dans un comptoir commercial, et qu'en tout cas il a respiré toute sa jeunesse durant l'air plus libre d'une grande maison de commerce. Un savant ne deviendra jamais un philosophe : car Kant lui-même ne l'a pu, en dépit de l'impulsion innée de son génie; il est resté jusqu'à la fin dans une sorte d'état de chrysalide. Quiconque croit qu'avec ce mot je suis injuste envers Kant ne sait pas ce qu'est un philosophe : c'est-à-dire non seulement un grand penseur, mais aussi un homme réel; et quand a-t-on jamais vu qu'un savant devînt un vrai homme? Celui qui laisse s'interposer entre lui et les choses des notions, des opinions, des événements du passé, des livres, celui donc qui, au sens le plus large, est né pour l'histoire, ne verra jamais les choses pour la première fois et ne sera jamais lui-même une de ces choses que l'on voit pour la première fois; mais les deux s'appartiennent réciproquement chez le philosophe, parce qu'il lui faut tirer de lui-même le plus grand enseignement et parce qu'il se sert à lui-même d'image et d'abrégé de l'univers. Lorsque quelqu'un se regarde par l'intermédiaire d'opinions étrangères quoi d'étonnant s'il ne voit rien d'autre en lui que – des opinions étrangères! Et c'est ainsi que sont, vivent et voient les savants. Schopenhauer, par contre, a eu le bonheur indescriptible, non seulement de voir en lui le génie de près, mais aussi en dehors de lui, chez Goethe : cette double réflection l'a instruit et averti à fond de tous les objectifs et de toutes les cultures d'érudits. Grâce à cette expérience, il a su comment doit être fait l'homme libre et fort auquel aspire toute culture artistique; pouvait-il, après avoir vu cela, prendre encore beaucoup de plaisir à s'occuper de ce que, à la manière pédante ou hypocrite de l'homme moderne, on appelle l'« art »? N'avait-il pas aussi aperçu une chose plus haute encore : une scène terrible et supramondaine du jugement où toute vie, fût-ce la plus haute et la plus achevée, avait été pesée et trouvée trop légère : il avait vu le Saint, juge de l'existence. Il est impossible de définir avec quelle précocité Schopenhauer a dû apercevoir cette image de la vie, telle exactement qu'il a tenté plus tard de la reproduire dans tous ses écrits : on peut démontrer que le jeune homme et, on aimerait le croire, l'enfant déjà a eu cette vision prodigieuse. Tout ce qu'il s'est approprié par la suite, à travers la vie et les livres et tous les domaines de la science n'a guère été pour lui que couleur et moyen d'expression; même la philosophie kantienne, il s'en est avant tout emparé comme d'un instrument rhétorique extraordinaire avec lequel il croyait s'exprimer encore plus clairement au sujet de cette image : tout comme, dans le même but, il s'est servi à l'occasion de la mythologie bouddhiste ou chrétienne. Il n'y avait pour lui qu'une seule tâche et cent mille moyens de la résoudre : un seul sens et d'innombrables hiéroglyphes pour l'exprimer.

C'est une des magnifiques conditions de son existence qu'il ait pu réellement consacrer sa vie à une telle tâche, conformément à sa devise *vitam impendere vero** [1] et qu'aucune vulgarité propre aux nécessités de la vie ne l'ait accablé – on sait de quelle manière grandiose il en a remercié son père –, alors qu'en Allemagne le théoricien n'impose le plus souvent sa vocation scientifique qu'aux dépens de la pureté de son caractère, en « canaille respectueuse », avide de places et d'honneurs, prudente et souple, flatteuse envers les gens influents et envers les supérieurs. Malheureusement Schopenhauer n'a jamais tant offensé de nombreux savants qu'en ne leur ressemblant pas.

8.

Nous venons d'énumérer quelques-unes des conditions qui rendent au moins possible à notre époque la naissance du génie philosophique, en dépit des néfastes influences contraires : liberté virile du caractère, connaissance précoce des hommes, éducation qui ne vise pas à la formation d'un savant, absence de toute étroitesse patriotique, de toute obligation de gagner son pain, d'allégeance à l'État – bref liberté et toujours liberté : ce même élément merveilleux et dangereux au sein duquel les philosophes grecs ont pu grandir. Quiconque veut lui reprocher ce que Niebuhr a reproché à Platon, d'avoir été un mauvais citoyen, qu'il le fasse, mais qu'il en soit lui-même un bon : ainsi aura-t-il raison et Platon également. Un autre interprétera comme arrogance cette grande liberté : lui aussi a raison, parce que lui-même ne saurait rien entreprendre de bon avec cette liberté et qu'il se montrerait assurément fort présomptueux s'il la revendiquait pour lui. Cette liberté est en réalité une lourde faute; et elle ne peut s'expier que par de grandes actions. En vérité, tout fils ordinaire de la terre a le droit de regarder avec un dépit rageur un homme ainsi favorisé : mais qu'un dieu le garde d'être jamais lui-même ainsi favorisé, c'est-à-dire astreint à d'aussi redoutables devoirs.

* Consacrer sa vie à la vérité. *(N. d. T.)*

Il succomberait aussitôt à sa liberté et à sa solitude, et d'ennui il deviendrait fou, et fou furieux.

Il se peut que tel ou tel père apprenne quelque chose dans ce qui vient d'être dit et sache en faire quelque usage pour l'éducation privée de son fils; quoiqu'il n'y ait pas lieu d'attendre que les pères désirent avoir pour fils des philosophes uniquement. Il est probable que de tout temps ce sont les pères qui se sont le plus farouchement opposés à la vocation philosophique de leurs fils, comme à la plus grande des excentricités; Socrate, on le sait, a été sacrifié au courroux des pères, accusé qu'il était de « corrompre la jeunesse », et pour les mêmes raisons, Platon a estimé nécessaire l'édification d'un État entièrement nouveau pour ne pas faire dépendre la naissance du philosophe de la déraison des pères. Il semble presque aujourd'hui que Platon ait obtenu réellement quelque chose. Car l'État moderne compte désormais parmi ses tâches *propres* de favoriser la philosophie et il cherche à tout moment à accorder à certains hommes cette « liberté » où nous voyons la condition essentielle de la genèse du philosophe. Or, Platon, dans l'histoire, a eu une malchance étonnante : chaque fois que l'on a vu naître une construction pour l'essentiel conforme à ses propositions, ce n'était toujours, à y regarder de plus près, que l'enfant d'un cobold que l'on substituait au sien, un hideux avorton; comme l'a pu être par exemple l'État théocratique médiéval, comparé à la domination dont il rêvait des « fils des dieux ». L'État moderne, il est vrai, est plus que jamais éloigné de se choisir les philosophes pour maîtres – Dieu soit loué! ajouteront les chrétiens : mais même cet encouragement de l'État à la philosophie, telle qu'il la comprend, il faudrait examiner de plus près s'il l'entend au sens *platonicien*, je veux dire s'il y apporte autant de sérieux et de sincérité que si son dessein suprême était d'engendrer de nouveaux Platons. Si d'ordinaire le philosophe apparaît comme contingent dans son époque – l'État se donne-t-il vraiment pour tâche de traduire consciemment cette contingence en nécessité et sur ce point aussi de venir en aide à la nature?

L'expérience nous enseigne malheureusement qu'il y a mieux – ou pire : elle dit que rien ne s'oppose davantage à la production et à la perpétuation de ceux qui sont grands philosophes par nature que les mauvais philosophes par la grâce de l'État. Pénible objet, n'est-ce pas : celui-là même, on le sait, sur lequel Schopenhauer, dans son fameux traité sur la philosophie universitaire, a le premier attiré le regard. Je reviens à cet objet : car il faut forcer les hommes à le prendre au sérieux, c'est-à-dire à se laisser déterminer par lui à une action et je tiens pour inutile toute parole qui a été écrite sans avoir derrière elle cette incitation à l'action; il est bon en tout cas de démontrer une fois de plus les principes éternellement valables de Schopenhauer, et cela justement à l'adresse de nos contemporains immédiats, car un homme bienveillant pourrait penser que depuis les lourdes accusations qu'il a portées, tout a tourné pour le mieux en Allemagne. Son œuvre n'est même pas achevée sur ce point, si minime soit-il.

À y regarder de plus près, cette « liberté » dont, comme je l'ai dit, l'État accorde actuellement le bienfait à quelques-uns en faveur de la philosophie, n'a plus rien d'une liberté, c'est un emploi qui nourrit son homme. L'encouragement de la philosophie consiste donc seulement en ce que de nos jours l'État permet du moins à un certain nombre d'hommes de *vivre* de leur philosophie, en en faisant leur gagne-pain : alors que les anciens sages de la Grèce, loin d'être subventionnés par l'État, étaient tout au plus honorés parfois, comme Zénon, d'une couronne d'or et d'un tombeau au Céramique. Maintenant, si c'est servir la vérité que de montrer un chemin qui autorise à vivre d'elle, je ne saurais le dire en général parce que tout dépend ici de la nature et de la qualité de l'individu à qui l'on assigne ce chemin. Je m'imaginerais fort bien un degré de fierté et de respect de soi tel qu'il permette à un homme de dire à ses contemporains : « Prenez soin de moi, car j'ai quant à moi mieux à faire, je veux dire que j'ai à prendre soin de vous. » Chez Platon et chez Schopenhauer, une telle grandeur de sentiment et d'expression de celui-ci ne surprendrait pas : c'est pourquoi ils pourraient même être des philosophes universitaires, comme Platon a été un temps philosophe de cour, sans avilir pour autant la dignité de la philosophie. Mais Kant déjà se montrait respectueux, servile et sans grandeur dans ses relations avec l'État, comme nous autres savants avons coutume de l'être; de telle sorte qu'en tout cas, si la philosophie universitaire devait être un jour accusée, ce n'est pas lui qui pourrait la justifier. Mais s'il est des natures qui le pourraient – comme celles justement de Schopenhauer et de Platon –, je ne craindrais qu'une chose, c'est qu'ils n'en eussent jamais l'occasion parce qu'un État n'oserait jamais favoriser de tels hommes et les placer dans ces fonctions. Pourquoi? Parce que tout État les redoute et qu'il ne favorisera jamais que des philosophes dont il n'a pas peur. Il arrive en effet que l'État ait peur de la philosophie, absolument parlant, et si c'est le cas, il cherche d'autant plus à attirer à soi le plus grand nombre de philosophes, qui lui donnent l'illusion d'avoir la philosophie de son côté – parce qu'il a dans son camp de ces hommes qui se réclament d'elle et n'inspirent pourtant nulle crainte. Mais s'il surgit un homme qui fait véritablement mine d'attaquer tout au corps, y compris l'État, avec le couteau de la vérité, l'État est en droit, parce qu'avant tout c'est son existence qu'il affirme, d'exclure un tel homme et de le traiter en ennemi : tout comme il exclut et traite en ennemie une religion qui se place au-dessus de lui et veut être son juge. Si donc quelqu'un supporte d'être philosophe par la grâce de l'État, il lui faut aussi supporter d'être considéré par celui-ci comme s'il avait renoncé à poursuivre la vérité jusque dans ses dernières retraites. Aussi longtemps du moins qu'il est favorisé et qu'il a un emploi, il lui faut reconnaître quelque chose de supérieur à la vérité, l'État. Et non simplement l'État, mais aussi en même temps tout ce que l'État réclame dans son propre intérêt : par exemple une forme déterminée de la religion, de l'ordre social, de la constitution de l'armée – toutes choses sur lesquelles s'inscrit un *Noli me tangere.* Un philosophe universitaire s'est-il jamais clairement rendu compte de toute l'étendue de ses obligations et de ses restrictions? Je ne sais : s'il l'a fait, et qu'il soit resté fonctionnaire malgré tout, il était en tout cas un mauvais ami de la vérité; s'il ne l'a jamais fait – eh bien, je penserais qu'en ce cas non plus il n'était pas ami de la vérité.

Telle est la préoccupation la plus générale, mais pour les hommes d'à présent elle est aussi assurément la plus faible et la plus indifférente. Il suffira à la plupart de hausser les épaules et de dire : « Comme si jamais rien de grand et de pur avait pu exister et se maintenir sur cette terre sans faire de concessions à la bassesse humaine! Préférez-vous donc que l'État persécute le philosophe, plutôt que de le rétribuer et de le prendre à son service? » Sans répondre tout de suite à cette dernière question, j'ajouterai seulement que ces concessions de la philosophie à l'État vont cependant très loin à l'heure présente. Premièrement, l'État se choisit ses serviteurs philosophes et à vrai dire en choisit autant qu'il en a besoin pour ses institutions; il se donne donc l'allure de savoir distinguer entre les bons et les mauvais philosophes, bien plus, il présuppose qu'il y en aura toujours assez de *bons* pour en pourvoir toutes ses chaires. C'est lui qui fait à présent autorité, non seulement quant à la qualité, mais aussi quant au nombre nécessaire de ces bons philosophes. En second lieu : il contraint ceux qu'il s'est choisis à résider dans un lieu déterminé, parmi des hommes déterminés, pour y exercer une activité déterminée; ils ont à instruire, et tous les jours, à heures fixes, tous les jeunes gens d'académie qui en manifestent le désir. Question : un philosophe peut-il véritablement, avec bonne conscience, s'engager à avoir tous les jours quelque chose à enseigner? Et à enseigner cela à quiconque veut l'entendre? Ne doit-il pas se donner l'air d'en savoir plus qu'il n'en sait? Ne lui faut-il pas parler devant un auditoire inconnu de choses dont il ne pourrait parler sans danger que devant ses plus proches amis? Et absolument parlant, ne se dépouille-t-il pas de sa plus magnifique liberté, celle de suivre son génie, quand celui-ci l'appelle et où il l'appelle? – en étant tenu de penser publiquement, à des heures déterminées, à des choses déjà fixées d'avance. Cela devant des jeunes gens! Une telle pensée n'est-elle pas dès le départ comme émasculée? Et si d'aventure un jour il avait ce sentiment : aujourd'hui, je ne peux rien penser, rien d'intelligent ne me vient à l'esprit – il lui faudrait malgré tout prendre place et faire semblant de penser!

Mais, m'objectera-t-on, il n'a absolument pas à être penseur, il a tout au plus à réfléchir sur la pensée d'un autre ou à la ressasser, et avant tout il doit être le connaisseur érudit de tous les penseurs qui l'ont précédé : il pourra toujours raconter d'eux quelque chose que ses élèves ne savent pas. – C'est là justement la troisième et très dangereuse concession que la philosophie fait à l'État lorsqu'elle s'inféode à lui : se manifester d'abord et principalement comme érudition. Avant tout en tant que connaissance de l'histoire de la philosophie : alors que pour le génie qui, semblable au poète, regarde les choses avec un œil pur et aimant et s'efforce toujours de s'intégrer davantage en elles, cette façon de fouiller dans d'innombrables opinions étrangères et absurdes a quelque chose de l'occupation la plus répugnante et la moins opportune. L'histoire érudite du passé n'a jamais été l'affaire d'un vrai philosophe, ni en Inde, ni en Grèce; et un professeur de philosophie, s'il s'occupe d'un tel travail, doit se satisfaire qu'on dise de lui dans le meilleur des cas : « C'est un bon philologue, un bon spécialiste des anciens, un bon linguiste, un bon historien » – mais jamais : « C'est un philosophe. » Cela même en mettant les choses au mieux, comme je l'ai fait remarquer : car pour la plupart des travaux savants faits par des philosophes d'université, un philologue a le sentiment qu'ils sont mal faits, sans rigueur scientifique et qu'ils exhalent le plus souvent un détestable ennui. Qui délivrera par exemple l'histoire des philosophes grecs des vapeurs soporifiques qu'ont répandues sur elle les travaux savants, pourtant pas trop scientifiques et malheureusement fort ennuyeux de Ritter, de Brandis et de Zeller? Pour moi, du moins, je préfère lire Diogène Laërce que Zeller, parce que chez celui-là du moins vit l'esprit des anciens philosophes, tandis que chez celui-ci ne vit ni cet esprit, ni aucun autre. Et enfin, en quoi au monde l'histoire de la philosophie concerne-t-elle nos jeunes gens? Doivent-ils être découragés d'avoir des opinions par l'amas confus de toutes celles qui existent? Doivent-ils être éduqués à entonner aussi des jubilations, comme nous l'avons déjà si magnifiquement fait? Faut-il peut-être qu'ils apprennent à haïr la philosophie ou à la mépriser? On serait presque tenté de penser cette dernière chose lorsqu'on sait comment à l'occasion de leurs examens de philosophie les étudiants doivent se martyriser pour imprimer dans leurs pauvres cervelles les idées les plus folles et les plus saugrenues de l'esprit humain, en même temps que les plus grandes et les plus abstruses. L'unique critique possible d'une philosophie, et la seule aussi qui prouve quelque chose, c'est-à-dire celle qui consiste à essayer si l'on peut vivre selon elle, n'a jamais été enseignée dans les universités : on n'y a toujours enseigné que la critique des mots par les mots. Et maintenant que l'on s'imagine une tête juvénile, sans grande expérience de la vie, où sont enfermés pêle-mêle cinquante systèmes réduits en formules et cinquante critiques de ceux-ci – quel désordre, quelle barbarie, quelle dérision à l'endroit de toute éducation à la philosophie! En fait, tout le monde s'accorde à dire que l'on ne prépare nullement à la philosophie, mais à un examen de philosophie, dont le résultat, on le sait, est d'ordinaire que celui qui subit l'épreuve – c'est hélas bien trop une épreuve – s'avoue avec un profond soupir : « Dieu merci, je ne suis pas philosophe, mais chrétien et citoyen de mon pays! »

Et si ce soupir était justement l'intention de l'État, et si « l'éducation à la philosophie » ne consistait jamais qu'à détourner d'elle? C'est une question à se poser. – Mais s'il en était ainsi il n'y aurait qu'une chose à redouter : qu'un beau jour la jeunesse pénètre enfin pourquoi à proprement parler on abuse ainsi de la philosophie. La fin suprême, la création du génie philosophique, ne serait-elle qu'un prétexte? Et le but peut-être, d'en empêcher justement la naissance? Le sens aurait-il été retourné en contresens? Alors – malheur à tout ce complexe de l'intelligence d'État et professorale!

Pareille chose serait-elle d'aventure déjà devenue notoire? Je ne sais; en tout cas la philosophie universitaire a sombré dans un mépris général, une suspicion générale. En partie, cela tient à ce que c'est aujourd'hui précisément une race débile qui règne sur les chaires; si Schopenhauer devait écrire aujourd'hui son discours de la philosophie universitaire, il n'aurait pas besoin de massue pour vaincre, un jonc lui suffirait. C'est sur les têtes biscornues des héritiers et des descendants de ces épigones qu'il a martelé ses coups : ils ressemblent suffisamment à des nourrissons et à des nains pour rappeler le proverbe hindou : « Les hommes naissent selon leurs actions, stupides, muets, sourds, difformes. » De tels pères méritaient une telle postérité, conformément à leurs « actions », comme dit le proverbe. Il est donc aussi hors de doute que la jeunesse académique se dispensera très bientôt de la philosophie qu'on lui enseigne dans ses universités et que les hommes qui se sont formés en dehors de l'académie s'en dispensent déjà très bien. Souvenons-nous seulement de nos propres années d'études : pour moi par exemple, les philosophes académiques étaient des gens absolument indifférents, dont l'activité consistait à se cuisiner quelque chose à partir des résultats des autres sciences, à lire des journaux dans leurs heures de loisir et à fréquenter les concerts; et qui, au demeurant, étaient eux-mêmes traités par leurs confrères avec une condescendance aimablement masquée. On ne doutait point de leur peu de savoir et on leur faisait confiance pour ne pas s'embarrasser d'une tournure obscure pour donner le change sur ce manque de savoir. Aussi fréquentaient-ils de préférence ces régions crépusculaires où un homme aux yeux clairs ne supporte pas de s'attarder longtemps. L'un objectait aux sciences de la nature : aucune ne peut m'expliquer complètement le plus simple événement, que m'importent-elles donc toutes ensemble? L'autre disait de l'histoire : « Elle ne dit rien de neuf à celui qui a les idées » – bref, ils trouvaient toujours des raisons pour expliquer qu'il est plus philosophique de ne rien savoir que d'apprendre quelque chose. Mais dès lors qu'ils se mettaient à l'étude, leur impulsion secrète était d'échapper aux sciences et de fonder dans une quelconque de leurs lacunes et de leurs régions mal éclairées un obscur empire. Aussi ne précédaient-ils plus les sciences qu'au sens où le gibier précède les chasseurs qui le poursuivent. Récemment ils se plaisaient à affirmer qu'ils ne sont à vrai dire que les gardes-frontières et les espions des sciences; c'est à quoi surtout leur sert la doctrine kantienne dont ils s'appliquent à faire un scepticisme oiseux, dont bientôt personne ne se souciera plus. De-ci de-là, l'un d'entre eux s'envole encore vers une petite métaphysique – avec les conséquences habituelles : vertige, maux de tête et saignements de nez. Après que ce voyage dans le brouillard et les nuages leur a bien souvent mal réussi, après qu'à tous instants un disciple rude et têtu des véritables sciences les a empoignés aux cheveux et ramenés à terre, leur visage prend l'habituelle expression de la pudeur blessée et l'air de ceux qu'on a surpris en flagrant délit de mensonge. Ils ont tout à fait perdu leur joyeuse assurance, si bien qu'aucun d'entre eux ne vit plus, si peu que ce soit, pour l'amour de sa philosophie. Autrefois quelques-uns croyaient pouvoir inventer de nouvelles religions ou substituer leurs systèmes aux anciennes; aujourd'hui cet orgueil les a quittés, ils sont pour la plupart des gens pieux, timides et confus, jamais courageux comme Lucrèce ni furieux du joug qui a pesé sur les hommes. On ne peut même plus apprendre d'eux la pensée logique et c'est parce qu'ils ont eu une juste appréciation de leurs forces qu'ils ont aboli les exercices de dispute jadis usuels. Il est hors de doute que du côté des sciences particulières on se montre à présent plus logique, plus prudent, plus modeste, plus inventif, bref plus philosophique que chez les soi-disant philosophes; aussi tout le monde approuvera le naturel de l'Anglais Bagehot lorsqu'il dit de ces modernes constructeurs de systèmes : « Qui n'est pas convaincu presque d'avance que leurs prémisses renferment un singulier mélange de vérité et d'erreur et que par suite il ne vaut pas la peine de réfléchir aux conséquences? La fermeture, l'achèvement de ces systèmes séduisent peut-être la jeunesse et impressionnent les gens inexpérimentés, mais des hommes formés ne s'en laisseront pas éblouir. Ils sont toujours prêts à accueillir favorablement des suggestions et des suppositions, et la moindre vérité leur est bienvenue – mais un gros livre, tout de philosophie déductive, suscite le soupçon. Des gens au tempérament sanguin réunissent en hâte d'innombrables principes abstraits non démontrés et les étirent soigneusement en longueur dans des livres et des théories, afin de tirer d'eux une explication de l'univers. Mais le monde n'a cure de ces abstractions, et ce n'est pas merveille car elles se contredisent entre elles. » Si jadis les philosophes, en Allemagne particulièrement, étaient plongés dans de si profondes méditations qu'ils couraient le péril constant de heurter du front la première poutre venue, on a soin maintenant, comme Swift le raconte à propos des Laputiens, de les faire escorter par toute une troupe de porteurs de hochets pour qu'ils leur donnent à l'occasion un léger coup sur les yeux ou en quelque autre endroit. Il arrive parfois que ces coups soient un peu trop forts, alors ces étrangers à la terre s'oublient jusqu'à les rendre – ce qui tourne toujours à leur confusion. « Ne vois-tu donc pas la poutre, imbécile! » réplique le porteur de hochet – et de fait le philosophe apprend à voir plus souvent la poutre et se radoucit. Ces avertisseurs, ce sont les sciences naturelles et l'histoire; elles ont peu à peu si bien intimidé cette économie allemande du rêve et de la pensée, qui a été si longtemps confondue avec la philosophie, que ces tenanciers de la pensée se trouveraient trop heureux d'avoir à renoncer à marcher seuls; mais dès qu'ils tombent à l'improviste dans les bras de ceux-ci ou font mine de leur attacher une laisse pour être eux-mêmes tenus, les avertisseurs aussitôt de s'agiter avec la plus grande furie possible, comme pour dire : « Il ne manquait plus que cela, qu'un de ces tenanciers de la pensée veuille aussi souiller les sciences de la nature ou l'histoire! À la porte! » Alors ils retombent chancelants dans leur propre incertitude, leur propre désarroi : ils veulent absolument avoir entre leurs mains un peu de science naturelle, sous forme de psychologie empirique comme les Herbartiens, ils veulent absolument aussi un peu d'histoire – alors ils peuvent du moins faire publiquement comme s'ils s'occupaient de science, quoique dans leur intimité ils envoient au diable toute philosophie et toute science.

Mais une fois admis que cette troupe de mauvais philosophes est ridicule – et qui ne l'admettrait? –, dans quelle mesure sont-ils aussi *nuisibles*? Pour répondre brièvement : *en ce qu'ils font de la philosophie une chose ridicule.* Aussi longtemps que subsistera cette pseudo-pensée reconnue par l'État, l'action grandiose d'une vraie philosophie échouera ou à tout le moins se trouvera entravée par le simple fait de cette malédiction du ridicule que se sont attiré les représentants de cette grande cause, mais qui touche la chose elle-même. C'est pourquoi je dis que c'est une nécessité pour la culture de retirer à la philosophie cette reconnaissance de l'État et de l'Université et de dispenser absolument l'État et l'Université de la tâche insoluble pour eux de distinguer entre la véritable philosophie et la philosophie apparente. Laissez donc croître les philosophes à l'état sauvage, refusez-leur toute perspective d'emploi et d'embrigadement dans les professions civiles, ne les chatouillez plus avec des traitements, mieux encore : persécutez-les, regardez-les avec défaveur – vous verrez des miracles! Ils se disperseront et se chercheront de-ci de-là un toit, ces pauvres apparents : ici s'ouvre une cure, là-bas une fonction de maître d'école, celui-ci se glisse dans la rédaction d'un journal, celui-là écrit des manuels pour les institutions supérieures de jeunes filles, le plus raisonnable d'entre eux empoigne la charrue et le plus vaniteux va à la cour. Tout est soudain vide, la nichée s'est envolée : car il est facile de se débarrasser des mauvais philosophes, il suffit de cesser de les favoriser. Et c'est en tout cas davantage à conseiller que de patronner publiquement au nom de l'État une philosophie *quelle qu'elle soit.*

L'État n'a jamais cure de la vérité, sauf de celle qui lui est utile – plus précisément, il se soucie en général de tout ce qui lui est utile, que ce soit vérité, demi-vérité ou erreur. L'alliance de l'État et de la philosophie n'a donc de sens que si la philosophie peut promettre d'être utile sans condition à l'État, c'est-à-dire de placer l'intérêt de l'État au-dessus de la vérité. Certes, ce serait pour l'État chose splendide que d'avoir la vérité aussi à son service et à sa solde; mais il sait lui-même très bien qu'il appartient à l'*essence* de la vérité de ne jamais se mettre en service et de ne jamais accepter de solde. Aussi en ce qu'il a, n'a-t-il jamais que la fausse « vérité », un personnage masqué; et celle-ci malheureusement ne peut pas non plus accomplir pour lui ce qu'il désire si fort de l'authentique vérité : sa propre légitimation et canonisation. Quand un prince médiéval voulait se faire couronner par le pape mais ne pouvait l'obtenir de lui, il suscitait un antipape qui lui rendait alors ce service. Cela pouvait aller jusqu'à un certain point; mais cela ne va pas quand l'État moderne suscite une antiphilosophie dont il attend d'être légitimé : car il a, après comme avant et même plus qu'auparavant, la philosophie contre lui. Je crois le plus sérieusement du monde qu'il lui est plus utile de ne pas s'occuper du tout d'elle, de ne rien désirer d'elle et de la laisser aller comme une chose indifférente le plus longtemps possible. Si l'on n'en reste pas à cette indifférence, si elle se fait envers lui dangereuse et agressive, alors, qu'il la persécute! – Comme l'État ne peut porter d'autre intérêt à l'université que de faire éduquer par elle des citoyens dévoués et utiles, il devrait se faire scrupule de mettre en question ce dévouement et cette utilité en exigeant des jeunes gens un examen de philosophie : sans doute, à l'égard des esprits paresseux et inaptes, c'est peut-être le bon moyen pour les détourner de son étude que d'agiter avec elle le spectre effrayant de l'examen; mais cet avantage ne saurait compenser le dommage que cette même occupation imposée suscite chez les jeunes gens audacieux et inquiets; ils apprennent à lire des livres interdits, ils se mettent à critiquer leurs professeurs et finissent par découvrir le but même de cette philosophie universitaire et de ces examens – pour ne rien dire des réflexions dans lesquelles, à cette occasion, peuvent s'engager de jeunes théologiens et à la suite desquelles ils commencent à disparaître d'Allemagne comme les chamois au Tyrol. – Je sais bien quelle objection l'État pouvait faire à toute cette considération aussi longtemps que la belle hégélerie verdoyait encore dans tous les champs : mais après que cette moisson a été ravagée par la grêle, que de toutes les promesses qu'alors on se faisait d'elle rien ne s'est accompli, et que toutes les granges sont demeurées vides – on préfère ne plus rien objecter et se détourner de la philosophie. À présent, on a la puissance : à l'époque de Hegel, on voulait l'avoir – c'est une grande différence. L'État n'a plus besoin de la sanction de la philosophie, aussi lui est-elle devenue inutile. S'il cesse d'entretenir les chaires de philosophie, ou si, comme je le prévois pour la prochaine période, il ne les entretient plus qu'en apparence et négligemment, il y trouvera son profit – mais il me semble plus important encore que l'université aussi y voie son avantage. Du moins, je serais tenté de penser qu'un lieu de sciences authentiques devrait se sentir encouragé du fait qu'il serait affranchi de toute communauté avec une demi-science ou un quart de science. De surcroît, la respectabilité des universités est en trop étrange état pour qu'il ne faille pas souhaiter par principe qu'elles se séparent de disciplines qui jouissent de peu d'estime auprès des universitaires eux-mêmes. Car les non-universitaires ont de bonnes raisons de professer un certain mépris général à l'égard des universités : ils leur reprochent d'être lâches, et que les petites universités aient peur des grandes, et que les grandes aient peur de l'opinion publique; ils leur reprochent de ne pas marcher en tête de toutes les grandes causes de culture supérieure, mais de boiter lentement loin derrière; ils leur reprochent l'abandon de l'orientation authentique et fondamentale de sciences qui sont considérées [1]. On pousse par exemple avec plus de zèle que jamais les études linguistiques sans trouver nécessaire pour soi-même une stricte éducation de l'écriture et de la parole. L'antiquité hindoue ouvre ses portes, et c'est à peine si ses connaisseurs ont devant les œuvres les plus impérissables des Hindous, devant leurs philosophies, une autre attitude que celle d'un animal devant une lyre : quoique Schopenhauer ait tenu que la connaissance de la philosophie hindoue soit un des plus grands avantages de notre siècle sur d'autres [2]. L'antiquité classique est devenue une antiquité quelconque, elle n'agit plus de façon classique et exemplaire; comme le prouvent ses disciples qui, en vérité, sont bien loin d'être des hommes exemplaires. Où donc s'est envolé l'esprit de Friedrich August Wolf dont Franz Passow pouvait dire qu'il se manifestait comme un esprit authentiquement patriote et authentiquement humain, capable au besoin de mettre en fermentation et d'incendier tout un continent – où est-il passé, cet esprit? Au contraire, c'est l'esprit des journalistes qui se presse toujours plus à l'université, et il n'est pas rare que ce soit sous le nom de philosophie; un exposé glabre et fardé, *Faust* et *Nathan Le Sage* aux lèvres, le langage et les opinions de nos répugnantes gazettes littéraires, et récemment encore le bavardage au sujet de notre sainte musique allemande, voire l'exigence de chaires consacrées à Schiller et à Goethe – autant de signes qui indiquent que l'esprit de l'université commence à se confondre avec l'esprit du temps. Aussi me semble-t-il de la plus haute importance que surgisse en dehors des universités un tribunal suprême qui contrôle et juge ces institutions eu égard aussi à la culture qu'elles développent; et dès que la philosophie aura divorcé d'avec les Universités et partant se sera purifiée de toutes ces précautions et de toutes ces indignes obscurités, elle ne pourra plus être autre chose que ce tribunal même : sans pouvoir d'État, sans traitement et sans honneurs, elle saura remplir ses fonctions, libérée de l'esprit du siècle comme aussi bien de la crainte de celui-ci – bref, ainsi que Schopenhauer a vécu, en juge de la soi-disant culture qui l'environnait. De la sorte le philosophe peut profiter aussi à l'université, si loin de se confondre avec elle au contraire il la surveille d'une certaine et respectueuse distance.

Mais enfin – que nous importe l'existence d'un État, la promotion des universités, quand il s'agit avant tout de l'existence même de la philosophie sur terre! ou – pour ne laisser planer aucun doute sur ce que je veux dire – quand la naissance sur terre d'un philosophe est indiciblement plus importante que la conservation d'un État ou d'une université? Dans la mesure où s'accroissent la servilité envers l'opinion publique, et le péril de la liberté, peut s'élever aussi la dignité de la philosophie; elle était à son point culminant au milieu des cataclysmes de la République romaine expirante et à l'époque impériale, où son nom et celui de l'histoire devinrent *ingrata principibus nomina.* Brutus prouve plus que Platon en faveur de sa dignité; ce sont des époques où l'éthique cesse d'avoir des lieux communs. Si la philosophie n'est pas beaucoup estimée aujourd'hui, que l'on s'interroge seulement pourquoi de nos jours aucun grand chef de guerre, aucun grand homme d'État ne se réclame d'elle – pour cette seule raison qu'à l'époque où il s'est enquis d'elle, il a vu se présenter à lui sous le nom de philosophie un fantôme débile, cette érudite et prudente sagesse de chaire, bref, parce que de bonne heure la philosophie est devenue pour lui une chose ridicule. Elle devrait pourtant être pour lui une chose redoutable; et les hommes qui sont appelés à chercher le pouvoir devraient savoir quelle source d'héroïsme coule en elle. Un Américain pourra leur dire ce que signifie un grand penseur venu sur cette terre comme centre nouveau de forces immenses. « Prenez garde, dit Emerson, quand le grand Dieu fait venir un penseur sur notre planète. Tout est alors en péril. C'est comme quand dans une grande ville un incendie éclate et que personne ne sait ce qui est encore en sécurité et où cela finira. Alors il n'est rien dans la science qui demain ne puisse être renversé, il n'y a plus de réputation littéraire qui tienne, pas même les célébrités prétendues éternelles; toutes les choses qui à cette heure sont chères et précieuses à l'homme ne le sont que compte tenu des idées qui ont surgi sur leur horizon spirituel et qui sont cause de l'ordre présent des choses comme le pommier produit ses pommes. *Un nouveau degré de culture bouleverserait sur-le-champ tout le système des préoccupations humaines.* » Eh bien, si de tels penseurs sont dangereux, il est clair pourquoi nos penseurs académiques sont inoffensifs; leurs pensées croissent si paisiblement dans la tradition, comme seul un arbre a jamais porté ses fruits : ils n'effraient pas, ils ne font pas sortir des gonds; et de tous leurs faits et gestes on pourrait dire ce que pour sa part Diogène objectait quand on lui faisait l'éloge d'un philosophe : « Qu'a-t-il donc de si grand à montrer? Il y a si longtemps qu'il s'adonne à la philosophie et il n'a encore *affligé* personne. » Oui, c'est bien là ce qu'il faudrait écrire sur la tombe de la philosophie universitaire : « Elle n'a affligé personne. » Mais c'est certes un éloge qui convient mieux à une vieille femme qu'à une déesse de la vérité, et il n'y a pas à s'étonner si ceux qui ne connaissent cette déesse que comme une vieille femme sont eux-mêmes très peu virils et ne jouissent plus en conséquence de la moindre considération auprès des hommes du pouvoir.

Mais s'il en est ainsi à notre époque, la dignité de la philosophie est foulée aux pieds; il semble qu'elle soit elle-même devenue quelque chose de ridicule ou d'indifférent : de sorte que tous ses vrais amis ont le devoir de témoigner contre cette confusion et à tout le moins de montrer que seuls sont ridicules et indifférents ces faux serviteurs et ces indignitaires de la philosophie. Mieux encore, ils prouvent eux-mêmes par l'action que l'amour de la vérité est chose redoutable et puissante.

Schopenhauer a prouvé l'un et l'autre – et le prouvera de jour en jour davantage.

CONSIDÉRATIONS INACTUELLES

par Friedrich Nietzsche

professeur ordinaire de philologie classique
à l'université de Bâle

Quatrième partie :

Richard Wagner à Bayreuth

1.

Un événement n'a de grandeur [1] que si deux conditions se trouvent réunies : que la grandeur inspire ceux qui l'accomplissent, et qu'elle inspire ceux qui le vivent. Aucun événement n'a de grandeur en soi, même la disparition de constellations entières, l'effondrement de peuples, la fondation de vastes États, des guerres menées avec d'énormes moyens et au prix de lourdes pertes – le souffle de l'histoire disperse tout cela, et nombre d'événements similaires, comme autant de flocons. Mais il arrive aussi qu'un homme puissant frappe un coup qui vient s'amortir sur une roche dure; un écho bref et strident, et cela s'arrête là. Même l'histoire n'a presque rien à dire de ces événements pour ainsi dire étouffés. Aussi celui qui voit venir un événement se demande-t-il, non sans quelque inquiétude, si ceux qui vont le vivre s'en montreront dignes. C'est sur cette correspondance entre l'acte et l'accueil qui lui sera fait que l'on compte, c'est elle que l'on vise toujours lorsqu'on agit, dans les grandes entreprises comme dans les plus modestes; et celui qui veut donner doit veiller à trouver preneurs à la hauteur du sens de son don. C'est pourquoi l'acte isolé d'un homme, fût-ce un grand homme, n'en est pas moins dépourvu de grandeur si c'est un acte bref, sans résonance et infructueux; car à l'instant même où il l'a accompli, l'intuition profonde de son opportunité a dû lui faire défaut. Il n'avait pas visé assez juste, il n'avait pas discerné et choisi son moment avec assez de précision : il a été le jouet du hasard, alors que la grandeur et le sens de la nécessité sont étroitement solidaires.

C'est à ceux qui restent perplexes quant au sens de la

nécessité que possède Wagner que nous laisserons, comme de juste, le soin de se demander avec perplexité si ce qui se passe actuellement à Bayreuth arrive à point nommé et répond à une nécessité. Pour nous, hommes de plus de confiance, il apparaît que Wagner croit autant à la grandeur de son haut fait qu'à la grandeur qui anime ceux qui doivent le vivre. C'est ce dont peuvent être fiers tous ceux, nombreux ou en petit nombre, à qui s'adresse cette foi – car Wagner lui-même nous l'a dit dans son discours d'inauguration du 22 mai 1872, elle ne s'adresse pas à tous, ni à toute notre époque, ni même à tout le peuple allemand dans sa physionomie actuelle, et en ceci il n'est personne parmi nous qui soit en droit d'élever une consolante objection. « Je n'avais que vous, disait-il alors, les amis de mon art, de mon œuvre et de ma création la plus propre, vers qui me tourner pour trouver des participants à mes projets : je ne pouvais demander qu'à vous le concours nécessaire pour mon œuvre, afin de la présenter pure et non défigurée à ceux qui témoignaient pour mon art d'une inclination sincère, bien qu'il n'ait pu encore leur être présenté que sous une forme impure et défigurée [1]. »

À Bayreuth, le spectateur est certes lui aussi digne d'attention. Un esprit avisé et perspicace qui sillonnerait les siècles pour en comparer les remous notables de la culture y trouverait beaucoup à voir; il sentirait qu'il pénètre soudain dans des eaux plus tièdes, tel le nageur qui, dans un lac, s'approche du courant d'une source chaude : cette eau doit surgir d'autres profondeurs, plus grandes, se dit-il, la température de l'eau environnante ne l'explique pas; celle-ci provient en tout cas de profondeurs moins grandes. De même, tous ceux qui participent au festival de Bayreuth seront-ils ressentis comme inactuels : leur patrie est ailleurs que dans le temps présent, et c'est ailleurs qu'il convient d'en chercher aussi bien l'explication que la justification. Il m'est apparu de plus en plus nettement que l'homme « cultivé », dans la mesure où il est pleinement et entièrement le fruit du temps présent, ne peut aborder tout ce que Wagner fait et pense que de façon parodique – et que n'a-t-on parodié? –, que même l'événement de Bayreuth, il ne voudra le voir qu'à la lueur de la lanterne fort peu magique de nos spirituels journalistes. Encore faut-il s'estimer heureux si l'on en reste à la parodie! Elle sert d'exutoire à un esprit fait de distance et d'hostilité qui pourrait bien se chercher de tout autres voies et de tout autres moyens, et qui ne s'en est pas toujours privé. L'observateur de la culture que nous avons évoqué saisirait également la rare acuité et la tension de ces contrastes. Qu'un seul individu puisse, dans le cours ordinaire d'une vie humaine, édifier quelque chose d'absolument neuf, voilà de quoi indigner tous ceux qui ne jurent que par le caractère graduel de toute évolution, dont ils font une sorte de loi morale : eux-mêmes sont lents et exigent de la lenteur – et les voici tout à coup devant un homme fort prompt, ils ne savent pas comment il s'y prend et lui en veulent. Aucun présage, aucune transition, aucun intermédiaire n'ont annoncé une entreprise comme celle de Bayreuth; nul autre que Wagner ne connaissait la longueur du chemin à parcourir jusqu'au but, ni le but lui-même. C'est le premier périple autour du monde dans le domaine de l'art; et, selon toute apparence, ce n'est pas seulement un art nouveau qui a été découvert, mais bel et bien l'art lui-même. Tous les arts modernes antérieurs ont été de ce fait peu ou prou dépréciés, soit comme arts repliés sur eux-mêmes et étiolés, soit comme arts de luxe; laissons là, avec soulagement, même les réminiscences peu sûres, et pas toujours très cohérentes, que nous avons de l'art véritable, que nous autres modernes avons héritées des Grecs, à moins qu'elles aussi ne soient susceptibles de resplendir dans une entente nouvelle. Pour bien des choses a sonné l'heure de mourir. Cet art nouveau est un voyant qui voit approcher le déclin – et pas seulement celui des arts. L'avertissement qu'il nous adresse doit paraître très inquiétant à toute notre culture présente, dès que cessent les rires suscités par les parodies qu'on en a faites. Qu'on ne lui fasse donc pas passer trop vite l'envie de rire!

Quant à nous, disciples de l'art ressuscité, nous aurons le temps et la volonté du sérieux, du sérieux profond et sacré. Tous les discours et tout le tapage dont la culture a jusqu'à présent entouré l'art ne peuvent apparaître aujourd'hui que comme une familiarité éhontée; tout nous prescrit le silence, un silence pythagoricien de cinq ans. Qui de nous n'a pas souillé ses mains et son cœur au service répugnant des idoles de la culture moderne! Qui n'aurait besoin de l'eau lustrale, qui n'entendrait la voix qui nous exhorte : « Faites silence et soyez purs! Faites silence et soyez purs! » Ce n'est qu'en étant ceux qui écoutent cette voix, et à ce titre seulement, que nous acquerrons cette ampleur du regard avec lequel il nous faut contempler l'événement de Bayreuth : et c'est seulement en ce regard que cet événement est promis à un *grand avenir*.

Lorsqu'en ce jour de mai 1872 la première pierre eut été posée sur la colline de Bayreuth, par une pluie battante et sous un ciel assombri, Wagner regagna la ville en voiture avec quelques-uns d'entre nous; il gardait le silence et regardait longuement en lui-même, d'un regard qu'aucun mot ne saurait décrire. Il entrait ce jour-là dans sa soixantième année : tout ce qui avait précédé était la préparation de ce moment. On sait que face à un danger extrême ou, en général, dans un moment décisif de leur vie, les hommes revoient tout ce qu'ils ont vécu dans une vision intérieure infiniment accélérée et reconnaissent alors avec une rare acuité les choses les plus proches comme les plus lointaines. Qu'a donc pu voir Alexandre le Grand à l'instant où il fit boire au même cratère l'Asie et l'Europe? Mais ce que Wagner ce jour-là contemplait intérieurement – comment il est devenu ce qu'il est, ce qu'il sera – nous pouvons le suivre avec lui, nous ses proches, jusqu'à un certain point : et seul ce regard wagnérien nous permettra de comprendre son haut fait – afin que *forts de cette compréhension nous nous portions garants de sa fécondité.*

2.

Il serait bien étrange que ce que quelqu'un sait le mieux et fait le plus volontiers ne transparût pas aussi dans la configuration de sa vie; bien plus, chez les hommes d'un talent exceptionnel, la vie n'est pas seulement, comme chez tout le monde, le reflet du caractère, elle reflète nécessairement aussi, et avant tout, son intellect et son aptitude la plus propre. La vie du poète épique tiendra de l'épopée – comme c'est le cas, soit dit en passant, chez Goethe, en qui les Allemands ont coutume, bien à tort, de voir surtout le poète lyrique –, la vie du poète dramatique, quant à elle, prendra un tour dramatique.

On ne peut méconnaître ce que l'évolution de Wagner a de dramatique [1] dès l'instant où la passion prédominante en lui prend conscience d'elle-même et s'empare de sa nature entière : dès lors, c'en est fini des tâtonnements, des errements, du foisonnement de pousses parasites, et dans les chemins et les détours les plus tortueux, dans la trajectoire souvent aventureuse de ses plans règne une seule et unique légalité intérieure, une volonté qui les explique, si surprenantes qu'en puissent paraître parfois les explications. Toutefois, il y a eu dans la vie de Wagner une première période non dramatique, son enfance et sa jeunesse, sur lesquelles on ne peut passer sans se heurter à des énigmes. *Lui-même* ne semble encore nullement s'annoncer; et ce que l'on pourrait peut-être à présent interpréter rétrospectivement comme des présages n'apparaît de prime abord que comme une juxtaposition de qualités plus propres à inspirer des inquiétudes que de l'espoir : un esprit agité, susceptible, une hâte fébrile à toucher à cent choses à la fois, un goût passionné des émotions extrêmes et presque maladives, de brusques revirements de la plus profonde sérénité à des éclats de violence. Aucune stricte discipline artistique héréditaire ou familiale ne venait le contenir : la peinture, la poésie, le théâtre, la musique s'offraient à lui autant qu'une éducation ou un avenir d'érudit; quiconque le regardait superficiellement pouvait penser qu'il était né pour être dilettante. Le petit monde sous l'emprise duquel il avait grandi n'était pas un milieu des plus recommandables ni des plus souhaitables pour un artiste. Il côtoya la dangereuse propension à la frivolité spirituelle, ainsi que cette prétention qui va de pair avec un savoir hétéroclite que l'on rencontre dans les villes universitaires : sa sensibilité était pour un rien en émoi et se contentait de satisfactions superficielles; si loin que s'étendait le regard de l'enfant, il se voyait entouré d'un monde fort avisé mais non moins agité avec lequel le monde du théâtre, dans son bariolage, formait un risible contraste, et les accents irrésistibles de la musique un contraste inconcevable [2]. Or ce qui frappe avant tout celui qui s'y entend en comparaisons, c'est de voir à quel point il est rare que l'homme moderne, s'il a reçu de grands dons, possède dans sa jeunesse et dans son enfance des qualités de naïveté, de simple originalité et de personnalité, à quel point il est peu susceptible de les posséder; bien plutôt, les rares hommes qui, comme Goethe et Wagner, parviennent à la naïveté, la possèdent toujours plutôt à l'âge adulte que dans l'enfance ou dans la jeunesse. L'artiste, surtout, qui possède de naissance à un rare degré le don d'imitation, sera atteint par l'éparpillement asthénique de la vie moderne comme par une violente maladie infantile [1]; enfant et jeune homme, il ressemblera davantage à un vieillard qu'à son propre moi. Le type singulièrement austère que représente le Siegfried de l'*Anneau du Nibelung* ne pouvait être conçu que par un homme fait, et par un homme qui n'a découvert que sur le tard sa propre jeunesse. Tout comme sa jeunesse, l'âge mûr de Wagner vint tardivement, en sorte que sur ce point au moins il est le contraire d'une nature précoce [2].

Dès qu'arrive sa virilité [3] spirituelle et morale commence aussi le drame de sa vie. Comme il offre maintenant un tout autre aspect! Sa nature apparaît redoutablement simplifiée, déchirée entre deux instincts ou encore deux sphères. Tout au fond se déchaîne une volonté impétueuse qui semble chercher par toutes les issues, toutes les cavernes et toutes les gorges à éclater au grand jour, et aspire au pouvoir. Seule une force absolument pure et libre pouvait orienter cette volonté vers le bien et la générosité; allant de pair avec un esprit étroit, pareille volonté, avec son désir tyrannique et sans bornes, aurait pu prendre un cours fatal; en tout cas, il lui fallait trouver au plus tôt une percée vers l'air libre, parvenir à la clarté du jour et à la lumière du soleil. Un puissant effort sans cesse mis en face de ses échecs devient méchant : l'échec du résultat peut parfois tenir aux circonstances, à un destin inflexible plutôt qu'à un manque de force : mais celui qui ne peut relâcher son effort en dépit de cette insuffisance est gagné par une sorte de purulence intérieure qui le rend irritable et injuste. Tantôt il cherche chez les autres les raisons de son échec, et dans sa haine passionnelle il en vient à traiter le monde entier en coupable; tantôt il suit par dépit des chemins détournés et cachés ou il use de violence : ainsi arrive-t-il que de bonnes natures se gâtent sur le chemin du mieux. Même parmi ceux qui ne poursuivaient que leur propre purification morale, chez les ermites et les moines, se rencontrent de ces hommes redevenus sauvages, malades jusqu'à la moelle, creusés et rongés par leurs échecs. Mais il y eut un esprit aimant, débordant d'éloquence douce et persuasive, détestant la violence et les mortifications et qui ne voulait voir personne dans les fers : tel est l'esprit qui a parlé à Wagner. Il descendit vers lui, l'enveloppa de ses ailes consolatrices, il lui montra le chemin. Jetons un coup d'œil à présent sur l'autre sphère de la nature de Wagner : mais comment nous y prendre pour la décrire?

Les personnages créés par un artiste ne sont pas lui-même, mais la série des personnages auxquels l'attache visiblement l'amour le plus profond révèle quelque chose de l'artiste lui-même. Qu'on se représente Rienzi, le Hollandais du *Vaisseau fantôme* et Senta, Tannhäuser et Élisabeth, Lohengrin et Elsa, Tristan et Marke, Hans Sachs, Wotan et Brunhilde : un courant souterrain de noblesse et de grandeur morale croissantes les traverse et les relie tous, toujours plus pur et épuré – et nous sommes ici, même si c'est avec une pudique retenue, devant l'un des devenirs intimes de l'âme de Wagner. Chez quel artiste peut-on concevoir semblable processus, et d'une telle grandeur? Les personnages de Schiller, depuis les Brigands jusqu'à Wallenstein et à Tell, parcourent eux aussi un tel chemin d'anoblissement et expriment également quelque chose du devenir de leur créateur : chez Wagner, toutefois, les proportions sont plus amples, plus long est le chemin parcouru. Tout participe à cette purification et l'exprime, non seulement le mythe mais aussi la musique; je trouve dans l'*Anneau du Nibelung* la musique la plus morale que je connaisse, dans la scène par exemple où Brunhilde est éveillée par Siegfried; Wagner accède là à une hauteur et à une sainteté dans l'émotion * qui évoque le flamboiement des glaciers et des sommets enneigés des Alpes : la nature se dresse là si pure et si solitaire, si inaccessible et si impassible, illuminée par l'amour; les nuages et les orages, et même le sublime sont au-dessous d'elle. Si de là nous jetons un regard en arrière sur Tannhäuser et le Hollandais, nous sentons comment s'est fait l'homme Wagner : ses débuts sombres et anxieux, sa quête impétueuse de satisfaction, sa recherche obstinée de la puissance et de l'ivresse du plaisir, et bien souvent, son dégoût, ses tentatives de jeter bas le fardeau, ses désirs d'oublier, de se nier, de renoncer – le torrent tout entier se précipitait tantôt dans une vallée, tantôt dans une autre et se creusait un chemin dans les gorges les plus profondes : –

* *Stimmung.*

dans la nuit de cette course furibonde à demi souterraine, une étoile apparut au firmament, une étoile au triste éclat, et la reconnaissant il l'appela : *Fidélité, Fidélité désintéressée!* Pourquoi brillait-elle pour lui d'une lueur plus vive et plus pure que tout, quel secret le mot Fidélité renferme-t-il pour tout son être? Car dans tout ce qu'il a pensé et poétisé, il a forgé l'image et le problème de la fidélité, il y a dans ses œuvres une série presque complète de toutes les formes possibles de la fidélité, et parmi elles les plus splendides et les plus rarement pressenties : la fidélité entre frère et sœur, entre amis, fidélité du serviteur à son maître, celle d'Élisabeth à Tannhäuser, de Senta au Hollandais, d'Elsa à Lohengrin, d'Isolde, de Kurwenal et de Marke à Tristan, la fidélité de Brunhilde au vœu le plus secret de Wotan – pour ne citer que le début de cette série. C'est l'expérience originelle la plus propre que Wagner ait vécue en lui-même, et il la vénère à l'égal d'un mystère religieux : il l'exprime par ce mot, Fidélité; il ne se lasse pas de l'extérioriser sous cent formes diverses et, dans la plénitude de sa gratitude, de la combler de tout ce qu'il a et de tout ce qu'il peut de plus magnifique – merveilleuse expérience, merveilleuse connaissance : une des sphères de son être est demeurée fidèle à l'autre, par un amour libre et dénué de tout égoïsme, la sphère créatrice, innocente et lumineuse est restée fidèle à la sphère sombre, indomptable et tyrannique.

3.

Dans le rapport de ces deux forces les plus profondes, dans le dévouement de l'une à l'autre résidait la grande nécessité par laquelle seul il pouvait rester entièrement lui-même : c'était en même temps l'unique chose qu'il n'eût pas en son pouvoir, qu'il dût observer et accepter, tandis qu'il voyait s'approcher sans cesse à nouveau la séduction de l'infidélité et ses terribles écueils. Ici jaillit pour l'homme en devenir une source surabondante de souffrances : l'incertitude. Chacun de ses instincts tendait à la démesure, tous ses dons généreux voulaient s'affranchir les uns des autres et se satisfaire individuellement; plus leur plénitude était grande, et plus grand était le tumulte et d'autant plus hostile leur rencontre. De plus le hasard et la vie l'incitaient à conquérir la puissance, l'éclat, le plaisir le plus fougueux, et plus souvent encore le tourmentait l'impitoyable nécessité de gagner sa vie, tout bonnement; il y avait partout des chaînes et des pièges. Comment est-il possible alors de rester fidèle, de demeurer entier? – Ce doute le terrassait souvent et s'exprimait alors comme doute un artiste, en des figures poétiques : Élisabeth ne peut rien pour Tannhäuser sinon souffrir, prier et mourir, par sa fidélité elle sauve l'inconstant, l'intempérant, mais non pour cette vie. La vie de tout véritable artiste jeté dans les temps modernes suit un cours périlleux et désespéré. Il est bien des façons pour lui de parvenir aux honneurs et à la puissance, le repos et la satisfaction s'offrent à lui à plusieurs reprises, mais ce n'est toujours que sous la forme qu'en connaît l'homme moderne et qui deviendrait pour l'artiste loyal une atmosphère étouffante. Le danger, pour lui, c'est de succomber à cette tentation, mais aussi de la repousser, c'est le dégoût des procédés modernes pour acquérir le plaisir et la considération, la fureur qui l'anime contre tout le bien-être égoïste à la manière des hommes d'aujourd'hui. Imaginons qu'il assume une fonction publique – comme Wagner eut à remplir les fonctions de maître de chapelle des théâtres de la ville et de la cour; on ressent comment le plus sérieux des artistes cherche à imposer de force le sérieux, là où les institutions modernes sont presque instituées avec une légèreté de principe et exigent celle-ci, comment il y réussit en partie et comment dans l'ensemble il échoue toujours, comment le dégoût le gagne, et comment il veut fuir mais ne trouve pas de lieu où se réfugier, et comment il lui faut toujours retourner chez les Tziganes et les exclus de notre culture, car il est des leurs [1]. S'il s'arrache à une situation, il parvient rarement à une situation meilleure et il lui arrive de tomber dans la plus profonde indigence. C'est ainsi que Wagner a changé de villes, de compagnons, de pays, et l'on conçoit difficilement à quelles exigences il a dû se plier, de quels voisinages il a dû s'accommoder un certain temps. Une lourde atmosphère pèse sur la plus longue moitié de sa vie jusqu'alors; il semble qu'il ait perdu tout espoir, de façon générale, n'espérant plus qu'au jour le jour – il ne désespérait pas mais il avait cessé de croire. Il a dû souvent se sentir comme le voyageur qui s'en va dans la nuit, ployant sous un lourd fardeau et mortellement las, mais surexcité par l'insomnie; une mort soudaine, alors, n'apparaissait pas à ses yeux comme une épouvante mais comme un fantôme aimable et séduisant. Le fardeau, le chemin, la nuit, tout disparaissant d'un coup – quelle tentation [1]! Cent fois il se jeta à nouveau dans la vie avec cet espoir de peu de souffle et laissa tous les fantômes derrière lui. Mais la façon dont il le faisait n'était presque jamais sans démesure, signe qu'il ne croyait pas profondément et fermement à cet espoir, qu'il s'en enivrait seulement. Le conflit entre son désir et son habituelle impuissance, relative ou totale, à le satisfaire l'aiguillonnait, le tourmentait, les constantes privations l'excitaient, et son imagination se perdait en divagations si, soudain, le manque venait à cesser. La vie se faisait toujours plus compliquée; mais plus hardis et plus ingénieux aussi les moyens et les expédients que lui, le dramaturge, découvrait, même si ce n'étaient que de dramatiques pis-aller, des motifs en trompe-l'œil qui ne font illusion qu'un instant et ne sont inventés que pour un instant. Il s'en empare avec la promptitude de l'éclair et tout aussi vite ils sont consumés. Vue de près et sans amour, la vie de Wagner, pour reprendre une pensée de Schopenhauer [2], tient beaucoup de la comédie, et même d'une comédie singulièrement grotesque. L'influence qu'a dû exercer le sentiment, l'aveu à soi-même de la grotesque indignité de périodes entières de sa vie sur l'artiste qui, plus qu'aucun autre, ne peut respirer librement que dans le sublime et le plus-que-sublime – voilà qui donne à penser à un être pensant.

Au beau milieu de cette agitation dont seule une description par le menu pourrait inspirer toute la compassion, la terreur et la surprise qu'elle mérite, se développe un *don d'apprendre* tout à fait exceptionnel, même chez les Allemands qui sont par excellence le peuple qui apprend; avec ce don surgit un nouveau danger, plus grand même que celui qui tenait à une vie apparemment déracinée, instable, tirée à hue et à dia par une illusion sans répit. De nouveau venu qui en est à ses premiers essais, Wagner devint un maître universel pour la musique et pour la scène, inventeur et créateur dans toutes les exigences techniques. Personne ne lui conteste plus d'avoir donné le plus haut modèle de tout l'art de la grande déclamation. Mais il a fait plus et mieux, et pour réaliser toutes ces prouesses, il ne lui fut pas plus épargné qu'à quiconque d'avoir à s'approprier par l'apprentissage la culture la plus haute. Et comme il s'y est mis! C'est une joie de le voir; tout foisonne autour de lui, pénètre en lui, et plus grand et plus lourd est l'édifice, plus ferme se tend l'arc de la pensée qui l'ordonne et le maîtrise. Pourtant il est rare que les accès aux sciences et aux techniques aient été rendus si difficiles à quelqu'un et il lui a fallu plus d'une fois les improviser. Rénovateur du simple drame, découvreur de la situation des arts dans la véritable société humaine, interprète inspiré des conceptions de la vie propres au passé, philosophe, historien, esthéticien et critique, Wagner, le maître de la langue, le mythologue et l'inventeur de mythes, qui pour la première fois a su sceller d'un Anneau l'admirable et prodigieuse configuration des âges reculés et y graver les runes de son esprit – quelle profusion de savoir il a dû accumuler et embrasser pour pouvoir devenir tout cela! Et cependant une telle somme n'a pas écrasé sa volonté d'action, pas plus que le détail, et les fleurs du chemin ne l'en ont détourné. Pour prendre la mesure de ce qu'a d'exceptionnel une telle conduite, on peut prendre comme image le grand contre-exemple de Goethe qui, dans tout ce qu'il apprend et dans tout ce qu'il sait, ressemble à un fleuve aux bras très ramifiés qui ne porte pas toute sa force à la mer mais perd et répand en ses cheminements et ses méandres au moins autant que ce qu'il mène à l'embouchure. Il est vrai qu'une nature comme celle de Goethe a et donne plus d'agrément, qu'une douce et noble prodigalité s'en dégage, tandis que le cours impétueux de Wagner est peut-être de nature à effrayer et à repousser. Mais craigne qui veut : nous autres, nous nous sentirons d'autant plus courageux que nous avons pu voir un héros qui, même au regard de la « culture » moderne, « n'a pas appris la crainte ».

Il n'a pas davantage appris à chercher un apaisement dans l'histoire et la philosophie, pas plus qu'à tirer parti du charme lénifiant et dissuadant d'agir de leurs effets. Ni l'artiste créateur ni l'artiste militant en lui ne se laissèrent détourner de leur voie par l'étude et la formation. Sitôt que sa force plastique l'envahit, l'histoire se fait sous ses doigts une argile ductile; du même coup son rapport avec l'histoire est autre que celui du savant, il est bien plutôt semblable à celui du Grec avec son mythe, avec quelque chose que l'on forme et traduit en poème, avec amour certes, et une ferveur pleine de retenue, mais avec cependant le droit souverain du créateur. Et parce que l'histoire est justement pour lui encore plus inflexible et plus changeante que le rêve, il peut introduire dans un événement singulier, en le poétisant, ce qu'il y a de typique dans des époques entières et accéder ainsi à une vérité de description à laquelle l'historien ne parvient jamais. Le Moyen Âge chevaleresque, où le trouve-t-on ressuscité, dans sa chair et son esprit, comme il l'est dans *Lohengrin*? Et les *Maîtres chanteurs* ne parleront-ils pas de l'essence allemande aux siècles les plus lointains? Plus même que d'être parlants, ne seront-ils pas un des fruits les plus mûrs de cette essence qui toujours veut réformer et non révolutionner [1] et qui, sur le vaste socle de sa quiétude, n'a pourtant pas désappris la plus noble inquiétude qui soit, celle de l'action rénovatrice?

Wagner était précisément toujours ramené à cette forme de malaise par son étude de l'histoire et de la philosophie : il trouvait non seulement en elles des armes et une armure, mais il y respirait aussi le souffle exaltant qui monte des tombeaux de tous les grands lutteurs, des grands souffrants, des grands penseurs. On ne se distingue jamais mieux de toute l'époque présente que par l'usage que l'on fait de l'histoire et de la philosophie. À la première, telle qu'elle est comprise d'ordinaire de nos jours, semble être impartie la tâche de laisser respirer l'homme moderne qui ahane péniblement vers ses fins, et de lui donner en quelque sorte un instant le sentiment d'être dételé. Ce que Montaigne représente comme individu dans l'agitation propre à l'esprit de la Réforme, la recherche du calme intérieur, d'un paisible être-pour-soi, une pause pour reprendre souffle – et son meilleur lecteur, Shakespeare, l'a bien senti –, c'est ce que la science historique est à présent pour l'esprit moderne. Si depuis un siècle les Allemands se sont particulièrement adonnés aux études historiques, cela montre que dans le mouvement du monde moderne elles représentent la force de stabilisation, de temporisation et d'apaisement : et certains peut-être tourneront cela à leur avantage. Mais c'est dans l'ensemble un symptôme dangereux que le combat spirituel d'un peuple se tourne principalement vers le passé, c'est un signe de relâchement, de retard et de faiblesse. En sorte qu'elles sont très dangereusement exposées à toute fièvre qui se déclare à la ronde, la fièvre politique par exemple. À l'opposé de tous les mouvements de réforme et de révolution, nos savants représentent dans l'histoire de l'esprit moderne un état de faiblesse semblable, ils ne se sont pas assigné la tâche la plus ambitieuse mais se sont assuré une manière à eux de bonheur conciliant. Toute initiative plus libre et plus virile passe devant eux en ne suscitant que leur indifférence – mais nullement pour autant celle de l'histoire! Celle-ci recèle en elle bien d'autres forces, que des natures comme Wagner pressentent justement : mais il faut qu'elle soit enfin écrite dans un sens bien plus sérieux et plus strict, selon l'inspiration d'une âme puissante et non plus dans un sens optimiste comme elle l'a toujours été jusqu'à présent, autrement, donc, que les érudits allemands ne l'ont fait à ce jour. Il y a dans tous leurs travaux quelque chose d'édulcorant, de servile et de satisfait à bon compte, et le cours des choses leur convient. C'est déjà beaucoup si l'un d'eux laisse entendre qu'il ne s'estime satisfait que dans la mesure où les choses auraient pu être pires encore : la plupart d'entre eux croient machinalement que les choses sont très bien telles qu'elles se sont en définitive déroulées. Si l'histoire n'était pas encore et toujours une théodicée chrétienne déguisée [1], si elle était écrite avec plus d'équité et une sympathie plus fervente, elle serait véritablement la moins propre à rendre le service qu'elle rend à présent : servir de soporifique contre toutes les forces de bouleversement et de rénovation. Il en est de même pour la philosophie, dont la plupart ne veulent évidemment apprendre qu'à comprendre à peu près – très à peu près! – les choses, dans le seul but de s'en accommoder. Et ses plus nobles représentants soulignent eux-mêmes si nettement son pouvoir d'apaisement et de consolation que les paresseux et tous ceux qui aspirent au repos se prennent à penser qu'ils cherchent la même chose que ce que cherche la philosophie. Il me semble au contraire que la question essentielle de toute philosophie est de savoir dans quelle mesure les choses sont d'une espèce et d'une forme invariables : afin qu'une fois cette question résolue, on s'attèle sans ménagements et avec courage à la tâche d'*améliorer le côté du monde reconnu modifiable.* C'est là ce qu'enseignent les grands philosophes eux-mêmes par leur action, en travaillant à l'amélioration des idées très variables des hommes au lieu de garder leur sagesse pour eux; c'est ce qu'enseignent les vrais adeptes des vraies philosophies qui, comme Wagner, s'entendent à tirer d'elles une résolution et une inflexibilité plus grandes et non des sucs soporifiques. Wagner est le plus philosophe là où il est le plus énergique et le plus héroïque. C'est précisément comme philosophe qu'il a pu traverser sans crainte non seulement le feu de divers systèmes philosophiques, mais aussi la vapeur du savoir et de l'érudition, tout en restant fidèle à son moi supérieur qui exigeait de lui les *actes synthétiques de son être polyphonique* et lui ordonnait de souffrir et d'apprendre pour devenir capable de tels actes.

4.

L'histoire du développement de la culture depuis les Grecs est assez brève si l'on ne considère que le chemin effectivement parcouru, sans tenir compte des arrêts, des reculs, des périodes de tâtonnement et de reptation. L'hellénisation du monde et, pour la rendre possible, l'orientalisation de l'hellénisme – telle fut la tâche du grand Alexandre – demeure toujours le dernier en date des grands événements; la vieille question de savoir si une culture étrangère peut, absolument parlant, être transposée, reste encore le problème de fond sur lequel peinent les modernes. C'est en effet l'alternance rythmique de ces deux facteurs réagissant l'un contre l'autre qui a déterminé le cours de l'histoire jusqu'à ce jour. Le christianisme, par exemple, apparaît comme un fragment d'antiquité orientale que les hommes ont poussé avec une prodigieuse minutie jusqu'à ses conséquences extrêmes dans la pensée et dans les faits. Avec la disparition de son influence, la puissance de la culture hellénique a connu un regain de force; nous assistons à des phénomènes si déroutants qu'ils resteraient suspendus en l'air, inexplicables, si l'on ne pouvait les rattacher, par-delà un laps de temps énorme, à leurs équivalents grecs. Ainsi y a-t-il entre

Kant et les Éléates, entre Schopenhauer et Empédocle, entre Eschyle et Richard Wagner, de telles proximités et de telles parentés qu'on est amené à sentir de façon presque tangible l'essence très relative de tous les concepts de temps : ce serait à croire que certaines choses sont liées entre elles et que le temps n'est qu'un nuage qui nous empêche de voir ce lien. L'histoire des sciences exactes, en particulier, donne l'impression que nous nous trouvons actuellement tout proches du monde grec alexandrin, comme si le pendule de l'histoire revenait à son point de départ, dans le lointain énigmatique et effacé où il a commencé à osciller. L'image qu'offre notre monde d'à présent n'a absolument rien de neuf : celui qui connaît l'histoire éprouve de plus en plus le sentiment de retrouver les traits anciens et familiers d'un visage. L'esprit de la culture hellénique plane, extrêmement diffus, sur notre présent : tandis qu'affluent des forces de toute nature et que les produits des sciences et des spécialités modernes deviennent des termes d'échanges, se lève encore, lueur lointaine et fantomatique, l'image de l'hellénisme. La terre qui a été jusqu'alors orientalisée à satiété aspire de nouveau à être hellénisée; à quiconque veut lui prêter son concours, il faut assurément de la promptitude et un pied ailé pour rassembler les points les plus divers et les plus distants du savoir, les continents éloignés du talent, parcourir et dominer un champ d'une immense étendue. Aussi s'avère nécessaire, aujourd'hui, une série d'*Anti-Alexandre* doués de la force la plus puissante pour tout rassembler et tout relier, pour relier les fils les plus éloignés et empêcher la trame d'être emportée par le vent. La tâche, à présent, n'est pas de dénouer le nœud gordien de la culture grecque, comme le fit Alexandre, et d'en laisser flotter les bouts à tous vents, mais de *le renouer après qu'il a été dénoué.* Je reconnais en Wagner un de ces Anti-Alexandre : il fixe et relie solidement ce qui était épars, faible et nonchalant; il a, s'il m'est permis d'user d'une expression médicale, une vertu *astringente* : dans cette mesure, il appartient aux forces vives de la culture. Il règne sur les arts, les religions, l'histoire des divers peuples, et pourtant il est le contraire d'un polyhistorien, d'un esprit qui se contente de collectionner et de classer : car il est un rassembleur et sait animer les choses collectionnées, il est un *simplificateur du monde.* On ne se laissera pas détourner de cette représentation par la comparaison de cette tâche universelle que lui assigne son génie avec la tâche beaucoup plus restreinte et plus accessible que l'on associe maintenant de prime abord au nom de Wagner. On attend de lui une réforme du théâtre : à supposer qu'il y réussît, en quoi cette tâche plus haute et plus lointaine en serait-elle avancée?

Eh bien! l'homme moderne en serait modifié et réformé : car dans notre monde d'aujourd'hui les choses se tiennent de manière si nécessaire entre elles que quiconque arrache un seul clou fait vaciller et s'effondrer l'édifice. On pourrait attendre aussi de toute autre réelle réforme ce que nous venons de dire avec une apparente exagération de la réforme wagnérienne. Il n'est absolument pas possible de restaurer l'effet le plus pur et le plus élevé de l'art théâtral sans innover partout, dans les mœurs et dans l'État, dans l'éducation et dans le commerce des hommes. L'amour et la justice devenus puissants en un point – en l'occurrence dans le domaine de l'art – doivent, selon la loi de leur nécessité intérieure, poursuivre leur épanouissement, et ne peuvent plus revenir à la léthargie de leur chrysalide première. Ne serait-ce que pour comprendre à quel point la situation de nos arts par rapport à la vie est symbolique de la dégénérescence de cette vie, à quel point nos théâtres sont une honte pour ceux qui les construisent et ceux qui les fréquentent, il faut renverser complètement les points de vue et savoir regarder comme très insolite et compliqué ce qui semble ordinaire et banal. Une étrange perturbation du jugement, une avidité mal dissimulée de réjouissances, de délassement à tout prix, des préventions pédantesques, de la fatuité et une façon de parader avec le sérieux de l'art du côté des exécutants, une brutale âpreté au gain du côté des exploitants, le vide et l'absence de pensée d'une société qui ne songe au peuple que dans la mesure où il lui sert, ou bien constitue pour elle un danger, et qui fréquente les théâtres et les concerts sans y être jamais rappelée à ses devoirs – c'est cet ensemble qui forme aujourd'hui l'atmosphère renfermée et nocive de nos milieux artistiques : mais à peine s'y est-on accoutumé, comme le sont nos gens cultivés, on en vient à s'imaginer que cette atmosphère est indispensable à la santé et que l'on se trouve mal à l'aise si, par suite d'une contrainte quelconque, on est obligé de s'en passer quelque temps. En vérité, il n'est qu'un seul moyen pour se convaincre rapidement de la vulgarité, et même de la vulgarité bizarre et embrouillée de nos institutions théâtrales : que l'on compare simplement avec ce que fut le théâtre grec ! À supposer que nous ne sachions rien des Grecs, peut-être n'y aurait-il absolument rien à faire pour remédier à cette situation, et l'on tiendrait ces objections, telles que Wagner vient pour la première fois de les formuler avec grand style, pour des rêveries de gens qui sont chez eux au pays de Nullepart. Les hommes étant ce qu'ils sont, dira-t-on peut-être, c'est l'art qui leur suffit et ils n'ont que ce qu'ils méritent – ils n'ont jamais été autrement ! – Mais si, ils ont été autrement et même à présent il est des hommes auxquels les institutions qui ont existé jusqu'à ce jour ne suffisent pas – et le fait de Bayreuth démontre précisément cela. Vous trouvez là des spectateurs préparés et initiés, en proie à l'émotion d'hommes au sommet de leur bonheur et qui sentent en lui tout leur être se ramasser afin de se laisser fortifier pour un vouloir plus ample et plus haut ; vous trouvez là le sacrifice le plus total des artistes et le spectacle de tous les spectacles, le victorieux créateur d'une œuvre qui résume en elle une plénitude d'actes victorieux en art : n'est-ce pas déjà comme un enchantement de pouvoir rencontrer un tel phénomène au temps présent ? Quant à ceux qui sont admis à y participer et à y assister, ne doivent-ils pas déjà être en eux-mêmes transformés et rénovés afin de pouvoir à leur tour apporter dans d'autres domaines de la vie la transformation et la rénovation ? N'est-ce pas un havre qui s'offre enfin à nous après l'étendue désolée de la mer, un calme qui se répand sur les eaux ? – Celui qui revient, de l'atmosphère de profondeur et de solitude de l'âme qui règne là vers les plaines et les dépressions tout autres de la vie, ne doit-il pas se demander sans cesse, comme Isolde : « Comment l'ai-je supporté ? Comment le supporté-je encore [1] ? » Et s'il ne supporte pas de dissimuler son bonheur et son malheur égoïstement en lui-même, il saisira désormais toutes les occasions d'en témoigner par ses actes. Où sont ceux qui souffrent des institutions présentes ? se demandera-t-il. Où sont nos alliés naturels avec lesquels nous pourrons lutter contre la prolifération luxuriante et étouffante de la culture dispensée de nos jours ? Car pour le moment nous n'avons qu'un seul ennemi – je dis bien pour le moment ! – ce sont justement ces « gens cultivés » pour qui le mot de « Bayreuth » désigne une de leurs plus profondes défaites – ils n'y ont pas collaboré, ils s'y sont opposés avec rage, ou bien ils ont affecté cette dureté d'oreille plus efficace encore qui est devenue à présent l'arme habituelle de l'hostilité la plus dédaigneuse. Mais de ce fait nous savons justement qu'ils n'ont pu détruire, par leur animosité et leur perfidie, l'être même de Wagner, qu'ils n'ont pu empêcher son œuvre, et ceci encore : ils ont trahi leur propre faiblesse et démontré que la résistance de ceux qui étaient jusqu'à présent les détenteurs de la puissance ne tiendra plus longtemps devant des assauts répétés. C'est l'instant propice pour ceux qui veulent conquérir de haute main et vaincre, les plus vastes domaines s'offrent à eux, une suspicion pèse sur les possesseurs, si tant est qu'il y ait jamais eu possession. C'est ainsi par exemple que l'on reconnaît le caractère vermoulu de la bêtise de l'éducation, et il se trouve partout des gens qui l'ont déserté sans crier gare. Que ne peut-on pousser à la révolte ouverte et déclarée ceux qui dès à présent en sont en réalité profondément mécontents! Que ne peut-on les arracher à leur morosité et à leurs atermoiements! Une chose est sûre : si l'on soustrayait la contribution silencieuse des natures de cette trempe au profit retiré de l'ensemble de nos établissements d'enseignement, ce serait la plus sensible saignée dont on pourrait les affaiblir. Parmi les savants, par exemple, ne resteraient soumis à l'ancien régime que ceux qui ont été contaminés par le délire politique et les littérateurs de tout poil. Le répugnant organisme qui tire à présent ses forces de l'appui qu'il trouve dans les sphères de la violence et de l'injustice, de l'État et de la société, et qui trouve son avantage à les rendre de plus en plus malfaisantes et dénuées de scrupules, se retrouve faible et épuisé sans cet appui : il suffit vraiment de le mépriser une bonne fois et le voilà qui s'effondre tout à fait. Celui qui combat pour la justice et pour l'amour entre les hommes n'a strictement rien à en redouter : car ses véritables ennemis ne se présenteront devant lui que lorsqu'il en aura terminé avec la lutte qu'il mène à présent contre leur avant-garde, la culture actuelle.

Bayreuth signifie pour nous la veillée d'armes à l'aube du combat. On ne pourrait nous faire de pire injustice que de supposer que pour nous il s'agit seulement d'art : comme si l'art avait valeur de remède ou de narcotique grâce auquel on pourrait se défaire de toutes les autres misères. Dans l'œuvre d'art tragique de Bayreuth, nous voyons le tableau de la lutte des individus contre tout ce qui se présente à eux comme une nécessité apparemment inexorable : le pouvoir, la loi, la tradition, les pactes et toute espèce d'ordre établi. Les individus ne peuvent vivre de plus belle vie que celle qui consiste à mûrir pour la mort et à se sacrifier dans la lutte pour la justice et l'amour. Le regard que porte sur nous l'œil mystérieux de la tragédie n'est pas un charme amollissant ou paralysant. Même si elle réclame le calme aussi longtemps qu'elle nous regarde; car l'art n'est pas là pour le combat lui-même, mais pour les accalmies qui le précèdent et l'interrompent, pour ces minutes où, jetant en arrière un regard lourd de pressentiments, on comprend le sens du symbole qu'apporte un rêve vivifiant qui s'approche de nous, avec le sentiment d'une légère lassitude. Le jour et le combat commencent bientôt, les ombres sacrées se dissipent, et l'art est de nouveau loin de nous; mais sa consolation s'est posée sur l'homme dès cette heure matinale. Partout ailleurs, l'individu trouve son insuffisance personnelle, son impuissance relative ou totale : avec quel courage devrait-il combattre s'il n'avait été consacré auparavant à quelque chose de supra-personnel! Les plus grandes douleurs qui existent pour l'individu, l'absence d'une communauté du savoir entre tous les hommes, l'incertitude des vérités dernières et l'inégalité des dons, tout cela crée en lui le besoin de l'art. On ne peut pas être heureux aussi longtemps qu'autour de nous tout souffre et se fait souffrir; on ne peut pas être moral tant que le cours des choses humaines est déterminé par la violence, la tromperie et l'injustice; on ne peut même pas être sage tant que l'humanité entière ne rivalise pas de sagesse et n'initie pas l'homme de la manière la plus sage à la vie et au savoir. Comment alors supporter ce triple sentiment d'insuffisance, si nous ne pouvions déjà discerner dans nos combats, nos efforts, nos défaites, un élément sublime et riche de sens, si nous n'apprenions de la tragédie le plaisir qu'on prend au rythme des grandes passions et à leur victime? Certes, l'art n'est pas un maître ni une éducation pour l'action immédiate; en ce sens, l'artiste n'est jamais un éducateur ni un conseiller, les objets que se proposent les héros tragiques ne sont pas, sans plus, les plus dignes d'efforts à nos yeux. Comme en rêve, aussi longtemps que nous nous trouvons sous le charme de l'art, l'appréciation des choses en est modifiée : ce que nous tenions alors pour si digne d'efforts, au point d'approuver le héros tragique lorsqu'il choisit la mort plutôt que d'y renoncer – est rarement digne de la même valeur et de la même dépense d'énergie dans la vie réelle : c'est pourquoi l'art est justement l'activité de l'homme au repos. Les combats qu'il nous montre sont des simplifications des combats réels de la vie; ses problèmes sont des raccourcis du calcul infiniment compliqué des activités et des volontés humaines. Mais la grandeur et le caractère irremplaçable de l'art consistent précisément en ce qu'il suscite l'*apparence* d'un monde plus simple, d'une solution plus rapide aux énigmes de la vie. Nul être qui souffre de la vie ne peut se passer de cette apparence, de même que nul ne peut se passer de sommeil. Plus il devient ardu de connaître les lois de la vie, et plus nous désirons ardemment l'apparence de cette simplification, fût-ce pour de brefs instants, et d'autant plus grande devient la tension entre la connaissance générale des choses et la capacité spirituelle et morale de l'individu. L'art est là *afin que l'arc ne se brise.*

L'homme doit être initié à quelque chose de suprapersonnel – ainsi le veut la tragédie; il lui faut désapprendre l'effroyable angoisse que lui inspirent la mort et le temps : car dans le plus bref instant, dans l'atome le plus infime de sa vie, il peut rencontrer le sacré, qui contrebalance et au-delà tout combat et toute nécessité – voilà ce qu'est *avoir le sens tragique.* Et si toute l'humanité doit périr un jour – et qui pourrait en douter! – la tâche suprême qu'elle se voit assigner pour tous les temps à venir est de croître et de se fondre dans une unité et dans une communauté telle qu'elle se porte *comme un tout* à l'encontre de sa ruine imminente, dans un *état d'âme tragique*; c'est dans cette tâche suprême que réside tout anoblissement des hommes; si celle-ci était définitivement écartée, il en résulterait le tableau le plus lugubre que puisse s'imaginer un ami de l'humanité. Tel est mon sentiment! Il n'y a qu'une seule espérance et une seule garantie pour l'avenir de l'humain : *que l'état d'âme tragique ne périsse pas.* Une lamentation sans précédent retentirait sur toute la terre si les hommes devaient un jour la perdre complètement; et d'autre part il n'est pas de joie plus exaltante que de savoir ce que nous savons – comment la pensée tragique vient de renaître au monde. Car cette joie est absolument impersonnelle et générale, c'est l'humanité qui exulte devant ce qui garantit la cohésion et la perpétuation de l'humain en général.

5.

Wagner a projeté sur la vie présente et sur le passé le rayon lumineux d'une connaissance assez puissant pour permettre d'apercevoir un espace d'une étendue peu commune : c'est pourquoi il est un simplificateur du monde; car la simplification du monde consiste toujours en ce que le regard de celui qui découvre devient de nouveau maître de la prodigieuse confusion et désolation d'un chaos apparent, et ramène à l'unité ce qui était auparavant dispersé et inconciliable. Wagner y est parvenu en établissant un rapport entre deux choses qui semblaient vivre étrangères et indifférentes l'une à l'autre, comme en deux sphères séparées, *la musique et la vie,* mais aussi *la musique et le drame.* Non qu'il ait inventé ces rapports, ni qu'il ait été le premier à les créer : ils sont là et gisent strictement aux pieds de chacun : tout comme un grand problème ressemble toujours à la pierre précieuse que des milliers de gens piétinent jusqu'au jour où quelqu'un enfin la ramasse. Que signifie, se demande Wagner, le fait qu'un art comme la musique ait surgi avec cette force incomparable dans la vie des hommes modernes? Point n'est besoin de faire peu de cas de cette vie pour voir là un problème; au contraire, quand on évalue toutes les grandes forces propres à cette vie et que l'on évoque l'image d'une existence qui fait de violents efforts pour s'imposer et lutte pour la *liberté consciente* et pour l'*indépendance de la pensée* – alors seulement la musique apparaît en ce monde comme une énigme. Ne faut-il pas se dire : la musique ne pouvait pas naître de cette époque? Mais comment alors en expliquer l'existence? Serait-elle un pur hasard? Un seul grand artiste aurait certes pu être un hasard, mais l'apparition de tous les grands artistes dont témoigne l'histoire de la musique moderne, et qui n'eut d'équivalent qu'une seule fois, à l'époque des Grecs, donne à penser que ce n'est pas le hasard mais la nécessité qui règne ici. Cette nécessité, tel est le problème auquel Wagner apporte une réponse.

Il est le premier à avoir pris conscience d'un péril aussi étendu que la civilisation met aujourd'hui de peuples en contact : partout la *langue* est malade, et le poids de cette monstrueuse maladie pèse sur tout le développement de l'humanité. Dans la mesure où la langue a dû constamment s'élever sur les derniers échelons de ce qui lui était accessible, afin de pouvoir saisir, en s'éloignant le plus possible de la vive émotion qu'à l'origine elle savait exprimer en toute simplicité, ce qui est à l'opposé du sentiment, à savoir le domaine de la pensée, sa force s'est épuisée dans cette extension démesurée durant le bref espace de temps de la civilisation moderne : en sorte qu'elle n'est plus en mesure de satisfaire à l'unique exigence pour laquelle elle est là : que ceux qui souffrent se comprennent entre eux sur les nécessités les plus élémentaires de la vie. L'homme n'arrive plus à se faire connaître, dans sa détresse, au moyen de la langue et ne peut donc pas communiquer véritablement : dans cet état obscurément senti, la langue est devenue partout une puissance par elle-même, qui étreint les hommes de ses bras de fantôme et les pousse où ils ne veulent à vrai dire pas aller : dès qu'ils cherchent à se comprendre réciproquement et à s'unir en un même dessein, la folie des concepts généraux et même des pures sonorités s'empare d'eux et par suite de cette incapacité à communiquer, les créations de leur esprit commun portent à nouveau la marque de la mésentente réciproque, pour autant qu'elles ne correspondent pas aux nécessités réelles, mais seulement à la vacuité de ces mots et de ces concepts despotiques; ainsi l'humanité ajoute-t-elle encore à tous ses maux celui de la *convention,* c'est-à-dire un accord en paroles et en actes sans un accord du sentiment. De même que dans la course vers l'aval de tout art on arrive à un point où ses moyens et ses formes acquièrent, dans leur foisonnement maladif, une prépondérance tyrannique sur les jeunes âmes des artistes et fait d'eux leurs esclaves, ainsi est-on devenu, dans le déclin des langues, l'esclave des mots; sous cette contrainte, nul n'est plus à même de se montrer tel qu'il est, de parler naïvement, et bien peu parviennent à sauvegarder leur individualité dans la lutte contre une culture qui croit démontrer sa réussite non en se montrant accueillante aux besoins et aux sentiments clairs, mais en embobinant l'individu dans des « concepts clairs » et en lui enseignant à penser correctement : comme si cela avait une valeur quelconque de faire de quelqu'un un être pensant et raisonnant correctement sans être parvenu auparavant à lui apprendre à sentir de façon correcte! Aussi quand, dans une humanité blessée à ce point, résonne la musique de nos maîtres allemands, qu'est-ce exactement que l'on entend? Eh bien! ce n'est que le *sentiment juste*, l'ennemi de toute convention, de toute distance et de toute incompréhension artificielle entre les hommes : cette musique est un retour à la nature, en même temps qu'elle est à la fois purification et métamorphose de la nature; car c'est dans l'âme des hommes les plus aimants qu'est né le besoin de ce retour et *ce qui retentit dans leur art, c'est la nature muée en amour.*

Admettons que c'est là une des réponses de Wagner à la question : que signifie la musique à notre époque? Il en est encore une seconde : le rapport entre la musique et la vie n'est pas seulement le rapport entre deux sortes de langages, c'est le rapport entre le monde sonore accompli et tout le monde visuel. Or en tant que phénomène visuel, et comparée aux manifestations antérieures de la vie, l'existence des hommes modernes montre une pauvreté, un épuisement indicibles, en dépit de l'invraisemblable bariolage qui ne peut satisfaire que le regard le plus superficiel. Qu'on prenne seulement la peine d'y regarder d'un peu plus près et de décomposer l'impression produite par ce jeu de couleurs violemment agitées : l'ensemble n'est-il pas semblable au scintillement ou au chatoiement d'innombrables petites pierres et pierreries empruntées aux cultures passées? Tout n'est-il pas ici faste déplacé, mouvement singé, apparence affectée? Un vêtement fait d'oripeaux de toutes couleurs pour ceux qui sont nus et grelottants? Une danse faussement gaie imposée à ceux qui souffrent? Des mines d'opulente fatuité arborées par de grands blessés? Et par moments, cachés et dissimulés seulement par la rapidité du mouvement et du tourbillon, l'impuissance livide, l'aigre mécontentement, l'ennui industrieux, l'hypocrite misère! L'homme moderne n'apparaît plus autrement que comme une pure et simple apparence; dans ce qu'il représente aujourd'hui, loin de se rendre visible, il se dissimule; et le reste d'inventivité artistique qui s'est maintenu chez un peuple, chez les Français et les Italiens par exemple, est employé à cet art de jouer à cache-cache. Partout où l'on exige aujourd'hui de la « forme », que ce soit dans la société ou dans la conversation, dans l'expression littéraire ou dans les relations entre États, on entend par là, malgré soi, une plaisante apparence, le contraire du véritable concept de forme en tant que configuration nécessaire qui n'a rien à voir avec le « plaisant » et le « déplaisant », précisément parce qu'elle est nécessaire et non facultative. Même là où l'on n'exige pas expressément la forme, chez les peuples civilisés, on ne possède pas davantage cette configuration nécessaire, on est seulement moins heureux, mais tout aussi zélé dans la recherche de l'apparence plaisante. À quel point l'apparence peut être *plaisante* ici ou là, et pourquoi il doit plaire à chacun que l'homme moderne se donne au moins la peine de paraître, c'est ce que chacun sent dans la mesure où il est lui-même un homme moderne. « Seuls les galériens se connaissent – dit Le Tasse –, quant à nous, nous nous *méconnaissons* poliment pour qu'en retour on nous méconnaisse [1]. »

Dans ce monde des formes et de la méconnaissance souhaitée apparaissent alors les âmes comblées de musique – à quelle fin? Elles se meuvent sur un rythme ample et libre, avec loyauté et élégance, au gré d'une passion qui dépasse la personne; elles brûlent du feu puissant et tranquille de la musique qui jaillit en elles de profondeurs inépuisables – mais tout cela, à quelle fin?

Par l'intermédiaire de ces âmes, la musique réclame sa sœur, sa pareille, la *gymnastique,* qui est comme sa nécessaire configuration dans le domaine du visible : dans cette recherche et dans cette exigence, elle en vient à s'ériger en juge de tout ce monde d'apparences et de spectacles trompeurs du temps présent. Telle est la seconde réponse de Wagner à la question : quelle est la signification de la musique à notre époque? Aidez-moi, clame-t-il à l'adresse de tous ceux qui savent entendre, aidez-moi à découvrir la culture que ma musique prédit parce qu'elle est le langage retrouvé du sentiment juste, songez que l'âme de la musique veut à présent se donner un corps et qu'elle cherche en vous tous à se frayer un chemin vers le mouvement, l'action, les institutions et les mœurs! Il est des hommes, de plus en plus nombreux, qui comprennent cet appel; ceux-ci comprennent à nouveau pour la première fois ce que signifie fonder l'État sur la musique, ce que les anciens Hellènes non seulement avaient compris mais aussi s'imposaient à eux-mêmes : et ces mêmes esprits pénétrés d'intelligence fustigeront l'État présent avec la même intransigeance que la plupart des hommes fustigent déjà de nos jours l'Église. Le chemin d'un but aussi neuf et qui pourtant n'a pas toujours été aussi inouï conduit à s'avouer en quoi réside la lacune la plus honteuse de notre éducation et le motif véritable de son incapacité à sortir de la barbarie : il lui manque l'âme motrice et formatrice de la musique, en revanche ses exigences et ses institutions sont le produit d'une époque où la musique en laquelle nous plaçons dorénavant une confiance si significative n'avait encore absolument pas vu le jour. Notre éducation est la formation la plus arriérée du temps présent et elle est arriérée précisément eu égard à l'unique force éducatrice nouvellement surgie dont les hommes actuels puissent se prévaloir par rapport à ceux des siècles passés – ou pourraient du moins se prévaloir, pour peu qu'ils veuillent cesser de vivre de façon aussi irréfléchie, sous la férule de l'instant! Comme ils ont refusé d'accueillir en eux jusqu'à présent l'âme de la musique, ils n'ont pas encore pressenti non plus la gymnastique au sens grec et wagnérien du terme; et telle est derechef la raison pour laquelle leurs artistes en œuvres plastiques sont condamnés au désespoir aussi longtemps qu'ils voudront, comme c'est le cas aujourd'hui, se passer de la musique, ce guide qui les mènerait dans un monde de visions nouvelles : quels que soient les talents qui se développent alors, cela vient trop tard ou trop tôt et en tout cas à contretemps, puisque même ce que les époques passées ont donné d'achevé et de plus haut, et qui constitue aujourd'hui le modèle des artistes, est superflu et presque sans effet, et ne contribue plus guère à poser une pierre sur l'autre. Si dans leur contemplation intérieure ils ne voient pas surgir devant eux de nouvelles formes mais toujours les anciennes derrière eux, ils servent la science historique et non la vie et ils sont morts avant même de mourir : mais celui qui sent aujourd'hui en lui une vie vraie et féconde – et cela ne peut signifier actuellement que la musique – pourrait-il un seul instant se laisser induire à des espoirs prometteurs par une quelconque de ces choses qui s'épuisent en figures, en formes et en styles? Il est au-delà de toutes les vanités de ce genre; et il ne songe pas davantage à trouver des miracles plastiques en dehors de son monde sonore idéal qu'il n'attend encore de grands écrivains de nos langues épuisées et ternies. Plutôt que de prêter l'oreille à quelques vaines consolations, il supporte de fixer son regard profondément insatisfait sur notre existence moderne : peu importe qu'il s'emplisse de bile et de haine si son cœur n'est pas assez chaleureux pour s'apitoyer! La méchanceté et le sarcasme mêmes sont préférables au fait de s'en remettre, à la façon de nos « amateurs d'art », à un bien-être trompeur et à une ivrognerie clandestine! Mais même s'il sait faire davantage que nier et railler, s'il sait aimer, compatir et coopérer, il lui *faut* pourtant d'abord nier pour ouvrir la voie à son âme secourable. Pour que la musique accorde un jour beaucoup d'hommes au recueillement et en fasse les confidents de ses intentions suprêmes, il faut commencer par mettre un terme au commerce de jouissances pratiqué avec un art aussi sacré; le pilier de tous nos délassements artistiques, de nos théâtres, de nos musées et de nos philharmonies qu'est l'« amateur d'art » doit être banni; la faveur officielle témoignée à ses désirs doit se muer en défaveur; un jugement meilleur doit évincer le jugement public qui accorde une valeur indue à tout ce qui encourage ce dilettantisme. Pour l'heure, nous devons aller jusqu'à considérer l'*ennemi déclaré* de l'art comme un allié réel et utile car ce dont il se déclare ouvertement l'ennemi n'est jamais que l'art tel que le comprend « l'amateur d'art » : il n'en connaît pas d'autre! Libre à lui de reprocher à l'amateur le gaspillage d'argent insensé qu'occasionnent la construction de ses théâtres et de ses monuments publics, l'engagement de ses chanteurs et de ses acteurs « célèbres », l'entretien de ses écoles d'art et de ses galeries de peinture tout à fait infécondes, sans compter tout ce que l'on jette par la fenêtre, dans chaque foyer, de temps et d'argent consacrés à l'éducation de prétendus « intérêts artistiques ». Il n'y a là ni appétit ni rassasiement, mais un jeu qui s'exténue avec un semblant des deux, le tout imaginé en vue de la plus futile mise en scène afin d'abuser sur son compte le jugement d'autrui; ou pis encore : pour peu que l'on prenne vaguement l'art au sérieux, on attend de lui qu'il produise une sorte de faim et convoitise et on lui assigne pour tâche cette excitation produite artificiellement. Comme si l'on craignait de succomber à son propre dégoût et à son propre abrutissement, on invoque tous les méchants démons afin d'être traqué comme du gibier par ces chasseurs : on a une soif de douleur, de colère, de haine, d'échauffement, d'effroi soudain, de tension haletante, et l'on appelle l'artiste à la rescousse en conjurateur de cette chasse infernale. Dans l'économie psychique de nos gens cultivés, l'art est maintenant un besoin absolument mensonger, ou infâme et déshonorant, ou bien un néant ou un vice. L'artiste de quelque valeur, de quelque rareté, est comme pris d'un rêve étourdissant pour ne pas voir tout cela et il répète d'une voix hésitante et incertaine de belles paroles fantomatiques, qu'il croit entendre venant de lieux très lointains mais qu'il ne perçoit pas assez distinctement; au contraire, l'artiste de pure souche moderne s'avance plein de mépris pour les tâtonnements et les discours rêveurs de son compagnon plus noble, et il tient en laisse toute la meute glapissante des passions et des abjections pour les lâcher à la demande sur les hommes modernes : car ceux-ci préfèrent être traqués, blessés, déchiquetés plutôt que d'avoir à vivre en silence, en tête à tête avec eux-mêmes. Avec soi-même! – cette pensée ébranle les âmes modernes, là est *leur* angoisse, de là *leur* peur des fantômes.

Quand, dans les villes populeuses, je regarde passer les multitudes avec leur expression d'abrutissement ou de hâte, je me dis toujours : ils ne doivent pas se sentir à l'aise. Mais pour eux, tout l'art n'est là qu'afin de les mettre plus mal à l'aise encore, de les abrutir davantage encore, ou de les rendre plus hébétés, plus impatients et plus avides. Car *le sentiment inapproprié* les chevauche et les fouaille sans répit, et ne leur permet absolument pas de s'avouer leur propre misère; veulent-ils parler, la convention leur chuchote quelque chose à l'oreille qui leur fait oublier sur-le-champ ce qu'ils voulaient dire au juste; veulent-ils se comprendre réciproquement, leur entendement est comme paralysé par des sortilèges, si bien qu'ils appellent bonheur ce qui est leur malheur et s'appliquent pour leur propre infortune à forger entre eux des alliances. Ainsi se trouvent-ils entièrement métamorphosés et ravalés au rang d'esclaves du sentiment inapproprié.

6.

Je ne veux montrer que sur ces deux exemples à quel point le sentiment est détraqué à notre époque et combien elle-même n'en a précisément pas du tout conscience. Autrefois, on regardait de haut, avec un honorable sentiment de supériorité, les gens qui faisaient le commerce de l'argent, même si l'on avait besoin d'eux; on admettait que toute société doive avoir ses entrailles. À présent, ils sont la puissance dominante dans l'âme de l'humanité moderne, et sa composante la plus enviable. Autrefois, aucune mise en garde n'était comparable à celle dissuadant de prendre trop au sérieux le jour, l'instant, on préconisait le *nil admirari* [1] et le souci des choses éternelles; il ne reste plus à présent qu'une seule sorte de sérieux dans l'âme moderne, c'est celui que l'on réserve aux nouvelles qu'apportent le journal ou le télégraphe. Se servir de l'instant, et pour en tirer parti, l'évaluer le plus rapidement possible! – on pourrait croire qu'il n'est resté aux hommes d'aujourd'hui qu'une seule vertu, la présence d'esprit. Malheureusement, elle est bien plutôt en vérité l'omniprésence d'une avidité sordide et insatiable et d'une curiosité toujours à l'affût chez tous. Quant à savoir si l'*esprit* est actuellement *présent* en général – nous laissons aux juges à venir, qui un jour passeront à leur crible les hommes modernes, le soin de s'en enquérir. Mais cette époque est vulgaire, on le remarque au seul fait qu'elle honore ce que méprisaient des époques antérieures nobles; si malgré tout elle s'est adjugé tout le trésor de la sagesse et de l'art du passé et si elle se pavane dans ces habits somptueux entre tous, elle montre une conscience inquiétante de sa vulgarité en ce qu'elle ne se sert pas de ce manteau pour se réchauffer mais seulement pour se leurrer sur elle-même. La nécessité de se travestir et de se dissimuler lui paraît plus urgente que celle de ne pas geler. C'est ainsi que les savants et les philosophes d'aujourd'hui n'utilisent pas la sagesse des Hindous et des Grecs pour leur propre sagesse et leur propre sérénité : leur travail doit seulement servir à fournir au présent une trompeuse renommée de sagesse. Les chercheurs en zoologie s'efforcent de présenter comme des lois naturelles invariables les accès de violence animale, de ruse et de vengeance qui se manifestent dans les relations actuelles des États et des hommes entre eux. Les historiens font preuve d'un zèle inquiet à démontrer que toute époque a son droit propre et ses propres conditions – afin de préparer tout de suite l'argument décisif de la défense au procès qu'à l'avenir on intentera à notre temps. La théorie de l'État, du peuple, de l'économie, du commerce, du droit – tout cela revêt désormais ce caractère de *précaution apologétique*; il semble même que ce qui reste d'esprit actif, et qui n'est pas consommé au service du grand mécanisme de la puissance et du lucre, ait pour unique tâche de défendre et d'excuser le présent.

Devant quel accusateur? On se le demande avec stupeur. Devant sa propre mauvaise conscience.

Et soudain la tâche de l'art moderne apparaît distinctement : l'abrutissement ou l'ivresse! Endormir ou étourdir! Amener la conscience, d'une manière ou d'une autre, à l'inconscience! Aider l'âme moderne à se débarrasser de son sentiment de culpabilité et non à retrouver celui de son innocence! Et cela, au moins par moments! Défendre l'homme à ses propres yeux en le contraignant en lui-même à se taire, à ne pas entendre! – Le petit nombre de ceux qui ont, ne fût-ce qu'une fois, réellement éprouvé ce qu'est cette tâche infamante entre toutes par laquelle l'art se trouve effroyablement déshonoré, aura l'âme à jamais débordante de lamentation et d'apitoiement : mais aussi d'une nostalgie nouvelle et toute-puissante. Celui qui voudrait délivrer l'art, restaurer sa sainteté inviolée, devrait auparavant s'être lui-même libéré de l'âme moderne : ce n'est que fort de cette innocence qu'il serait en droit de retrouver l'innocence de l'art, et il lui faut se soumettre à deux prodigieuses purifications. S'il triomphait alors, il parlerait aux hommes avec son art affranchi et d'une âme délivrée, alors seulement il affronterait le plus grand péril, le combat le plus inouï; les hommes préféreraient le déchirer, lui et son art, plutôt que d'avouer qu'ils meurent de honte devant eux. Il se pourrait que la rédemption de l'art, seul rayon de clarté que l'on puisse espérer à l'époque moderne, demeurât un événement pour quelques âmes solitaires, tandis que la plupart continueraient imperturbables à fixer du regard la flamme vacillante et fumeuse de l'art tel qu'ils le conçoivent : ils ne *veulent* pas la lumière, mais l'aveuglement, ils *haïssent* la lumière... qui se fait sur eux-mêmes [1].

Aussi s'écartent-ils de celui qui apporte une lumière nouvelle; mais il les poursuit, contraint par l'amour dont il est né, et il veut les contraindre. « Vous *devez* passer par mes mystères, leur crie-t-il, vous avez besoin de leurs purifications et de leurs ébranlements. Osez-le pour votre salut et abandonnez une bonne fois ce pan de nature et de vie placé sous un éclairage douteux que vous semblez seul connaître; je vous mènerai dans un royaume tout aussi réel, et vous direz vous-mêmes, quand vous retournerez de ma caverne à votre jour, quelle est la vie la plus réelle, où à vrai dire est le jour, et où la caverne. La nature est, en ses profondeurs, beaucoup plus riche, plus violente, plus heureuse, plus terrible; comme vous vivez d'ordinaire, vous ne la connaissez pas : apprenez à redevenir vous-mêmes nature et alors laissez-vous métamorphoser avec elle et en elle par l'enchantement de mon amour et de ma flamme. »

C'est la voix de l'*art de Wagner* qui parle ainsi aux hommes. Que nous autres, enfants d'un siècle pitoyable, nous ayons pu les premiers entendre ses accents, cela montre à quel point ce siècle justement est digne d'apitoiement, cela montre en général que la vraie musique est un fragment de destin et de loi primitive; car il n'est absolument pas possible d'attribuer à un hasard vide et absurde le fait qu'elle se fasse entendre en ce moment précis; un Wagner de hasard eût été écrasé par la toute-puissance de l'élément autre dans lequel il a été jeté. Mais dans le devenir du véritable Wagner règne une nécessité transfiguratrice et justificatrice. Considéré dans sa genèse, son art est le plus magnifique spectacle qui soit, si douloureux qu'ait pu être ce devenir, parce que la raison, la loi, le but se manifestent partout. Tout au bonheur de ce spectacle, celui qui le considère ira jusqu'à célébrer ce devenir douloureux lui-même, avec joie il appréciera comme tout contribue au salut et au profit de la nature et du talent prédestinés, si dure que soit l'école par laquelle ils ont dû passer. Il appréciera combien chaque situation périlleuse ragaillardit une telle nature, combien chaque victoire la rend plus avisée, comment, se nourrissant de poison et de malheur, elle y puise santé et vigueur; le persiflage et l'adversité du monde qui l'entoure sont pour elle un stimulant et un aiguillon; s'égare-t-elle, elle revient de son égarement et de sa perdition avec le plus merveilleux des butins; dort-elle, c'est pour « puiser dans le sommeil des forces neuves ». Elle-même endurcit le corps et le rend plus robuste; elle ronge d'autant moins la vie qu'elle la rend plus vivante; elle gouverne l'homme comme une passion ailée et lui donne des ailes au moment où son pied s'enlise dans le sable ou s'est meurtri sur le roc. Elle ne peut s'empêcher de communiquer, chacun doit collaborer à son œuvre, elle n'est pas avare de ses dons. Repoussée, elle redouble de largesses; mésusée par celui qu'elle a comblé, elle ajoute encore à ses dons son plus précieux joyau, et l'on n'a encore jamais vu que ceux qui les reçoivent aient été tout à fait dignes de ces dons, si l'on en croit l'expérience la plus ancienne comme la plus récente. C'est pourquoi la nature prédestinée par laquelle la musique s'adresse au monde phénoménal est ce qu'il y a de plus énigmatique sous le soleil, un abîme où reposent unies force et bonté, un pont jeté entre le soi et le non-soi. Qui pourrait désigner avec précision la fin pour laquelle elle existe, quand bien même la finalité propre à la manière dont elle advint devait se laisser deviner? Pourtant, un pressentiment bienheureux peut amener à se demander : ce qui est grand n'existerait-il en vérité que pour l'amour de ce qui est plus petit, le don le plus grand pour le moindre des dons, la vertu et la sainteté suprêmes pour l'amour d'infirmes? La musique vraie a-t-elle dû se faire entendre *parce que les hommes la méritaient le moins, mais qu'ils en avaient le plus grand besoin*? Qu'on se plonge un instant dans le prodigieux miracle de cette possibilité : quand on reporte de là son regard sur la vie, la voilà qui s'illumine, si lugubre et noyée de brumes qu'elle pût apparaître auparavant.

7.

Il n'y a pas d'autre possibilité : celui auquel il est donné de considérer une nature telle que celle de Wagner est involontairement ramené de temps en temps à lui-même, il est renvoyé à sa petitesse et à son infirmité et se demande : Que signifie-t-elle pour toi? Et *toi*, dans quel but à vrai dire es-tu là? – Il ne saura probablement que répondre et le voilà qui demeure coi, interloqué, interdit en face de lui-même. Puisse-t-il alors se contenter d'avoir vécu cela; puisse-t-il, *se sentant étranger à lui-même*, écouter la réponse à ces questions. Car il participe, par ce sentiment même à la plus violente manifestation vitale de Wagner, au cœur de ce qui fait sa force, à *cette capacité démoniaque de transposition* et de mise à nu de sa nature, également capable de se communiquer à d'autres êtres et de se communiquer à elle-même, et dont la grandeur consiste à la fois à donner et à prendre. Tout en paraissant succomber à la nature débordante et envahissante de Wagner, le spectateur participe lui-même de sa force et il devient en quelque sorte puissant *par lui envers et contre lui*; et quiconque s'examine attentivement sait que même la contemplation ne va pas sans une mystérieuse confrontation, celle des regards qui s'affrontent. Si son art nous fait vivre tout ce qu'une âme apprend au cours de ses pérégrinations, s'associant à d'autres âmes et en partageant le sort, apprenant à regarder le monde avec nombre d'autres yeux, nous parvenons alors nous-mêmes, par-delà la distance et l'éloignement, à le voir lui en personne, après voir vécu en nous ce qu'il est lui. Nous l'éprouvons avec la plus grande certitude : tout le visible du monde veut s'approfondir et s'intérioriser en devenant audible chez Wagner, tout le monde audible cherche à émerger et à se manifester à l'œil et à la lumière, il veut en quelque sorte prendre corps. Son art le mène toujours sur cette double voie, qui va d'un monde d'audition à un monde énigmatiquement apparenté de drame visuel, et inversement; il est constamment contraint – et le spectateur avec lui – de retranscrire en termes d'âme et de vie élémentaire l'animation du visible, et à considérer en retour comme phénomène la trame la plus secrète de l'intériorité, à la revêtir d'une apparence de corps. Tout cela, c'est l'essence même du *dramaturge dithyrambique*, en entendant cette notion au plein sens du terme, qui englobe à la fois l'acteur, le poète et le musicien : sens qui se déduit nécessairement de l'unique manifestation portée à son achèvement du dramaturge dithyrambique avant Wagner, celle d'Eschyle et de ses émules grecs. Si l'on a tenté de déduire d'entraves et de lacunes intérieures les évolutions les plus grandioses, si par exemple pour Goethe la poésie a été une sorte d'exutoire à une vocation de peintre manquée, si l'on peut dire des drames de Schiller qu'ils sont la transposition d'une éloquence populaire, si Wagner lui-même cherche à s'expliquer la promotion de la musique par les Allemands, entre autres raisons, du fait que, manquant du don séduisant d'un organe vocal naturellement mélodieux, ils ont été obligés de concevoir l'art des sons avec presque autant de sérieux et de profondeur que leurs réformateurs en ont mis à saisir le christianisme [1] –, si, de la même manière, on voulait lier l'évolution de Wagner à une entrave intérieure de cette espèce, on serait alors en droit d'admettre qu'il avait un don fondamental d'acteur, mais qui a dû se refuser à se satisfaire par le premier moyen venu et le plus trivial, et qui a trouvé son exutoire et son salut en faisant appel à tous les arts en vue d'une grande révélation théâtrale. Mais on serait alors non moins en droit de dire que cette nature de musicien d'une puissance hors du commun, dans son désespoir d'avoir à s'adresser à des demi-musiciens ou à des non-musiciens, a ouvert avec violence l'accès aux autres arts afin de pouvoir enfin se communiquer avec une évidence portée au centuple, et arracher enfin la compréhension, celle de tout un peuple. De quelque façon que l'on veuille se représenter l'évolution du dramaturge né, il est dans sa maturité et dans sa perfection une figure sans entrave ni lacune : il est l'artiste vraiment libre qui ne peut s'empêcher de penser dans tous les domaines de l'art à la fois, le médiateur et le conciliateur de sphères apparemment opposées, le restaurateur de l'unité et de la totalité du pouvoir artistique qui ne peuvent être ni devinées ni déduites mais seulement montrées par l'action. Mais comme le plus inquiétant et le plus séduisant des sortilèges, l'action maîtrisera celui devant qui elle s'accomplit soudain : le voici soudain devant une puissance qui abolit la résistance de la raison, et fait même apparaître déraisonnable et inconcevable tout ce au milieu de quoi on vivait jusqu'alors : jetés hors de nous, nous voguons dans un mystérieux élément igné, nous ne nous comprenons plus nous-mêmes, nous ne reconnaissons plus les choses les plus familières, nous ne disposons plus d'aucun étalon de mesure, tout ce qui était soumis à des lois, figé, commence à s'animer, chaque chose s'illumine de couleurs nouvelles et nous parle par des signes nouveaux – sous l'emprise de ce mélange de délices et de crainte, il faut être un Platon pour pouvoir se résoudre, comme il l'a fait, à déclarer au dramaturge : « S'il vient dans notre République, nous honorerons comme un être sacré et miraculeux l'homme à qui sa sagesse permettrait de devenir tout au monde et d'imiter toutes choses, nous oindrons sa tête et la couronnerons de bandelettes, mais nous tâcherons de le persuader de gagner une autre République [1]. » Il est possible que quelqu'un qui vit dans la République platonicienne puisse et doive obtenir cette victoire sur lui-même : mais nous autres qui ne vivons nullement dans cette République, mais dans un tout autre État, nous désirons, nous réclamons que le magicien vienne à nous, bien que nous le redoutions – afin justement que notre République, et la mauvaise Raison, la mauvaise puissance dont elle est l'incarnation, soit ouvertement niée. Un état de l'humanité, de sa communauté, de ses mœurs, de son organisation de vie et de l'ensemble de ses institutions susceptibles de se passer de l'artiste imitateur n'est peut-être pas une impossibilité foncière, c'est en tout cas une hypothèse bien aventureuse et hérissée de difficultés; seul devrait être autorisé à en parler un homme qui pourrait engendrer et saisir par anticipation le moment suprême de tout ce qui doit advenir, et qui aussitôt alors devrait devenir – et serait en droit de devenir – soudain aveugle à l'instar de Faust : – car *nous-mêmes* n'avons aucun droit à cette cécité, tandis que par exemple Platon avait le droit d'être aveugle à toute la réalité hellénique, après ce regard unique que son œil avait jeté sur l'idéal hellénique. Nous avons nous autres bien plutôt besoin de l'art parce que nous sommes justement devenus *voyants à l'égard du réel* : et nous avons besoin du dramaturge universel afin qu'il nous délivre au moins quelques heures de l'effroyable tension que le voyant ressent entre lui-même et ce fardeau de tâches qui lui sont imposées. Avec lui nous nous hissons aux ultimes échelons de la sensation, et là-haut seulement il nous semble être de nouveau dans la libre nature et dans le royaume de la liberté; de là, nous voyons en de prodigieux miroitements éthérés nous-mêmes et nos semblables vaincre et succomber dans la lutte, spectacle sublime et suggestif, nous prenons plaisir au rythme de la passion et du sacrifice de celle-ci, à chaque pas puissant du héros nous entendons le sourd écho de la mort et nous comprenons en l'approchant le suprême attrait de la vie : – ainsi transformés en hommes tragiques, nous revenons à la vie dans une humeur étrangement rassérénée, avec le sentiment nouveau de la sécurité, comme si après les plus grands périls, les débordements et les extases, nous avions désormais retrouvé le chemin de ce qui est limité et familier; là où l'on peut se montrer d'une bienveillance souveraine et en tout cas plus noble qu'auparavant; car tout ce qui semble ici grave et nécessaire, comme la course qui mène au but, si on le compare à la voie que nous avons nous-mêmes dû parcourir, ne fût-ce qu'en rêve, ressemble seulement à des fragments bizarrement isolés de ces expériences totales que nous connaissons pour les avoir vécues, et dont notre conscience s'effraie; nous allons même nous mettre en péril et être tentés de prendre la vie trop à la légère, justement parce que dans l'art nous l'avons appréhendée avec un sérieux si peu commun, pour rappeler un mot de Wagner à propos de sa destinée [1]. Car s'il est vrai que pour nous qui ne faisons qu'éprouver et non créer cet art du drame dithyrambique, le rêve peut apparaître presque plus vrai que la veille, la réalité – comment le créateur ne doit-il pas apprécier ce contraste! Il est là lui-même au beau milieu de tous ces appels bruyants, de toutes ces importunités du jour, des nécessités de la vie, de la société, de l'État – en tant que quoi? Peut-être comme s'il était l'unique éveillé, le seul qui soit tourné vers le vrai et le réel au milieu de dormeurs confus et tourmentés, au milieu d'individus habités seulement de chimères et de souffrances; parfois il se sent même comme envahi d'une insomnie perpétuelle, comme s'il devait désormais passer sa vie si limpide et si consciente malgré les nuits de veille en compagnie de somnambules et de fantômes qui se prennent au sérieux : si bien que tout ce qui justement paraît quotidien aux autres lui semble à lui inquiétant et qu'il est tenté d'accueillir avec une railleuse insolence l'impression de cette apparition. Mais ce sentiment se trouve singulièrement contrarié quand précisément un tout autre instinct se joint à la clarté de sa frémissante insolence, la nostalgie qu'il éprouve, sur les cimes, pour les profondeurs, l'amoureuse inclination vers la Terre, l'aspiration au bonheur de la communauté – alors, quand il songe à tout ce dont il est privé en tant que créateur solitaire, c'est pour lui comme si subitement il devait, tel un dieu descendant sur terre, « emporter au ciel dans ses bras de feu [1] » tout ce qui est faible, humain, à l'abandon, pour trouver enfin non l'adoration mais l'amour, et se dépouiller entièrement de lui-même dans l'amour! Mais la contrariété admise ici est justement le miracle qui a effectivement lieu dans l'âme du dramaturge dithyrambique : et si son essence pouvait jamais se laisser appréhender dans un concept, ce serait celui-là. Car les moments créateurs de son art sont ceux où il se trouve écartelé à l'intersection de ces sentiments, et où cette étrangeté et cet étonnement à la fois inquiétants et insolents à l'égard du monde vont de pair avec l'aspiration instinctive à se rapprocher en amant de ce même monde. Quels que soient les regards qu'il porte sur la terre et la vie, ce sont toujours des rayons de soleil qui « aspirent l'eau », amoncellent les nuées, condensent les moiteurs d'orage. Son regard se pose, tout à la fois *lucide et réfléchi comme désintéressé et plein d'amour* : et tout ce qu'il voit maintenant s'éclairer sous le double pouvoir lumineux de son regard, la nature le pousse avec une promptitude redoutable à le décharger de toutes ses forces, à révéler ses secrets les plus cachés : cela, par *pudeur*. C'est davantage qu'une métaphore que de dire qu'avec ce regard il a surpris la nature, il l'a vue nue : aussi cherche-t-elle à se réfugier pudiquement à l'intérieur de ses contradictions. Ce qui était jusqu'alors invisible, intérieur, trouve refuge dans la sphère du visible et devient phénomène; ce qui n'était jusqu'à présent que visible se réfugie dans la mer obscure des sons : *c'est pourquoi la nature, en voulant se dissimuler, dévoile l'essence de ses contradictions*. Dans une danse au rythme impétueux et pourtant ailée, dans des gestes d'extase, le dramaturge-né parle de ce qui se passe alors en lui et dans la nature : le dithyrambe de ses mouvements est aussi frémissante compréhension, orgueilleuse perspicacité, tout autant qu'amoureuse approche, voluptueux dépouillement de soi. Enivrée, la parole se plie à ce rythme : accouplée à la parole, retentit la mélodie; et à son tour celle-ci projette ses étincelles dans le domaine des images et des idées. Une apparition de rêve, semblable et dissemblable à l'image de la nature et de son prétendant, s'approche en suspens, elle se condense en formes plus humaines, se déploie dans le déroulement de tout un vouloir héroïque et orgueilleux, d'un délicieux déclin et d'un ne-plus-vouloir : – ainsi naît la tragédie, ainsi la vie reçoit-elle en don la sagesse la plus magnifique, celle de la pensée tragique, ainsi surgit enfin le plus grand enchanteur, le plus grand bienfaiteur entre tous les mortels – le dramaturge dithyrambique.

8.

La vie véritable de Wagner, c'est-à-dire la révélation progressive du dramaturge dithyrambique, fut en même temps une lutte sans répit avec lui-même, dans la mesure où il n'était pas seulement ce dramaturge dithyrambique : la lutte contre le monde aux contradictions duquel il était en butte ne prit pour lui ce caractère féroce et sinistre que parce qu'il entendait en lui-même parler ce « monde », cet ennemi séducteur, et qu'il abritait en lui-même un puissant démon de la contradiction. Lorsque la *pensée maîtresse* de sa vie se leva en lui, l'idée qu'un effet incomparable, le plus grand effet de tout art peut être atteint avec le théâtre, elle jeta tout son être dans la plus violente fermentation. Il n'en résulta pas tout de suite une résolution claire et lucide quant à ses désirs et à ses actes à venir; au départ, cette pensée ne lui apparut presque tout d'abord que sous la forme d'une tentation, comme expression de cette obscure volonté personnelle, avide et insatiable *de puissance et de gloire.* Un effet, un effet incomparable – par quels moyens? et sur qui? –, telles furent dès lors sans trêve la question et la quête dans sa tête et dans son cœur. Il voulut vaincre et conquérir comme aucun artiste encore ne l'avait fait, et si possible parvenir d'un coup à cette toute-puissance tyrannique vers laquelle le poussait une obscure impulsion. D'un œil jaloux et inquisiteur, il prit la mesure de tout ce qui avait du succès, mais davantage encore il observa ceux sur qui il fallait agir. Grâce au regard magique du dramaturge qui lit dans les âmes comme il lirait une écriture familière, il sonda le spectateur et auditeur, et bien que souvent cette compréhension ne laissât pas de l'inquiéter, il s'emparait aussitôt des moyens de le maîtriser. Ces moyens, il les avait sous la main; ce qui agissait fortement sur lui, il avait également la volonté et le pouvoir de le faire; de ses modèles, il ne comprenait à chaque étape qu'autant qu'il pouvait modeler lui-même, il ne doutait jamais de son pouvoir d'accomplir aussi ce qui lui plaisait. Il est peut-être en ceci une nature plus « présomptueuse » encore que Goethe, qui disait de lui-même : « J'ai toujours pensé que tout m'était dû; m'eût-on mis une couronne, j'aurais pensé : cela va de soi [1]. » Le talent de Wagner et son « goût », comme aussi ses intentions – tout cela s'est toujours aussi étroitement adapté que la clef à la serrure : – tout cela a grandi et s'est affranchi ensemble –, mais à l'époque ils ne l'étaient pas. Que lui importait le fragile sentiment, plus noble et pourtant égoïste et solitaire, que pouvait éprouver, à l'écart de la foule, tel ou tel amateur, littéralement et esthétiquement cultivé! Mais ces puissantes tempêtes des âmes que provoquent dans la foule certains paroxysmes du chant dramatique, cette soudaine ivresse qui gagne les cœurs, d'une sincérité sans feinte, désintéressée – c'était là pour lui l'écho de sa propre expérience et de sa propre sensibilité, alors l'envahissait l'espoir ardent de la puissance et de l'effet suprêmes! Il comprit alors le *grand opéra* comme un moyen susceptible d'exprimer sa pensée maîtresse; c'est dans ce sens qu'alla son désir, son regard se dirigea vers cette patrie. Toute une période de sa vie, et avec elle les modifications les plus téméraires de ses plans, de ses études, de ses résidences, de ses relations, ne s'explique que par ce désir et par les résistances extérieures qu'a dû rencontrer l'artiste allemand indigent, inquiet et naïvement passionné. Comment l'on devient maître en ce domaine, un autre artiste l'entendait mieux; et maintenant que l'on a fini par découvrir peu à peu quel réseau extrêmement artificieux d'influences de toutes sortes a permis à Meyerbeer de préparer et d'obtenir chacun de ses grands triomphes, et avec quel soin méticuleux la succession des « effets » a été calculée dans l'opéra lui-même, on comprend aussi quelle amertume et quelle humiliation a ressenties Wagner lorsqu'on lui ouvrit les yeux sur ces « artifices » à peu près indispensables pour remporter du succès auprès du public. Je doute qu'il y ait jamais eu dans l'histoire un grand artiste qui soit parti d'une erreur aussi énorme et qui se soit voué avec autant de candeur et de confiance à la forme la plus révoltante d'un art : et pourtant la manière dont il l'a fait n'était pas sans grandeur et a été pour cette raison d'une étonnante fécondité. Car s'arrachant au désespoir de son erreur, une fois qu'il l'eût reconnue, il a conçu ce qu'est le succès moderne, le public moderne et toute la nature mensongère de l'art moderne. En devenant le critique de la recherche de l'« effet », les pressentiments qu'il avait de sa propre purification le faisaient frissonner. C'était comme si désormais l'esprit de la musique lui parlait avec un charme d'âme tout nouveau. Comme si, relevant d'une longue maladie, il revenait à la lumière, il se fiait à peine à ses mains et à ses yeux, il se traînait le long de la route; et il éprouva aussi comme une merveilleuse découverte qu'il était encore musicien, qu'il était encore artiste, et même qu'il venait seulement de le devenir.

Toute étape ultérieure du devenir de Wagner se caractérise par le fait que les deux facultés fondamentales de son être s'unissent de plus en plus étroitement : chacune sortant de sa pudique réserve face à l'autre, le moi supérieur cesse d'encenser son frère violent et plus terrestre en lui offrant ses services, il l'*aime* et se met dès lors tout entier à son service. Au terme du développement, le comble de la tendresse et de la pureté est enfin contenu dans la puissance à son faîte, l'instinct impétueux suit son cours comme auparavant, mais sur d'autres voies qui mènent là où le moi supérieur est lui-même à demeure; et celui-ci à son tour redescend sur terre et reconnaît son image dans tout ce qui est terrestre. S'il était possible, tout en restant intelligible, de parler de la sorte de la fin ultime et du terme de cette évolution, on devrait aussi pouvoir trouver la métaphore qui désignerait une longue étape intermédiaire de cette évolution; mais j'en doute et c'est pourquoi je ne le tente pas. Cette étape intermédiaire se démarque en deux mots de celle qui la précède et de celle qui la suit : Wagner devient *celui qui a révolutionné la société*, Wagner reconnaît l'unique artiste qui ait jamais existé : le *peuple poétiquement créateur*. Voilà où l'a mené, après ce grand accès de désespoir et d'expiation, la pensée maîtresse qui lui est apparue sous une forme nouvelle, et plus puissante que jamais. Effet, incomparable effet du théâtre! – mais sur qui? Il frémissait au souvenir de ceux sur qui il avait voulu agir jusqu'alors. Grâce à ce qu'il venait de vivre, il comprit toute l'ignominie de la situation dans laquelle se trouvent l'art et les artistes, comment une société sans âme ou à l'âme endurcie, qui se dit la bonne mais qui est en vérité la pire qui soit, compte l'art et les artistes au nombre de ses esclaves afin de satisfaire de *pseudo-besoins*. L'art moderne est un luxe : voilà ce qu'il comprit, et aussi, que son existence et sa chute sont ni plus ni moins tributaires des droits qui sont ceux d'une société de luxe. Tout comme cette société a su, par l'usage le plus cruel et le plus habile de sa puissance, rendre les plus démunis, le peuple, toujours plus dociles, plus humbles et plus étrangers à eux-mêmes, et tirer de ce peuple le « travailleur » moderne; elle l'a également dépossédé de ce qu'une impérieuse nécessité l'avait amené à produire de plus grandiose et de plus pur, de ce en quoi, vrai et unique artiste, il prodiguait généreusement son âme : ses mythes, ses mélodies, ses danses, son bonheur d'expression; pour distiller de tout cela un remède voluptueux à l'épuisement et à l'ennui de sa propre existence – les arts modernes. Comment est née cette société, comment elle a su absorber de nouvelles forces dans les sphères de pouvoir apparemment opposées, comment par exemple le christianisme dévoyé en hypocrisie et en compromis douteux s'est laissé utiliser comme rempart contre le peuple et comme consolidation de cette société et de sa propriété, comment la science et les savants ne se sont que trop docilement prêtés à cette corvée, voilà tout ce que Wagner a su dépister à travers les époques pour, au terme de ses considérations, sursauter de dégoût et de rage : il était devenu révolutionnaire par compassion envers le peuple. Dès lors il aima ce peuple, et il lui tarda de le rejoindre, comme il lui tarda de rejoindre son art, car hélas! il ne vit plus désormais qu'en ce peuple évanoui, qui ne se laissait plus qu'à peine encore deviner, ce peuple artificiellement tenu à l'écart, l'unique spectateur, l'unique auditeur susceptible d'être digne et à la hauteur de la puissance de l'œuvre d'art dont il rêvait. Aussi sa réflexion se concentra-t-elle autour de la question : Comment naît le peuple? Et comment renaît-il?

Il ne trouvait jamais qu'une seule réponse : – s'il existait une collectivité qui souffrît de la même détresse que celle dont il souffre, ce serait là un peuple, se dit-il. Et là où la même détresse conduirait à la même pulsion et au même désir, c'est là aussi qu'il faudrait chercher la même espèce de satisfaction, et que devrait être trouvé le même bonheur dans cette satisfaction. S'il cherchait alors autour de lui, dans sa propre détresse, la plus profonde consolidation et le meilleur réconfort, le plus cordial secours à sa détresse, il se sentait animé de la certitude bienheureuse que ce ne pourrait être que le mythe et la musique, le mythe dont il savait qu'il était le fruit et la langue de la détresse du peuple, et la musique, de semblable origine, quoique plus mystérieuse encore. Il trempe et guérit son âme dans ces deux éléments, c'est d'eux qu'il a le plus ardent besoin : – d'où il peut conclure à quel point sa détresse est apparentée à celle du peuple à l'état naissant, et comment dès lors il faudra bien que le peuple renaisse s'il y a *beaucoup de Wagner.* Mais comment vivaient le mythe et la musique dans notre société moderne, pour autant qu'ils n'avaient pas été sacrifiés à celle-ci? Un sort semblable leur était échu, signe de leur mystérieuse appartenance : le mythe était profondément rabaissé et défiguré, dégénéré qu'il était en « conte », relégué dans le domaine du jeu qui fait la joie des enfants et des femmes d'un peuple étiolé, complètement dépouillé de sa merveilleuse nature virile, grave et sacrée; la musique s'était conservée parmi les pauvres et les simples, parmi les solitaires, le musicien allemand n'était pas parvenu à s'intégrer avec bonheur à l'entreprise de luxe des arts, il était lui-même devenu un conte monstrueux et hermétique, débordant d'accents et de signes des plus émouvants, questionneur maladroit, tenu sous un charme dont il fallait le délivrer. L'artiste, alors, entendit distinctement l'ordre qui ne s'adressait qu'à lui seul – ramener le mythe dans le monde viril et rompre le charme sous lequel la musique était tenue, la faire parler : il sentit que la force qu'il avait pour le *drame* était tout d'un coup délivrée de ses chaînes, et que son empire se trouvait fondé sur un domaine encore inexploré, intermédiaire entre le mythe et la musique. Sa nouvelle œuvre d'art, dans laquelle il inclut tout ce qu'il connaissait de puissant, d'efficace et de bienfaisant, il la présenta désormais aux *hommes* avec la grande *question,* douloureusement incisive, qui était la sienne : « Où êtes-vous, vous qui souffrez pareillement et qui avez les mêmes besoins que moi? Où est cette collectivité en laquelle j'aspire à trouver un peuple? Je vous reconnaîtrai en ceci que vous aurez en commun avec moi le même bonheur, la même consolation : votre souffrance, pour moi, se révélera à votre joie! » Telles furent les questions qu'il posa avec *Tannhäuser* et *Lohengrin,* en quête de ses pareils; le solitaire avait soif de communauté.

Mais quel sentiment ne dut-il pas éprouver alors! Nul ne répondit, nul n'avait compris la question. Non que l'on demeurât absolument silencieux, bien au contraire, on répondait à mille questions qu'il n'avait nullement posées, on se mit à jaser à propos des nouvelles œuvres d'art comme si elles avaient été créées tout exprès pour être décomposées par ce bavardage. Toute la manie esthétique de griffonner et de pérorer se déclara comme une fièvre parmi les Allemands, on se mit à jauger et à tripoter les œuvres d'art et l'artiste lui-même, avec ce manque de pudeur qui n'est pas moins propre aux savants allemands qu'à leurs compatriotes journalistes. Wagner tenta de mieux faire comprendre sa question en publiant des textes : nouvelle confusion, nouveaux bourdonnements – un musicien qui écrit et qui pense, c'était là à l'époque chose impensable; on cria haro sur le théoricien qui veut bouleverser l'art avec ses idées sophistiquées, lapidez-le! – Wagner en fut abasourdi; sa question ne fut pas comprise, sa détresse ne fut pas ressentie, son œuvre ressembla à une communication faite à des sourds et à des aveugles, et son « peuple » à une chimère; Wagner chancela et en fut ébranlé. Alors surgit à ses yeux la possibilité d'un renversement de toutes choses, et cette possibilité ne l'effraie plus : peut-être y a-t-il un nouvel espoir sur lequel bâtir par-delà le bouleversement et la désolation, peut-être n'y a-t-il rien – en tout cas le néant est préférable à cette chose répugnante. Bientôt il se retrouva réfugié politique et dans la misère.

Alors seulement, à cet effroyable tournant de son destin tant extérieur qu'intime, commence vraiment dans la vie du grand homme la période qu'illumine, comme l'éclat d'un or fluide, la lumière de la maîtrise suprême. Le génie du drame dithyrambique rejette enfin son dernier voile! Il se retrouve seul, l'époque lui paraît futile, il a renoncé à tout espoir : son regard cosmique plonge une fois de plus et cette fois il a atteint le tréfonds : il y voit la souffrance liée à l'essence des choses et dès lors, devenu en quelque sorte plus impersonnel, il prend sur lui avec plus de sérénité sa part de douleur. Son désir de puissance suprême, héritage de ses états passés, se convertit tout entier en création artistique; il ne parle plus par son art qu'avec lui-même, et non plus avec un « public » ou un peuple, aux prises avec le souci de lui donner la plus grande clarté et de l'adapter au mieux à ce dialogue suprême. Dans les œuvres de la période précédente, il en allait encore autrement : il y gardait une préoccupation, bien que délicate et sublimée, de l'effet immédiat : ces œuvres étaient pensées comme autant de questions qui appelaient une réponse immédiate; et que de fois Wagner ne s'est-il pas ingénié à en faciliter la compréhension à ceux qu'il interrogeait, si bien qu'il venait au-devant d'eux et de la maladresse qu'ils manifestaient face à ses questions, en se pliant lui-même à des formes et à des modes d'expression artistiques plus anciens; là où il avait tout lieu de craindre de ne pas convaincre ou de ne pas se faire comprendre en usant de son langage le plus propre, il avait tenté de persuader et de faire connaître sa question dans une langue à demi étrangère pour lui-même mais plus familière à ses auditeurs. Mais plus rien n'était susceptible de le déterminer à une telle précaution, il ne voulait plus qu'une seule chose : s'entendre avec lui-même, penser en actes l'essence du monde, philosopher avec les sons; ce qui reste en lui de *visées* se résout en *visions* ultimes. Que celui qui est digne de savoir ce qui se passe alors en lui, et de quoi il s'entretenait avec lui-même dans les ténèbres les plus sacrées de son âme – et bien peu en sont dignes – que celui-là écoute, contemple et vive *Tristan et Isolde,* le véritable *opus metaphysicum* de tout art, œuvre sur laquelle repose le regard brisé d'un mourant, avec sa très douce et insatiable aspiration aux mystères de la nuit et de la mort, bien loin de la vie dont l'éclat est celui du mal, des forces de tromperie et de séparation, dans toute la clarté épouvantable et fantomatique que leur donne l'aube, dans toute leur acuité, et qui plus est, un drame de la plus stricte rigueur formelle, nous dominant du haut de sa grandiose simplicité, seule appropriée au mystère dont il parle : l'être-mort quand le corps est toujours en vie, l'être-un dans la dualité. Mais il est quelque chose de plus miraculeux encore que cette œuvre : c'est l'artiste lui-même qui après ce drame a pu créer dans un bref laps de temps une image de l'univers d'une couleur aussi différente que possible, les *Maîtres chanteurs de Nuremberg.* Après quoi, s'étant en quelque sorte détendu et délassé dans ces deux œuvres, il a pu achever avec une hâte mesurée l'édifice colossal de la Tétralogie, conçu et commencé avant eux, qui avait été vingt ans durant l'objet de sa méditation et de sa créativité, son chef-d'œuvre de Bayreuth, l'*Anneau du Nibelung*! Celui qui peut s'étonner du voisinage de *Tristan* et des *Maîtres chanteurs* n'a pas compris, sur un point essentiel, la vie et l'essence de tous les Allemands véritablement grands, n'a pas idée non plus du terrain sur lequel seul peut croître cette *sérénité proprement et exclusivement allemande* qui est celle de Luther [1], de Beethoven et de Wagner, cette sérénité qui n'est absolument pas comprise par les autres peuples et que les Allemands d'aujourd'hui semblent avoir perdue – ce mélange d'une lumière dorée, fermenté à point, de simplicité, d'amour pénétrant, de sens contemplatif et de malice, ce breuvage exquis entre tous que Wagner a versé à tous ceux qui ont beaucoup souffert de la vie et qui se retournent ensuite vers elle avec le sourire des convalescents. Et comme lui-même fixait sur le monde un regard plus conciliant, qu'il succombait plus rarement au courroux et au dégoût, renonçant davantage à la force dans le deuil et l'amour que reculant d'effroi devant elle, comme il poursuivait ainsi en silence son œuvre majeure, accumulant partition sur partition, il arriva soudain une chose qui lui fit dresser l'oreille : les *amis* survinrent et lui annoncèrent le mouvement souterrain qui secouait de nombreux cœurs – c'était bien loin encore d'être le « peuple » qui s'animait et s'annonçait là, mais peut-être était-ce le germe et la première source vive d'une société vraiment humaine dont la réalisation appartenait à un avenir lointain; pour le moment, rien de plus que la garantie que son grand œuvre pourrait un jour être confié aux mains et à la garde d'hommes fidèles appelés à veiller sur ce splendide legs fait à la postérité, et dignes de veiller sur lui; entouré de l'amour que lui portaient ses amis, il connut des jours plus chaleureux, sa vie reprit des couleurs; son plus noble souci, celui de mener son œuvre à terme avant le soir de sa vie, de lui trouver un asile, il n'était plus le seul à le porter. C'est alors que se produisit un événement dans lequel il ne pouvait voir qu'un symbole et qui représenta pour lui un nouveau réconfort, et un heureux présage. Une grande guerre menée par les Allemands lui fit lever les yeux, une guerre menée par ces mêmes Allemands qu'il savait si profondément dégénérés, à tel point déchus de l'éminent sens allemand, de ce sens qu'il avait exploré et reconnu en lui-même et chez les autres

Allemands d'envergure de l'histoire et dont il était profondément conscient – il vit que dans une situation absolument sans précédent ces Allemands faisaient preuve de deux authentiques vertus : la simple bravoure et la réflexion; tout pénétré d'un intime bonheur, il commença à croire qu'au fond il n'était peut-être pas le dernier Allemand et que son œuvre trouverait un jour à ses côtés une puissance supérieure encore au dévouement sans bornes, mais d'une efficacité très relative, de ses quelques amis, durant toute cette période où elle aurait encore à attendre l'avenir qui lui était prédestiné, à elle qui était l'œuvre d'art de cet avenir. Il se peut que cette foi n'ait pas su se garder durablement d'un doute, surtout lorsqu'elle tenta de se transformer en des espoirs immédiats : c'est déjà beaucoup si Wagner en a reçu une impulsion assez puissante pour se sentir rappelé à un haut *devoir* qu'il n'avait pas encore accompli.

Son œuvre n'aurait pas été achevée, menée à son terme, s'il ne l'avait confiée à la postérité que sous la forme muette d'une partition; il lui fallait montrer et professer publiquement ce qui pouvait le moins se laisser deviner et qu'il gardait avec un soin jaloux, le style nouveau qui convenait à cette exécution nouvelle, à cette nouvelle représentation qui étaient son bien propre, afin de donner ainsi l'exemple que nul autre ne pouvait donner, et fonder ainsi une *tradition de style* s'inscrivant non pas en signes sur le papier mais en impressions sur des âmes humaines. Cela devint pour lui un devoir d'autant plus grave que ses autres œuvres avaient eu dans l'intervalle le plus intolérable et le plus injuste des sorts, justement en ce qui concernait le style de l'exécution; elles étaient vantées, admirées – et défigurées, sans que personne en parût révolté. Car si étrange que cela puisse paraître, alors qu'il renonçait de plus en plus résolument à avoir du succès auprès de ses contemporains, qu'il jugeait de façon on ne peut plus lucide, à mesure qu'il se détournait de la puissance, ce « succès » et cette « puissance » venaient à lui; du moins tout le monde lui en parlait. C'est en vain qu'il ne lassait pas de mettre en lumière le malentendu total et même humiliant sur lequel reposaient ces « succès »; on était si peu accoutumé à voir un artiste faire une telle discrimination entre les effets qu'il obtenait qu'on n'ajoutait pas vraiment foi même à ses plus solennelles protestations. Une fois que lui apparut le lien entre tout ce qui fait notre théâtre d'aujourd'hui, y compris son succès, et le caractère de l'homme d'aujourd'hui, son âme cessa de se soucier de ce théâtre; il n'eut qu'indifférence pour le snobisme * esthétique et le transport de masses fébriles, et ce n'est pas sans en être courroucé qu'il vit son art servir de pâture indifféremment aux gueules béantes de l'insatiable ennui et à l'avidité de distractions. À quel point toute action dans ce domaine ne pouvait être que superficielle et dépourvue de pensée, à quel point il s'agissait effectivement ici de gaver des gloutons plutôt que de nourrir des affamés, c'est ce qu'il fut alors amené à conclure d'un phénomène qui se reproduisait régulièrement : de toutes parts, et jusque chez les régisseurs et les acteurs, on considérait son art comme toute autre musique de scène, selon le répugnant manuel de la régie d'opéra, on découpait ses œuvres et on les hachait menu, grâce à nos cultivés maîtres de chapelle, pour en faire des opéras à la mesure de chanteurs qui croyaient ne pouvoir en venir à bout qu'après en avoir soigneusement expurgé l'esprit; et quand la meilleure volonté du monde se mettait de la partie, on se conformait aux indications de Wagner avec une telle gaucherie, de façon si prude et si étriquée, que c'était comme si on avait voulu représenter la manifestation populaire nocturne dans les rues de Nuremberg, indiquée au second acte des *Maîtres chanteurs*, par l'artifice de figurants esquissant un ballet : – tout cela en s'imaginant agir de bonne foi et sans la moindre arrière-pensée. Les tentatives pleines d'abnégation faites par Wagner, pour montrer en acte et prêcher par son exemple ne serait-ce que le simple respect du texte dans son exécution intégrale et pour initier quelques chanteurs à un style tout à fait inédit de déclamation, furent emportées par la fange de la bêtise régnante et de la routine, elles qui, de surcroît, l'avaient toujours contraint à s'occuper de ce monde du théâtre qui avait fini par lui inspirer tant de dégoût. Goethe en personne n'avait-il pas perdu l'envie d'assister aux représentations de son *Iphigénie*? « Je souffre horriblement, avait-il dit en guise d'explication, d'avoir à m'escrimer contre ces fantômes qui n'apparaissent pas tels qu'ils sont censés apparaître [1]. Et pourtant, le « succès » remporté par ce théâtre qui avait fini par lui inspirer tant de dégoût ne cessait de grandir,

* *Schwärmerei.*

au point que les grands théâtres eux-mêmes vivaient principalement des coquettes rentrées d'argent que leur procurait l'art wagnérien défiguré en art d'opéra. Même quelques amis de Wagner se laissèrent fourvoyer par l'engouement croissant du public du théâtre : il dut endurer – lui, le grand endurant – cette immense amertume de voir ses amis grisés par des « succès » et des « triomphes » là où son unique et haute pensée se trouvait brisée dans son élan et reniée. On aurait dit qu'un peuple si sérieux et si pesant à tant d'égards ne voulait pas se départir d'une légèreté foncière eu égard au plus sérieux de ses artistes, et que pour cette raison il lui fallait lâcher la bride, contre lui, à tout ce qu'il y a de commun, d'irréfléchi, de lourdaud et de méchant dans ce qui est allemand. Lorsque sur ces entrefaites, pendant la guerre franco-allemande, un courant plus grandiose et plus libre sembla emporter les esprits, Wagner se souvint de son devoir de fidélité, pour sauver au moins son grand œuvre de ces succès et de ces insultes dus à des méprises, et l'ériger, en un rythme entièrement sien, en exemple pour tous les temps : c'est ainsi qu'il conçut l'*idée de Bayreuth*. Dans le sillage de ce courant, il crut aussi voir s'éveiller, du côté de ceux à qui il voulait confier son bien le plus précieux, un sentiment plus élevé du devoir – et de cette répartition de devoirs naquit l'événement, étrange rayon de soleil projeté sur les dernières années comme sur celles à venir; conçu pour le salut d'un avenir lointain, d'un avenir qui n'est que possible, mais non démontrable : énigme ou horreur pour le présent et pour les hommes qui ne vivent que dans le présent; avant-goût et prémices d'une vie sublime pour le petit nombre de ceux à qui il a été donné d'y concourir, ce qui les comble de joie bien au-delà du temps qui leur est imparti, les rend prodigues de cette joie et féconds; pour Wagner, enfin, sombre nébuleuse de peines, de soucis, de réflexions, de chagrins, fureur renouvelée des éléments hostiles, mais le tout irradié par l'étoile de la *fidélité désintéressée*, et métamorphosé dans cette lumière en un bonheur indicible!

Il est à peine besoin de le dire, le souffle du tragique se reconnaît dans toute sa vie. Et quiconque peut, à partir de ce que son âme a éprouvé, en pressentir quelque chose, à qui ne sont pas choses totalement étrangères la contrainte exercée par une tragique illusion sur le cours de toute une vie, la nécessité d'infléchir, voire de briser ses propres intentions, le renoncement et la purification par l'amour, celui-là ne peut manquer de sentir, dans ce que Wagner nous montre à présent dans l'œuvre d'art, une réminiscence, comme en rêve, de ce que fut l'existence héroïque de ce grand homme. Nous nous sentirons comme si de très loin provenait jusqu'à nos oreilles le récit fait par Siegfried de ses exploits : au bonheur si émouvant de la commémoration se mêle le deuil profond de l'été finissant, et toute la nature baigne paisiblement dans la lumière dorée du soir.

9.

Méditer ce qu'*est l'artiste Wagner*, et embrasser du regard tout le spectacle offert par un pouvoir et une licence véritablement affranchis, voilà qui s'avérera nécessaire au salut et au rétablissement de quiconque a pensé et enduré *comment s'est fait l'homme Wagner*. Si l'art n'est autre chose que la capacité de communiquer à d'autres ce que l'on a soi-même vécu, chaque œuvre d'art se contredit elle-même lorsqu'elle ne parvient pas à se faire comprendre : aussi la grandeur de l'artiste Wagner doit-elle consister en ce don démonique de communication de sa nature qui se raconte pour ainsi dire en toutes les langues et donne à voir avec une suprême clarté l'expérience intime la plus propre qu'il ait vécue; son apparition dans l'histoire des arts ressemble à une éruption volcanique du génie artistique total et indivis de la nature, qui survient alors que l'humanité s'était accoutumée, comme à une règle, à voir les arts isolés les uns des autres. C'est pourquoi on peut hésiter sur le nom qu'il convient de lui donner, se demander s'il faut l'appeler poète, artiste plastique ou musicien, en prenant chacun de ces termes en un sens d'une exceptionnelle amplitude, à moins qu'il ne faille bel et bien créer pour lui un vocable nouveau.

L'*élément poétique* en Wagner se montre en ceci qu'il pense en actes visibles et sensibles, et non en concepts, c'est-à-dire qu'il pense de façon mythique, comme le peuple a toujours pensé. Le mythe ne repose pas sur une pensée, comme se l'imaginent les rejetons d'une culture factice, il est lui-même une pensée; il fait part d'une représentation du monde, mais au gré d'une succession d'actes, d'actions et d'épreuves. *L'Anneau du Nibelung* est un prodigieux système de pensées auquel ne manque que la forme conceptuelle de la pensée. Un philosophe pourrait peut-être lui juxtaposer une parfaite réplique qui ne contiendrait, elle, aucune image ni aucune action et ne s'adresserait à nous qu'en concepts : on aurait ainsi quelque chose de pareil exposé en deux sphères disparates : l'une pour le peuple, et l'autre pour l'antithèse du peuple qu'est l'homme théorique. Ce n'est donc pas à celui-ci que s'adresse Wagner : car l'homme théorique comprend à l'élément proprement poétique, au mythe, ce qu'un sourd comprend à la musique, autant dire que l'un et l'autre voient une agitation qui leur semble dénuée de sens. Mais de l'une de ces sphères disparates on ne peut porter son regard sur l'autre : aussi longtemps qu'on est tenu par le poète, on pense avec lui, comme si on se résumait à sentir, à voir et à entendre; les déductions qu'on fait alors consistent à rattacher entre eux les événements qui se déroulent sous nos yeux, ce sont des causalités factuelles, non logiques.

Or s'il se trouve que les héros et les dieux des drames mythiques tels que ceux que Wagner met en poèmes aient à se faire comprendre aussi en paroles, un danger nous guette alors plus que tout autre : c'est que cette *langue* qui s'exprime en *paroles* éveille en nous l'homme théorique et nous fasse passer ainsi dans une autre sphère, non mythique, avec pour seul résultat que, loin d'avoir mieux compris, grâce à la parole, ce qui s'est passé sous nos yeux, nous n'aurions rien compris du tout. C'est pourquoi Wagner a forcé la langue à revenir à un état originel où elle ne pense encore presque rien par concepts, où elle-même est encore poésie, image et sentiment; l'intrépidité avec laquelle Wagner s'est attelé à cette tâche effrayante montre toute la puissance du génie poétique qui le guidait, tel un homme attaché aux pas du spectre qu'il a pris pour guide, où qu'il le mène. Qu'il n'y ait pas un mot, dans ces drames, qu'on ne soit censé pouvoir chanter, qui ne puisse être sur les lèvres des dieux et des héros : telle fut l'exigence inouïe que Wagner posa à son imagination au service de la langue. Tout autre se serait découragé, car notre langue semble presque trop vieille et trop ruinée pour que l'on fût en droit de lui demander ce que Wagner lui a demandé; et néanmoins son coup de baguette fit jaillir du roc une source abondante. Wagner, justement, parce qu'il aimait plus profondément cette langue et en exigeait davantage, a souffert aussi plus que tout autre Allemand de sa dégénérescence et de son affaiblissement, non moins que les innombrables pertes et mutilations que ses formes ont subies, du lourd système de particules de notre syntaxe, de nos auxiliaires réfractaires au chant – toutes choses entrées dans la langue par nos péchés contre la langue et par nos dévoiements. En revanche, il ressentait avec une profonde fierté le caractère originel et inépuisable que cette langue a gardé, la vigoureuse résonance de ses racines, dans lesquelles il pressentait, par opposition aux langues romanes très dérivées et pleines d'artifices rhétoriques, une merveilleuse inclination à la musique, une prédisposition pour la vraie musique [1]. Toute la poésie de Wagner est irriguée par le plaisir qu'il prend à la langue allemande, cette langue qui lui tient tant à cœur, avec laquelle il entretient des rapports si sincères, ce qu'on ne ressent chez aucun autre Allemand hormis Goethe. La présence charnelle de l'expression, le raccourci saisissant, sa force et ses modulations rythmiques, une remarquable richesse en mots vigoureux et expressifs, une structure de phrase simplifiée, une inventivité presque unique dans la langue des émotions fluctuantes et du pressentiment et, à l'occasion, le jaillissement d'une veine populaire et proverbiale – on aurait beau énumérer toutes ces qualités qu'on aurait oublié la plus puissante et la plus admirable entre toutes. Quand on lit à la suite deux poèmes tels que *Tristan* et les *Maîtres chanteurs*, leur langue nous fait éprouver un étonnement et un doute analogues à ceux qu'inspire leur musique : on se demande comment il a été possible de régner en maître et en créateur sur deux mondes aussi différents par la forme, la couleur, l'agencement que par l'âme. C'est là ce qu'il y a de plus puissant parmi tous les dons de Wagner – ce qui ne peut réussir qu'à un grand maître : forger pour chaque œuvre une langue nouvelle, faire prendre corps à la nouvelle intériorité et lui donner un retentissement lui aussi nouveau. Là où s'exprime une telle puissance, rarissime, le blâme restera toujours mesquin et stérile, tant qu'il s'applique à tel aspect d'exubérance ou de singularité, aux obscurités fréquentes de l'expression et aux voiles dont s'enveloppe la pensée. D'autant que les détracteurs qui ont poussé les hauts cris étaient moins rebutés au fond par la langue que par l'âme, c'est toute cette façon de souffrir et de ressentir qui leur semblait inouïe. Attendons qu'ils aient eux-mêmes une autre âme, alors ils parleront aussi une langue autre : alors aussi, me semble-t-il, la langue allemande dans son ensemble se portera mieux qu'aujourd'hui.

Mais surtout, ce que ne doit jamais oublier celui pour qui Wagner poète et artisan de la langue est matière à réflexion, c'est qu'aucun des drames wagnériens n'est destiné à être lu, qu'il faut donc se garder de l'importuner avec des exigences qui valent pour le drame parlé. Celui-ci ne cherche à agir sur le sentiment qu'au moyen de concepts et de paroles et se trouve de ce fait inféodé à la rhétorique. Dans la vie, la passion est rarement éloquente; dans le drame parlé, il faut qu'elle le soit pour se communiquer d'une façon ou d'une autre. Mais lorsque la langue d'un peuple se trouve déjà dans un état de déchéance et d'usure, le poète dramatique sera tenté de rehausser la couleur de la langue et des pensées, de les refondre; voulant relever la langue afin qu'en elle retentisse à nouveau un sentiment élevé, il court ainsi le danger de n'être pas du tout compris. Mais qu'il cherche à communiquer de l'élévation à la passion au moyen de maximes et d'idées élevées, le voilà victime d'un autre écueil : il paraît faux et artificiel. Car la passion véritable, dans la vie, ne s'exprime pas par des sentences, et la passion, en poésie, éveille facilement la méfiance quant à sa sincérité lorsqu'elle se distingue foncièrement de cette réalité. Wagner au contraire, qui est le premier à avoir reconnu les lacunes intrinsèques du drame parlé, donna à chaque déroulement dramatique une triple expression, par la parole, le geste et la musique; et la musique transmet immédiatement les profonds émois des personnages du drame aux âmes des auditeurs, qui perçoivent dès lors dans les gestes de ces mêmes personnages la première manifestation visible de ces mouvements internes, puis, dans la langue, une seconde apparition, plus pâle, de ces mêmes mouvements, traduits dans un vouloir plus conscient. Tous ces effets se produisent simultanément, sans se nuire mutuellement le moins du monde, et imposent à celui devant qui se déroule un tel drame une compréhension et une connivence toutes nouvelles, comme si ses sens s'étaient soudain spiritualisés, et son esprit sensibilisé, comme si tout ce qui cherche à sortir de l'homme, et a soif de connaissance, se trouvait dorénavant libre et bienheureux dans la joie exultante de la connaissance. Comme, dans le drame wagnérien, tout ce qui arrive se communique de façon on ne peut plus intelligible au spectateur, illuminé, certes, et enflammé par la musique, son auteur a pu se dispenser de tous les moyens nécessaires au poète pour donner chaleur et luminosité à ses dires. Toute l'économie du drame a pu ainsi être simplifiée, le sens rythmique du maître d'œuvre pouvait de nouveau se risquer à se montrer dans les grandes proportions d'ensemble de l'édifice; car plus rien n'incitait dès lors à cette complication voulue et à cet anarchique foisonnement de styles par lesquels le poète cherche, avec ses mots, à susciter en faveur de son œuvre, un sentiment de surprise et un intérêt qui ne faiblisse pas, pour le faire culminer dans un sentiment d'admiration béate. Il ne s'avérait plus nécessaire de recourir à des artifices pour produire l'impression de lointain et d'altitude nécessaires à l'idéalisation poétique. La langue délaisse son ampleur rhétorique pour revenir à la concision et à la force du langage des sentiments; et bien que l'auteur de la représentation parlât bien moins qu'auparavant de ce qu'il faisait et ressentait dans la pièce, c'étaient les péripéties du for intérieur que le poète, dans sa peur des éléments prétendument non dramatiques, avait jusqu'alors tenues à l'écart de la scène, qui imposaient à l'auditeur une connivence passionnée, tandis que la mimique d'accompagnement n'avait besoin que d'être subtilement esquissée. Or la passion chantée demande généralement plus de temps pour s'exprimer que la passion parlée; la musique distend pour ainsi dire l'émotion : il s'ensuit en règle générale que l'artiste de la scène qui est en même temps chanteur devra surmonter cette vivacité excessive et peu plastique du mouvement dont souffre le drame parlé. Il se voit entraîné à un anoblissement de ses gestes, d'autant plus que la musique, baignant son émotion dans un éther plus pur, l'a spontanément rapproché de la beauté.

Les tâches plus qu'ordinaires que Wagner assigne aux acteurs et chanteurs susciteront entre eux, durant des générations, une rivalité qui les amènera enfin à exposer chaque héros wagnérien en sa véritable incarnation et en sa perfection, cette parfaite incarnation étant déjà préfigurée dans la musique du drame. En suivant ce guide, les yeux de l'artiste plastique s'ouvriront enfin aux merveilles d'un nouveau monde visuel, au monde que seul a pu apercevoir avant lui, et pour la première fois, le créateur d'œuvres telles que l'*Anneau du Nibelung,* éminent *artiste plastique* qui, comme Eschyle, montre la voie à un art à venir. L'émulation ne suffira-t-elle pas à éveiller de grands talents, pour peu que l'artiste plastique compare son effet à celui obtenu par une musique telle que celle de Wagner? C'est-à-dire une musique où règne un bonheur si pur et si radieux que celui qui l'écoute est gagné par le sentiment que presque toute la musique antérieure aurait parlé une langue convenue, embarrassée, guindée, comme si l'on avait voulu se servir d'elle pour jouer un jeu devant ceux qui n'étaient pas dignes du sérieux, ou comme s'il avait fallu donner un enseignement et une démonstration à ceux qui ne sont même pas dignes du jeu. Cette musique antérieure ne nous pénètre que pour de brefs moments de ce bonheur que nous ressentons constamment en écoutant du Wagner : rares moments d'oubli qui semblent alors pour ainsi dire s'emparer d'elle, où elle ne s'entretient qu'avec elle-même et lève les yeux au ciel comme la *Sainte Cécile* de Raphaël, à mille lieues des auditeurs comme du divertissement, de l'amusement ou des vertus didactiques qu'ils réclament.

De Wagner *musicien* il faudrait dire en général qu'il a donné un langage à tout ce qui dans la nature ne consentait pas encore à parler; rien ne saurait y rester muet. Aurore, forêt, brouillard, précipices ou sommets, frisson de la nuit ou clair de lune, il s'y plonge et prête l'oreille à leur secret désir : eux aussi veulent une résonance. Si le philosophe dit qu'il y a dans la nature, tant animée qu'inanimée, une seule et même volonté qui a soif d'exister, le musicien ajoute que cette volonté veut, à tous les niveaux, une existence sonore.

Avant Wagner, la musique avait dans l'ensemble d'étroites limites; elle se rapportait aux états durables de l'homme, à ce que les Grecs appellent l'*ethos,* et n'avait commencé qu'avec Beethoven à découvrir la langue du *pathos,* du vouloir passionné, des drames qui se déroulent à l'intérieur de l'homme.

Auparavant, telle humeur *, tel état d'âme résolu ou serein, recueilli ou repentant devaient se révéler par des sons; telle frappante monotonie de la forme, dont la durée se prolongeait, avait pour but d'amener l'auditeur à telle interprétation et à le transposer finalement dans la même humeur. Certaines formes étaient nécessaires à ces images d'humeurs et d'états affectifs; d'autres furent établies par convention. Leur longueur était laissée à l'appréciation du musicien, qui voulait certes amener l'auditeur à telle humeur, mais non l'ennuyer en la prolongeant trop longtemps. On fit un pas de plus lorsqu'on esquissa à la suite des tableaux d'humeurs opposées et que l'on découvrit le charme des contrastes, un autre pas encore lorsque le même morceau admit en lui une opposition interne à l'*ethos* comme, par exemple, le conflit entre un thème masculin et un thème féminin. Mais ce ne sont là que des stades encore rudimentaires et élémentaires de la musique. La crainte de la passion prescrivait certaines lois, celle de l'ennui prescrivait les autres; tout approfondissement, tout débordement du sentiment étaient ressentis comme « non éthiques ». Mais après avoir exposé des centaines de fois les mêmes états d'âme et les mêmes humeurs habituelles, l'art de l'*ethos* finit par s'épuiser, malgré l'admirable inventivité dont ses maîtres avaient fait preuve. Beethoven, le premier, fit parler à la musique une langue nouvelle, la langue jusqu'alors prohibée de la passion : mais comme son art dut se dégager des règles et des conventions de l'art de l'*ethos*, et tenter en quelque sorte de se justifier devant lui, son évolution artistique fut grevée d'une particulière difficulté, et d'un manque de clarté. Un drame se déroulant intérieurement – car toute passion suit un cours dramatique – cherchait à s'imposer en une forme nouvelle, mais le schéma traditionnel de la musique d'humeur s'y opposait et prenait des airs de moralité outragée face à cet avènement de l'immoralité. Il semble parfois que Beethoven s'est fixé pour tâche celle, éminemment contradictoire, de laisser s'exprimer le *pathos* avec les moyens de l'*ethos*. Ce qui à vrai dire ne vaut pas pour les œuvres les plus grandioses et les plus tardives de Beethoven. Pour rendre la tension extrême de la passion, il a véritablement trouvé un moyen nouveau : ne retenant que

* *Stimmung*.

certains points de sa trajectoire, il les a interprétés avec une extrême précision afin d'en laisser *deviner* à l'auditeur tout le parcours. Vue de l'extérieur, la forme nouvelle faisait figure de juxtaposition de plusieurs morceaux dont chacun pris isolément présentait en apparence un état permanent et n'était en vérité qu'un instant dans le cours dramatique de la passion. L'auditeur pouvait croire qu'il entendait l'ancienne musique d'humeur, à ceci près que le rapport des parties entre elles lui échappait et qu'il n'était plus possible de l'interpréter selon le canon du contraste. Même des musiciens en vinrent à faire peu de cas de l'exigence d'une architecture artistique d'ensemble; la succession des parties devint arbitraire dans leurs œuvres. L'invention de la grande forme de la passion ramena, par suite d'un malentendu, à la phrase détachée au contenu indifférent, et la tension entre les parties cessa entièrement. C'est pourquoi la symphonie après Beethoven forme un tout extraordinairement composite, surtout lorsqu'elle se surprend à balbutier encore la langue du *pathos* beethovénien. Les moyens ne conviennent pas au but recherché, et ce but lui-même, dans son ensemble, n'apparaît pas clairement, vu qu'il n'a jamais été clair non plus dans la tête de l'auteur. Or il est d'autant plus indispensable d'avoir quelque chose de bien précis à dire, et de le dire distinctement, qu'il s'agit d'un genre plus élevé, plus difficile et plus exigeant.

C'est pourquoi tout l'effort de Wagner a consisté à trouver tous les moyens susceptibles de servir *clairement et distinctement* ce qu'il avait à dire; pour cela, il lui fallait avant tout s'affranchir de toutes les conventions et de toutes les prétentions dont était prisonnière l'ancienne musique des états d'âme, et faire tenir à sa musique, à la dynamique sonore du sentiment et de la passion, un langage sans aucune équivoque. Si nous observons ce qu'il a accompli, nous avons l'impression qu'il a réalisé dans le domaine de la musique ce qu'a réalisé dans le domaine de la sculpture l'inventeur des groupes. Mesurée à l'aune de la musique wagnérienne, toute musique antérieure semble rigide ou timorée, comme s'il n'était pas permis de la regarder sous tous les angles, comme si elle avait honte. Wagner saisit chaque degré et chaque nuance de sentiment avec une sûreté et une précision extrêmes; il saisit délicatement le frémissement le plus imperceptible, le plus réservé, le plus farouche sans craindre qu'il lui échappe et le retient comme quelque chose qui aurait pris solidité et consistance, quand bien même tout autre que lui n'y verrait qu'un insaisissable papillon. Jamais sa musique n'est vague, faite d'états d'âme; tout ce qui parle à travers elle, homme ou nature, le fait à partir d'une passion strictement individualisée; l'orage et le feu prennent chez lui la force contraignante d'une volonté personnelle. Au-dessus de la résonance de toutes ces individualités et du combat que se livrent leurs passions, au-dessus de l'effervescence de tous ces contrastes plane, en toute lucidité, une souveraine intelligence symphonique qui de la guerre fait naître sans cesse la concorde : considérée dans son tout, la musique de Wagner est une réplique du monde tel que l'a compris le grand philosophe d'Éphèse, comme harmonie résultant du conflit, comme unité de la justice et de l'hostilité [1]. J'admire le pouvoir de supputer tout le cheminement d'une passion collective à partir d'une multitude de passions aux orientations diverses : que cela soit possible, c'est ce qu'atteste chaque acte pris pour lui-même d'un drame wagnérien, qui relate parallèlement l'histoire singulière de divers individus et l'histoire collective de tous. D'emblée nous sentons que nous sommes en présence de certains courants et contre-courants, mais aussi, et surtout, d'un fleuve plus puissant qu'eux tous, qui prend une seule et même direction; ce fleuve semble d'abord bien agité, bondissant au-dessus de récifs inapparents, il semble par moments que les flots se partagent et veuillent prendre des directions divergentes. Mais peu à peu nous remarquons que le courant directeur s'est fait plus puissant, plus irrésistible, que l'agitation et les tourbillons du début ont fait place au calme d'un mouvement redoutable et majestueux se dirigeant vers un but encore inconnu, et soudain, pour finir, le fleuve se précipite, de toute son ampleur, dans les profondeurs et semble prendre un plaisir démoniaque à l'abîme et à ses ressacs. Jamais Wagner n'est davantage Wagner qu'en présence de difficultés décuplées et lorsqu'il peut donner libre cours à sa nature de législateur en régnant sur de vastes proportions. Soumettre à des rythmes simples des masses énormes et rebelles, exécuter une volonté à travers une troublante multitude de prétentions et d'aspirations – voilà les tâches pour lesquelles il se sent né, dans lesquelles il a le sentiment de sa liberté. Jamais il ne s'essouffle, jamais il n'arrive au but hors d'haleine. Il a cherché à s'imposer les lois les plus draconiennes aussi inlassablement que d'autres aspirent à alléger leur fardeau; la vie et l'art l'oppressent dès qu'il ne peut plus se jouer de leurs problèmes les plus ardus. Si l'on veut connaître un miracle de difficultés vaincues, que l'on songe au rapport entre la mélodie chantée et la mélodie parlée – à la façon dont il traite la hauteur, la force et la mesure du discours chez l'homme passionné comme un modèle naturel à convertir en art; qu'on songe aussi à la façon dont il intègre cette passion chantante dans l'ensemble symphonique de sa musique. Son ingéniosité dans le détail comme dans l'ensemble, l'omniprésence de son esprit et de son zèle sont telles qu'on croirait presque, à la vue d'une partition wagnérienne, qu'il n'y a pas eu avant lui de vrai travail et de véritable effort. Il semble que, même eu égard à la peine que demande l'art, lui aussi aurait pu dire que la véritable vertu du poète dramatique consiste en abnégation, à quoi il répliquerait sans doute : il n'y a de peine que pour celui qui ne s'est pas encore affranchi, la vertu et le bien sont aisés.

Considéré dans son ensemble comme artiste, et pour rappeler un type plus connu, Wagner a quelque chose de Démosthène, à commencer par le redoutable sérieux qu'il met à son affaire et la puissance de sa saisie, qui lui fait chaque fois prendre possession de son affaire; il l'entoure de ses mains en un instant, et elle se tient ferme, comme si elle était en airain. Comme Démosthène encore, il dérobe son art aux regards ou le fait oublier en forçant à penser à la chose même; et cependant, comme Démosthène, il est l'ultime et éminente figure de toute une série de puissants esprits artistiques et a donc plus à dérober aux regards que les premiers de la série; son art agit comme nature, comme une nature restaurée, retrouvée. Il ne porte en lui rien d'épidictique, à la différence de tous les musiciens antérieurs qui à l'occasion jouaient de leur art afin de faire montre de leur maîtrise. En présence d'une œuvre de Wagner, on ne pense ni à ce qu'elle a d'intéressant ni à ce qu'elle a de réjouissant, non plus qu'à Wagner lui-même ni à l'art en général : on ne sent que sa *nécessité*. Quant à savoir quelle rigueur et quelle constance de volonté, quelles victoires sur soi il a fallu à l'artiste tout le temps qui a été celui de son devenir pour pouvoir enfin, la maturité atteinte, créer les œuvres nécessaires, avec une liberté joyeuse à chaque instant de cette création, voilà ce que personne ne saura jamais évaluer; il est déjà beau que nous sentions, dans des cas particuliers, que sa musique se soumet, non sans une cruelle résolution, à la marche du drame, inexorable comme le destin, tandis que l'âme de cet art brûle du désir de s'ébattre un jour sans aucun frein dans la liberté et la nature à l'état sauvage.

10.

L'artiste qui a un tel empire sur soi subjugue même sans le vouloir tous les autres artistes. Mais il est aussi le seul pour qui ceux qu'il a subjugués, ses amis et disciples, ne deviennent pas un danger, une limite, tandis que chez les caractères de moindre envergure, l'appui qu'ils cherchent auprès de leurs amis a généralement pour rançon l'aliénation de leur propre liberté. Il est tout à fait admirable de voir comment Wagner, sa vie durant, a su éviter de laisser se former autour de lui des partis, alors qu'à chaque phase de son art se formait un cercle de partisans visiblement destiné à arrêter son art à la phase alors atteinte. Il a toujours fendu leurs rangs en évitant toute attache; son itinéraire a du reste été trop long pour qu'un seul et même homme ait pu le suivre si aisément depuis le début; un chemin si insolite et si abrupt que même le plus fidèle ne pouvait que s'essouffler à un moment ou à un autre. À presque toutes les époques de la vie de Wagner, ses amis l'auraient volontiers enfermé dans un dogme, ses ennemis aussi d'ailleurs, mais pour de tout autres raisons. L'intégrité de son caractère d'artiste eût-elle été un tant soit peu moins tranchée qu'il eût pu devenir beaucoup plus tôt le maître qui fait autorité dans tout le domaine artistique et musical d'à présent – ce qu'il a bien fini par devenir à présent, mais au sens beaucoup plus éminent où tout ce qui a lieu en un quelconque domaine de l'art se voit traduit bon gré mal gré devant le tribunal de son art et de son caractère d'artiste. Il a subjugué les plus récalcitrants; il n'est plus un musicien de talent qui ne l'écoute au fond de soi, et qui ne le trouve plus digne d'être écouté que lui-même et le reste de la musique tout ensemble. Certains, qui veulent avoir leur importance, luttent contre ce charme intérieur sous lequel ils sont tenus, se cantonnent avec une anxieuse assiduité dans le cercle des vieux maîtres et préfèrent se réclamer de Schubert ou de Haendel plutôt que de Wagner pour affirmer leur prétendue « autonomie ». Peine perdue! En s'obstinant à nier ce qu'ils savent bien, ils se diminuent et se rapetissent comme artistes, corrompent leur caractère en frayant avec les mauvais alliés et les amis douteux qu'il leur faut tolérer, mais après tous ces sacrifices il leur arrive néanmoins, peut-être en rêve, de tendre l'oreille à la musique de Wagner. Ces adversaires-là sont dignes de pitié : ils croient perdre beaucoup en se perdant, et c'est en cela qu'ils se trompent.

Il importe sans doute assez peu à Wagner que les musiciens se mettent dorénavant à composer de la musique wagnérienne, voire qu'ils composent ou non; il fait ce qu'il peut pour détruire l'idée néfaste selon laquelle une école de compositeurs devrait le revendiquer à son tour comme chef de file. Dans la mesure où il a une influence immédiate sur les musiciens, il cherche à les instruire dans l'art de la grande réalisation musicale et scénique *; l'évolution de l'art lui semble être arrivée à un point où la bonne volonté de devenir un maître de l'art scénique qui se respecte, un bon exécutant, est bien plus appréciable que l'envie d'être soi-même à tout prix un « créateur ». Car au stade que l'art a atteint, cette activité créatrice a pour fatale conséquence de niveler l'effet de tout ce qui est véritablement grand en le reproduisant tant bien que mal en de nombreux exemplaires et en épuisant les moyens et les procédés du génie par leur usage quotidien. Le bien lui-même est superflu et nuisible dans l'art quand il naît de l'imitation du mieux. Les fins et les moyens de l'art de Wagner sont solidaires : la probité artistique suffit à le ressentir, et c'est manquer de probité que de s'emparer de ses moyens pour les utiliser à des fins tout autres et inférieures.

Si donc Wagner refuse de se survivre dans un essaim de compositeurs wagnérisants, il n'en impose qu'avec plus d'insistance à tous les talents la tâche nouvelle de trouver avec lui les lois qui conviennent au style du drame lyrique. C'est

* *Vortrag.*

un besoin très profond qui le pousse à fonder pour son art la *tradition d'un style* grâce à laquelle son œuvre puisse survivre, dans une forme pure, d'une époque à l'autre jusqu'à ce qu'elle atteigne cet *avenir* auquel son créateur l'a prédestiné.

D'instinct, Wagner est insatiable à propager tout ce qui se rapporte à cette fondation du style, et par conséquent à la perpétuation de son art. Faire de son œuvre – pour parler comme Schopenhauer [1] – un dépôt sacré, faire du véritable fruit de son existence la propriété de l'humanité, déposée pour une postérité au jugement meilleur : tel fut le but qu'il poursuivit, celui qui passe *avant tous les autres,* et pour lequel il porte la couronne d'épines qui se changera un jour en couronne de lauriers. Tous ses efforts se concentrèrent sur la mise en sûreté de son œuvre, aussi obstinément que ceux de l'insecte qui a atteint sa forme définitive visent à mettre ses œufs en sûreté et à prendre des précautions pour la couvée qu'il ne verra jamais : ayant déposé ces œufs là où il est sûr et certain que des petits trouveront un jour vie et nourriture, il peut mourir en toute quiétude.

Ce but qui passe avant tous les autres le pousse sans cesse à de nouvelles inventions; il en puise un nombre croissant aux fonts de son don démonique de la communication, à mesure qu'il se sent plus délibérément en lutte contre le siècle qu'il a de plus en plus en aversion, ce siècle le moins disposé à écouter. Mais peu à peu ce siècle lui-même commence à céder à ses tentatives infatigables, à sa souple insistance, et consent à lui prêter l'oreille. Que se dessine à l'horizon la moindre occasion, ou l'occasion ou jamais d'illustrer ses pensées par un exemple, Wagner y est prêt : il adaptait ses pensées aux circonstances et trouvait moyen de les rendre parlantes fût-ce dans le cadre de la plus misérable représentation. Dès qu'une âme tant soit peu réceptive s'ouvrait à lui, il y jetait sa semence. Il nourrit encore un espoir là où un froid observateur hausse les épaules; il se fait illusion cent fois afin d'avoir raison une fois contre cet observateur. De même que le sage, au fond, ne fraye avec les hommes de son temps que dans la mesure où il sait accroître grâce à eux le trésor de sa connaissance, il semble presque que l'artiste ne puisse avoir de relation avec les hommes de son temps qui ne soit susceptible de contribuer à la pérennité de son art : l'aimer ne peut consister qu'à aimer cette pérennité, et s'il suscite bien des haines, il en est une seule qu'il ressente, la haine qui veut rompre les ponts vers cet avenir auquel son œuvre est appelée. Les disciples que Wagner a formés, les musiciens et les artistes auxquels il a dit une parole, montré un geste, les orchestres grands ou petits qu'il a dirigés, les villes qui l'ont vu dans le sérieux de son activité, les princes et les femmes qui, avec réserve ou avec engouement, ont apporté leurs concours à ses plans, les divers pays d'Europe auxquels il a appartenu pour un temps, en juge et en mauvaise conscience de leurs arts : tout cela devint peu à peu l'écho de sa pensée, de ses efforts insatiables pour parvenir à une future pérennité; l'écho avait beau lui revenir souvent déformé et confus, la souveraineté des vigoureux accents qu'il lançait à tous vents finirait bien par trouver une souveraine résonance; et bientôt il ne sera plus possible de ne pas l'entendre, de ne pas le comprendre. Cette résonance, c'est celle qui fait déjà vaciller les sanctuaires de l'art de l'homme moderne; chaque fois que le souffle de son esprit a pénétré dans ces enclos, il a ébranlé tout ce qu'il y avait là de caduc et de dégarni; et plus éloquent encore que ce frémissement, un doute s'élève de toutes parts : nul ne sait plus dire où l'influence va se déclarer à l'improviste. Car Wagner est rigoureusement incapable d'envisager le salut de l'art indépendamment de toute autre sorte de salut ou de perdition : où que l'esprit moderne recèle des dangers, il discerne avec la méfiance la plus soupçonneuse que l'art court lui aussi un danger. Il démonte en pensée l'édifice de notre civilisation et rien de vermoulu, rien de bringuebalant ne lui échappe. Quand il se heurte à des murs résistant aux intempéries et à des fondations durables, il songe aussitôt à un moyen d'en tirer pour son art des remparts et des toitures protectrices. Il vit comme un fugitif qui cherche non à se préserver lui-même mais à préserver son secret, ou encore comme une femme infortunée qui ne songe qu'à sauver la vie de l'enfant qu'elle porte en son sein, non la sienne propre : comme Sieglinde, il ne vit que « pour l'amour de l'amour * [1].

Car c'est à vrai dire une vie riche en tourments et en opprobres que d'être errant et sans foyer en un monde auquel il faut pourtant s'adresser, auquel il faut poser des exigences, de mépriser ce monde sans pouvoir se passer de lui – et telle

* *um der Liebe willen.*

est la détresse propre à l'artiste de l'avenir, lequel ne peut pas, comme le philosophe, être en quête de la connaissance, pour lui-même, dans un obscur recoin, car il a besoin d'âmes humaines qui le relient à l'avenir, d'institutions publiques qui se portent garantes de cet avenir, qui soient des ponts entre à présent et un jour prochain. Son art ne peut être confié à la barque de l'écrit, possibilité offerte au philosophe : ce que l'art demande pour se transmettre, ce sont *des hommes capables,* non des lettres et des notes. Des pans entiers de la vie de Wagner laissent entendre ces accents où domine l'angoisse de ne plus approcher ces hommes capables et, au lieu de leur donner l'exemple qu'il lui faut leur donner, de se voir réduit contre son gré à donner des indications manuscrites; au lieu de faire voir l'action, d'en montrer un très pâle reflet à ceux qui lisent des livres, c'est-à-dire, en somme, à ceux qui ne sont pas artistes.

L'*écrivain* Wagner montre la gêne du brave auquel on a broyé la main droite et qui s'escrime de la gauche : quand il écrit, c'est toujours un homme qui souffre, parce qu'il se trouve privé, par une nécessité momentanément insurmontable, de la véritable communication qui lui correspond, sous la forme d'une illustration lumineuse et triomphante. Ses écrits n'ont rien de canonique, rien de strict : le canon se trouve bien plutôt dans ses œuvres. Ce sont autant de tentatives pour comprendre l'instinct qui l'a poussé à composer ses œuvres et à se regarder lui-même en face, pour ainsi dire; une fois qu'il a réussi à transformer son instinct en connaissance, il a bon espoir que le processus inverse s'accomplira dans les âmes de ses lecteurs – telle est l'intention dans laquelle il écrit. S'il devait s'avérer que c'était là tenter l'impossible, Wagner ne ferait alors que partager le destin de tous ceux qui ont médité sur l'art, tout en gardant sur la plupart d'entre eux l'avantage d'avoir abrité en lui l'instinct artistique le plus puissant, dans sa totalité. Je ne connais pas d'écrits esthétiques aussi lumineux que ceux de Wagner, on y trouve tout ce qu'on peut apprendre sur la genèse de l'œuvre d'art. Un très grand artiste apporte ici son témoignage, un témoignage qu'il n'a de cesse d'améliorer, de libérer, de préciser et de tirer au clair durant de nombreuses années; même lorsqu'il lui arrive de trébucher au cours de cette reconnaissance, il fait jaillir du feu. Certains écrits comme le *Beethoven, Sur la direction d'orchestre,*

Acteurs et chanteurs, État et religion, réduisent au silence toute velléité de le contredire et imposent la contemplation et le silence, l'intense ferveur de mise chez ceux devant qui on ouvre de précieux écrins. D'autres écrits, notamment ceux de la première période, y compris *Opéra et drame,* ont le don d'agacer et de troubler : il y a en eux une inégalité de rythme qui fait que cette prose sème la confusion. La progression dialectique en eux est fort capricieuse, les sautes du sentiment ont pour effet d'en ralentir la démarche plutôt que de l'accélérer; une ombre pèse sur ces écrits rédigés en un sens à contrecœur, comme si l'artiste avait honte de recourir à des démonstrations conceptuelles. Et surtout, ce qui gêne le plus le lecteur qui ne s'est pas encore tout à fait familiarisé avec l'artiste, c'est sans doute une expression de dignité faisant autorité qui lui est tout à fait propre et ne se laisse pas aisément décrire : j'ai l'impression que bien souvent Wagner *parle comme s'il s'adressait à des adversaires* – il est de fait que tous ces écrits sont rédigés en style oral plutôt qu'écrit, on les trouvera bien plus limpides à les écouter, pour peu qu'ils soient lus à haute et intelligible voix – à des adversaires avec lesquels toute familiarité est exclue, d'où sa réticence et sa retenue. Il n'est pas rare, cependant, que, emporté par sa passion, son sentiment perce, nonobstant la dignité dans laquelle il se drape; on voit disparaître alors les périodes artificielles, lourdes et surchargées d'épithètes, des phrases et des pages entières lui échappent qui comptent parmi les plus belles de la prose allemande. Mais même en admettant que dans ces parties-là de ses écrits il s'adresse à des amis et que le spectre de l'adversaire ne siège plus à ses côtés, tous ceux, amis ou ennemis, auxquels Wagner s'adresse en tant qu'écrivain ont un trait commun qui les distingue foncièrement de ce peuple auquel l'artiste destine ce qu'il crée. De par le raffinement, la stérilité de leur culture, ils sont absolument *non populaires,* et celui qui veut s'en faire comprendre doit lui aussi parler de façon non populaire, tout comme l'ont fait nos meilleurs prosateurs, et Wagner n'y fait pas exception. On devine à quel point il a dû se faire violence. Mais la puissance de cet instinct protecteur et quasi maternel auquel il sacrifie tout le ramène lui-même dans l'atmosphère à laquelle le créateur a dit adieu. Il se soumet à la langue de la culture et à toutes les lois de sa communication, dont il est le premier cependant à avoir ressenti toute l'insuffisance.

Car s'il est un trait par lequel son art se démarque de tout l'art des temps modernes, c'est qu'il ne parle plus le langage propre à la culture d'une caste, qu'il ignore superbement l'opposition entre gens cultivés et gens incultes. Son art s'oppose ainsi à toute la culture de la Renaissance qui nous a jusqu'à présent enveloppés, nous, hommes modernes, de sa lumière et de ses ombres. Dans la mesure où l'art de Wagner nous en fait sortir par moments, il nous est possible, pour la première fois, de mesurer dans toute son étendue l'homogénéité qui caractérise cette culture : Gœthe et Leopardi nous apparaissent alors comme les derniers grands épigones des poètes-philologues italiens, et le *Faust* comme la présentation de l'énigme la moins populaire qui se soit posée aux temps modernes, dans la figure de l'homme théorique cherchant éperdument la vie; même le chant goethéen se contente de faire écho à la chanson populaire, il n'en donne pas le ton, et son poète savait bien pourquoi il avait confié avec tant de gravité à l'un de ses partisans : « Ce que je fais ne peut pas devenir populaire; songer à l'être, s'y efforcer, c'est faire erreur [1]. »

Qu'il pût exister un art si lumineux, si solaire et si chaud qu'à la fois il éclaire de ses rayons les humbles et les pauvres d'esprit et fasse fondre l'orgueil des doctes – voilà ce dont l'expérience nous a instruits, ce qu'on ne pouvait imaginer. Mais dans l'esprit de tous ceux qu'instruit à présent l'expérience, cet art ne peut que produire un bouleversement de toutes les notions d'éducation et de culture; ils croient voir se lever le rideau d'un avenir où il n'y aura plus ni biens ni bonheurs suprêmes qui ne soient communs à tous les cœurs. L'opprobre attaché jusqu'à présent au terme « commun » lui sera alors enlevé.

Si le pressentiment ose s'aventurer de la sorte dans le lointain, il reviendra à la lucidité d'envisager l'inquiétante incertitude sociale de notre présent et de ne pas se dissimuler le péril auquel est exposé un art qui ne semble avoir de racines sinon en ce lointain avenir, et qui nous découvre ses rameaux en fleurs plutôt que le sol d'où il est issu. Comment sauverons-nous cet art apatride, comment l'aiderons-nous à atteindre cet avenir? Comment endiguerons-nous le flot de la révolution qui semble partout inéluctable? Comment faire en sorte que ne soit pas balayé, avec tout ce qui est voué, à juste titre, au déclin, l'anticipation bienheureuse et la garantie d'un meilleur avenir, d'une humanité plus libre?

Celui qui se pose ces questions et fait siens ces soucis partage ceux de Wagner, il se sentira poussé à chercher avec lui ces puissances qui, aux époques de séismes et de bouleversements, se prêtent de bonne grâce à être les génies tutélaires des biens les plus nobles de l'humanité. C'est uniquement en ce sens que Wagner, dans ses écrits, demande aux esprits cultivés s'ils consentiront à mettre à l'abri dans leurs coffres, avec leurs autres trésors, son legs à lui, le précieux Anneau de son art; et même la confiance magnanime que Wagner fait à l'esprit allemand, jusque dans ses visées politiques, me semble avoir pour origine le fait qu'il reconnaît au peuple de la Réforme la force, la douceur et le courage requis pour endiguer « la mer de la Révolution dans le lit du fleuve paisible de l'humanité [1] » : et j'irais presque jusqu'à croire que c'est cela, et rien d'autre, qu'il voulait exprimer par la symbolique de sa *Marche impériale.*

Mais, en règle générale, l'élan secourable est trop irrésistible chez cet artiste créateur, trop vaste l'horizon de son amour de l'humanité pour que son regard doive s'arrêter aux barrières de la réalité nationale. Ses pensées, comme celles de tout grand et bon Allemand, vont *au-delà de ce qui est allemand,* et la langue de son art ne s'adresse pas à des peuples, elle s'adresse à des hommes.

Mais à des hommes de l'avenir.

Telle est l'intime conviction de Wagner, tel est son tourment, telle est son excellence. Aucun artiste, à aucune époque du passé, n'a jamais reçu en partage, de son génie, des dons aussi remarquables, nul autre n'a dû boire, avec le nectar que lui valait l'enthousiasme qu'il suscitait, cette âcre goutte d'amertume. Ce n'est pas, comme on pourrait le croire, l'artiste méconnu, maltraité et fugitif qui a acquis cette conviction à titre de légitime défense : le succès et l'insuccès auprès de ses contemporains n'étaient à même ni de la détruire ni de la fonder. Il n'appartient pas à la génération présente, que celle-ci le loue ou le rejette – ainsi en juge son instinct; quant à savoir si une génération sera un jour sienne, on ne peut non plus le démontrer à qui se refuse d'y croire. Mais l'incrédule peut lui aussi se demander ce que devrait être une génération dans laquelle Wagner reconnaîtrait son « peuple », à savoir tous ceux qui, ensemble, ressentent une commune détresse et s'en veulent délivrer par un art commun. Schiller, il est vrai, était animé de plus de foi et nourrissait plus d'espoir : il n'a pas demandé à quoi pourrait ressembler un avenir qui donnerait raison à l'instinct du créateur et à ses prédictions, non, il a *exigé* des artistes :

Élancez-vous d'une aile audacieuse
Bien haut par-delà votre temps!
Que de bien loin se dessine en votre miroir
L'aurore du siècle avenant [1]!

11.

Que la saine raison nous garde de croire que l'humanité trouvera un beau jour un régime idéal et définitif et que, tel le soleil des Tropiques, le bonheur dardera alors les rayons d'un beau fixe sur les hommes ainsi enrégimentés : Wagner n'a rien à voir avec une telle croyance, il n'a rien d'un utopiste. S'il ne peut s'empêcher d'avoir foi en l'avenir, cela signifie simplement qu'il perçoit chez les hommes actuels des qualités qui n'appartiennent pas au caractère ni à la structure immuables de l'être humain mais qui sont variables, voire éphémères; et c'est précisément *en raison de ces qualités* que l'art est parmi eux sans patrie et que lui-même doit se faire le messager précurseur d'un autre temps. Ni âge d'or ni ciel sans nuage ne sont réservés aux générations à venir auxquelles l'adresse son instinct : les hiéroglyphes de son art ne nous permettent d'en deviner les traits approximatifs que dans la mesure où il est possible de déduire la nature du besoin de celle de la satisfaction. Même une bonté et une justice surhumaines ne seront pas telles qu'un arc-en-ciel immobile tendu par-dessus les champs de cet avenir. Il se peut que cette génération à venir paraisse plus méchante, dans l'ensemble, que l'actuelle

– car elle sera *plus franche* dans le bien comme dans le mal; il se pourrait même que son âme, s'il lui est donné un jour de s'exprimer librement, dans tout son retentissement, ébranlât, et épouvantât nos âmes comme si fusait la voix d'un malin génie de la nature jusqu'alors bien caché. Ce n'est pas autrement que sonnent à nos oreilles des phrases comme : la passion vaut mieux que le stoïcisme et l'hypocrisie, la sincérité, même dans le mal, est préférable au renoncement à soi-même par conformité à la moralité reçue, l'homme libre peut être bon comme il peut être méchant, tandis que l'homme asservi est une honte de la nature et ne doit s'attendre à aucune consolation céleste ni terrestre; enfin, celui qui veut devenir libre ne le peut que par lui-même, nul ne reçoit la liberté comme un don merveilleux tombé du ciel.

Si stridents, si insolites que nous paraissent ces accents, ils n'en proviennent pas moins de ce monde à venir pour lequel *l'art est véritablement un besoin*, et qui peut en attendre aussi des satisfactions véritables; c'est la langue de la nature restaurée aussi dans l'humain; c'est là exactement ce que j'ai appelé tout à l'heure sentiment approprié par rapport au sentiment inapproprié qui règne aujourd'hui.

Or il n'y a de satisfactions et de délivrances véritables que pour ce qui est naturel : c'est peine perdue de les chercher là où le naturel fait défaut, là où règne le sentiment inapproprié. À supposer qu'il ait pris conscience de lui-même, il ne reste plus au manque de naturel qu'à aspirer au néant, tandis que la nature désire au contraire être métamorphosée par l'amour : celui-là aspire à *ne plus* être, celle-ci à être *autrement*. Que celui qui a compris cela laisse à présent défiler, dans le recueillement, les simples motifs de l'art wagnérien pour savoir si c'est la nature ou son défaut qui poursuit ses fins, telles que nous venons de les caractériser.

L'inconstant, le désespéré trouve la délivrance de son tourment dans l'amour compatissant d'une femme qui préfère mourir plutôt que de lui être infidèle : c'est le motif du *Vaisseau fantôme*. L'amante, renonçant à tout bonheur personnel, devient une sainte à la faveur d'une transmutation de *l'amor* en *caritas*, et sauve l'âme de l'être aimé : tel est le motif de *Tannhäuser*. L'essence de la gloire la plus haute condescend à solliciter les hommes et ne souffre pas qu'on l'interroge sur son origine; lorsque lui est posée la funeste question, cet être retourne, contre son gré, et plein d'affliction, à sa vie supérieure : voilà le motif de *Lohengrin*. L'âme aimante d'une femme et tout le peuple avec elle font bon accueil au nouveau génie du bonheur, que repoussent et calomnient les tenants de la tradition et de la convention : on aura reconnu le motif des *Maîtres chanteurs*. Deux amants, ignorant tout de leur amour partagé, se croyant au contraire profondément blessés et dédaignés, désirent boire, chacun des mains de l'autre, le mortel breuvage, apparemment pour expier l'offense, mais mus en vérité par un ressort inconscient; ils veulent s'affranchir dans la mort de toute séparation et de toute dissimulation; la mort qu'ils croient proche délivre leur âme et les mène à un bonheur aussi bref que terrible, comme s'ils avaient réellement échappé au jour, à l'illusion, à la vie même : tel est le motif de *Tristan et Isolde*.

Dans l'*Anneau du Nibelung*, le héros tragique est un dieu dont l'âme a soif de puissance et qui, en se lançant à sa conquête par monts et par vaux, se lie par des traités, aliène sa liberté et se trouve impliqué dans la malédiction qui pèse sur le pouvoir. Il éprouve qu'il n'est plus libre justement en ce qu'il ne dispose plus d'aucun moyen de s'emparer de l'Anneau d'or, symbole de toute-puissance terrestre en même temps que des pires dangers qui le menacent, tant que cet Anneau demeure aux mains de ses ennemis : la crainte de la fin et du crépuscule de tous les dieux s'empare de lui, et aussi le désespoir de voir arriver cette fin sans arriver à l'empêcher. Il a besoin de l'homme libre et sans peur qui, sans son conseil ni son assistance, voire dans une lutte contre l'ordre divin, accomplira de lui-même la tâche dont l'accomplissement est refusé au dieu. Cet homme, il ne l'aperçoit nulle part, et au moment même où surgit une nouvelle lueur d'espoir, il lui faut obéir à la contrainte qui le lie; il lui faut anéantir de sa propre main ce qu'il a de plus cher au monde, expier de sa détresse la plus pure compassion. Alors, enfin, il prend en dégoût le pouvoir, qui porte en son sein méchanceté et servitude, sa volonté se brise, il appelle lui-même de ses vœux cette fin qui de loin le menace. Et ce qu'il a désiré le plus ardemment s'accomplit : l'homme libre et sans peur paraît, né en contradiction avec l'ordre traditionnel; ses parents expient le lien qui les a unis contre l'ordre de la nature et de la coutume : ils périssent, mais Siegfried vivra. En le voyant croître et s'épanouir, Wotan sent fondre sa rancœur, c'est d'un œil paternel, aimant et anxieux, qu'il suit les destinées du héros. Il le voit forger son épée, occire le dragon, conquérir l'Anneau, déjouer la ruse la mieux ourdie, réveiller Brunhilde; il voit que la malédiction qui pèse sur l'Anneau n'épargne pas le héros, que le danger devient plus imminent; il le voit, fidèle dans l'infidélité, blessant par amour celle qu'il aime, enveloppé des ombres et des nuées de la faute, qui finit cependant par en émerger, pur comme le soleil, et sombre, embrasant le ciel tout entier de ses feux et purifiant le monde entier de la malédiction qui pèse sur lui – c'est à tout cela qu'assiste le dieu dont la lance souveraine s'est brisée en luttant avec le héros libre entre tous qui a hérité de sa puissance, jouissant de sa propre défaite, communiant à la joie et à la douleur de son vainqueur. Son regard, où brille une douloureuse félicité, se pose rétrospectivement sur les derniers événements : dans l'amour il est devenu libre, libéré de lui-même.

Et maintenant, générations d'à présent, interrogez-vous! Est-ce *pour vous* que tout cela a été inventé? Avez-vous le courage de montrer du doigt les étoiles de cette voûte céleste resplendissante de beauté et de bonté, et de dire : c'est *notre* vie que Wagner a transportée parmi les astres?

Où sont parmi vous ceux qui peuvent interpréter l'image divine de Wotan d'après leur propre vie et qui comme lui savent grandir à la mesure de leur effacement? Qui d'entre vous est prêt à renoncer au pouvoir, instruit par le savoir et l'expérience que le pouvoir est mauvais [1]? Où sont ceux qui, comme Brunhilde, sacrifient par amour leur savoir et finissent par retirer de leur vie le savoir suprême : « La douleur sans fond d'un amour en deuil m'a ouvert les yeux [2]? » Où sont-ils, les hommes libres et sans peur qui grandissent et s'épanouissent par eux-mêmes dans l'innocence de leur façon d'être eux-mêmes, où sont parmi vous les Siegfried?

Celui qui pose ces questions et les pose en vain tournera les yeux vers l'avenir; et si jamais il devait découvrir de surcroît en quelque contrée éloignée ce « peuple » qui saura déchiffrer sa propre histoire à partir des signes de l'art wagnérien, il comprendrait alors du même coup *ce que Wagner sera à ce peuple* – ce qu'il ne peut pas être pour nous tous, à savoir non pas, comme nous en avons peut-être l'impression, le voyant qui scrute un avenir, mais l'interprète qui transfigure un passé.

Dates et événements

Traduction : Cornélius Heim.

DATES ET ÉVÉNEMENTS DE LA VIE DE NIETZSCHE DE JANVIER 1874 À SEPTEMBRE 1876

1874

Bâle, 4 janvier-20 juillet

*Nietzsche quitte Naumburg pour se rendre directement à Bâle, sans rencontrer Overbeck, comme il avait été convenu, ni faire de visite à Bayreuth. Cosima Wagner : « Richard a passé une nuit agitée et se trouve souffrant, là-dessus arrive le professeur Overbeck que j'ai eu à accueillir et installer seule, jusqu'à ce que, ce soir, Richard se joigne à moi. Ce savant nous fait une excellente impression. Cependant il nous rapporte de mauvaises nouvelles concernant la santé de notre ami Nietzsche » (*Journal, *4 janvier). Relations plus étroites de Nietzsche avec son élève Adolf Baumgartner qui lui sert de secrétaire. Difficultés croissantes de l'entreprise bayreuthienne : le secrétariat de la cour de Bavière refuse sa garantie financière (télégramme et lettre de Düfflipp, cf. Cosima Wagner,* Journal, *6 et 7 janvier). Notes de Nietzsche sur Wagner et Bayreuth : « Nos espérances étaient trop grandes. J'ai essayé d'abord de ne plus penser aux difficultés de là-bas, et comme ce n'était pas la bonne solution, j'y ai pensé autant qu'il est possible au cours des dernières semaines, en examinant avec soin pourquoi l'entreprise est en panne, pourquoi peut-être elle échouera » (à Malwida von Meysenbug, 11 février).*

Publication de Considérations inactuelles. Deuxième partie : De l'utilité et des inconvénients de l'histoire pour la vie. *Réaction plutôt évasive de Jacob Burckhardt : « Avant tout, ma pauvre tête n'a jamais été en mesure, il s'en faut de beaucoup, de réfléchir comme vous en êtes capable, aux dernières raisons, aux buts et aux desiderata de la science historique » (à Nietzsche, 25 février). À Bayreuth, on lit la deuxième* Considération inactuelle *entre le 22 et le 24 février : « L'ouvrage de notre ami fait l'objet de nos entretiens, le feu et l'esprit qui l'animent sont tout à fait étonnants » (Cosima,* Journal, *25 février). Richard Wagner à Nietzsche : « En un mot, je n'aurais qu'à vous dire une chose : que j'éprouve un bel orgueil de n'avoir désormais plus rien à dire et de pouvoir vous confier le soin de tout le reste » (27 février).*

*Le roi de Bavière rend possible la poursuite des travaux de Bayreuth par des avances allant jusqu'à 100 000 talers. Les répétitions de l'*Anneau *sont fixées à l'été 1875, les représentations à l'été 1876.*

Lettre de Cosima sur la seconde Considération inactuelle. *Elle critique les* Zwölf Briefe [Douze lettres] *de Karl Hillebrand, qu'elle a lues sur la recommandation de Nietzsche (20 mars). Nietzsche lit, entre autres auteurs, Afrikan Spir, Eduard von Hartmann (sur Shakespeare), Boscovich. À la demande de Nietzsche, Rohde communique à celui-ci ses remarques critiques sur le style et le mode d'exposition de la deuxième* Inactuelle. *Il relève notamment « un défaut qui est cause en partie de la difficulté de tes livres, difficulté que les étrangers m'ont maintes fois signalée. Tu procèdes trop peu* par déduction, *tu abandonnes au lecteur, plus qu'il ne convient, le soin de trouver des ponts entre tes pensées et tes phrases... Je blâmerai encore une autre faute. Tu files, à mon avis, des métaphores – pas toujours heureuses et souvent bancales – au-delà de ce qui est souhaitable pour leur effet... En outre, j'ai quelquefois l'impression que certains passages ou chapitres ont été rédigés à l'avance, pour être ensuite incorporés à l'ensemble, sans avoir été complètement coulés dans le métal » (24 mars). Jugement final de Bayreuth sur le nouveau livre : « C'est l'œuvre d'un homme très remarquable, et s'il devient un jour très célèbre, il faudra aussi tenir compte de cet ouvrage. Mais elle manque encore grandement de maturité, elle ne parle pas à l'imagination parce que l'auteur ne cite jamais d'exemples tirés de l'histoire; le livre se répète maintes fois tout en manquant de composition. Cette œuvre a vu le jour trop tôt. Je ne vois personne à qui je pourrais la donner à lire, parce que personne ne peut suivre l'auteur. Schopenhauer en a déjà exprimé l'idée fondamentale. Nietzsche aurait plutôt dû l'éclairer du point de vue pédagogique » (Richard à Cosima Wagner, noté dans le* Journal *de celle-ci, 9 avril).*

À Bâle, Heinrich Romundt n'est pas nommé professeur de philosophie pour succéder à Eucken; on fait appel à Max Heinse qui avait été le « tuteur » de Nietzsche à Schulpforta. Au début d'avril, les lettres de Nietzsche à ses amis reflètent une humeur mélancolique : « Au demeurant, ma santé est excellente, ne te fais pas de souci. Mais je suis vraiment fâché contre la nature; elle aurait dû me donner un peu plus de compréhension et plus de plénitude de cœur – c'est toujours le meilleur qui fait défaut. De le savoir constitue mon plus grand tourment » (à Gersdorff, 1er avril). Cosima ; « ...une lettre très mélancolique de notre ami Nietzsche qui se tourmente. Richard s'écrie : " Il faut qu'il se marie, ou qu'il compose un opéra ; seulement l'opéra sera du genre à ne jamais être représenté, et cela ne le conduira pas non plus à la vie " » (Journal, *4 avril). Deux jours plus tard, le lundi de Pâques, Wagner écrit à son ami une lettre cordialement « radicale ». Cosima à Nietzsche, au sujet de la réaction de Wagner : « Lorsque je lui [à Wagner] communiquai le sens de votre dernière lettre, je crois bien qu'il aurait voulu courir jusqu'à vous, s'emparer de votre personne pour vous arracher à l'atmosphère bâloise, et il serait parti Dieu sait où en votre compagnie » (20 avril). Wagner écrivit de son côté : « Je trouvai, entre autres choses, que je n'ai pas eu dans ma vie une compagnie masculine comme celle que vous avez à Bâle durant les heures du soir... Seulement il me semble que les jeunes messieurs manquent de femmes ; la question est alors, comme le remarquait jadis mon vieil ami Sulzer : où les prendre sans les voler? Certes, en cas de besoin, on pourrait aussi voler çà et là. Mon avis était que vous deviez vous marier, ou composer un opéra ; l'un vous aiderait autant ou aussi peu que l'autre. Je penche tout de même en faveur du mariage. Provisoirement, je pourrais vous recommander un palliatif ; mais vous organisez toujours votre pharmacie à l'avance, de telle manière qu'il soit impossible de vous proposer un remède. Ainsi, nous sommes présentement en train d'aménager* pianissimo *notre maison, de manière à pouvoir vous offrir à vous aussi un logement, comme il ne m'en a jamais été offert de semblable dans les plus grands moments de détresse de ma vie. Vous pourriez y passer toutes vos vacances d'été. Mais voilà que vous nous annoncez avec mille précautions, dès le début de l'hiver, que vous envisagez de passer ces vacances d'été sur quelque montagne suisse bien haute et solitaire. Cela n'a-t-il pas l'air du refus poli d'une éventuelle invitation de notre part? Nous pouvons faire quelque chose pour vous : pourquoi dédaignez-vous cela si obstinément?... – Mais nous connaissons les singularités de notre ami Nietzsche. Je ne veux d'ailleurs plus du tout parler de vous, car cela ne sert à rien. Mon Dieu, épousez une femme riche. Pourquoi le seul Gersdorff doit-il être un homme? Ensuite, voyagez, enrichissez-vous de toutes les merveilleuses expériences qui font de Hillebrand un homme aux connaissances multiples et (à vos yeux) si digne d'envie et – composez votre opéra, qui à vrai dire sera abominablement difficile à monter. – Quel Satan a fait de vous un pédagogue? – Vous voyez à quel point vos informations m'ont mis en veine de franchise. Mais, Dieu m'est témoin, je ne peux plus voir cela » (6 avril, lettre datée, à tort, jusqu'ici, du 26 décembre 1874). Pendant ce temps, Nietzsche compose son* Hymne à l'amitié. *Il ne répond à Wagner qu'à l'occasion de l'anniversaire du compositeur : « Lorsque je reçus votre lettre, j'étais moi-même profondément engagé dans la cure de musique que je m'étais imposée selon le principe moderne du "guéris-toi toi-même". À vrai dire ce n'était pas l'"opéra"... mais, sauf votre respect, c'était* ma *musique, et elle me plaisait tout particulièrement. Aussi bien, je crois qu'en ce domaine j'ai à nouveau beaucoup appris et, en matière de chorals figurés, je n'ai jamais été aussi satisfait. L'*Hymne à l'amitié *est à présent achevé – je voudrais que mes amis eussent pour ami un meilleur compositeur que moi, car ils l'auraient mérité... Cet été, obéissant moins à votre chaleureuse exhortation que m'y dérobant, je ferai probablement une apparition à Bayreuth ; quelle absurdité de se voir justement exhorté à ce qu'on a le plus envie de faire! » (20 mai).*

Cours du semestre d'été 1874 : exposé sur la rhétorique antique. Eschyle, Choéphores. *Séminaire : Sapho. Nietzsche travaille aussi à sa troisième* Considération inactuelle *(sur Schopenhauer). Correspondance avec la marquise italienne Emma Guerrieri-Gonzaga, à l'occasion de la seconde* Considération inactuelle *(10 mai-2 janvier 1875). Depuis le 25 avril, Élisabeth Nietzsche, la sœur du philosophe, est de nouveau à Bâle.*

Par Gersdorff, Nietzsche apprend que ses amis de Bayreuth continuent à se faire du souci pour lui. « Pensée vraiment céleste : t'imaginer siégeant avec les Bayreuthiens dans une commission de délibération matrimoniale » (à Gersdorff), et à Rohde : « ...je n'y peux rien : certaines personnes voient mieux de loin que moi de tout près – de sorte que ces soucis peuvent avoir leur raison. Sauf que, physiquement, je me sens bien, estomac, digestion, teint, tout est en ordre ; en outre je me trouve de nouveau dans un état d'esprit assez productif, donc je suis de bonne humeur, ma sœur vit avec moi, bref je ressemble à un homme heureux, autant que je sache ce qu'est le bonheur – car la chose existe, là-dessus il n'y a aucun doute » (1er juin).

Correspondance avec Oswald Marbach sur la tragédie grecque (mars-juin). Nietzsche entend pour la première fois le Triumphlied [Chant triomphal] *de Brahms dans la cathédrale de Bâle (9 juin). À Rohde : « Ces derniers temps ton compatriote Brahms était ici, et j'ai entendu beaucoup parler de lui, mais j'ai surtout entendu son* Triumphlied, *qu'il a dirigé lui-même. Ce fut un de mes plus pénibles cas de conscience, que cette confrontation avec Brahms. J'ai à présent ma petite opinion sur lui. Mais encore très timide » (14 juin). Le 12 juin, il se rend à Zurich avec Romundt pour entendre encore une fois cette œuvre. Le 5 juillet, mort de l'ami et protecteur de Nietzsche, à Bâle, Wilhelm Vischer-Bilfinger.*

Bergün, 18 juillet-2 août

Avec Romundt à Bergün, dans le canton des Grisons. Nietzsche travaille à sa troisième Inactuelle. *Bertha Rohr lui plaît « si bien » qu'il est « presque décidé » à l'épouser (à sa sœur, 22 juillet). La réaction très négative (non conservée) de sa sœur à ce projet de mariage détermine Nietzsche à lui répondre dans un sens qui vise à la tranquilliser : « Ma remarque concernant Mlle Bertha Rohr n'aurait pas dû t'émouvoir, je te la communiquais à titre de curiosité. Au demeurant, tu n'ignores pas que l'instant a d'ordinaire plus de pouvoir que toute une chaîne de regards prospectifs et rétrospectifs » (30 juillet). Nietzsche a un nouvel éditeur : Ernst Schmeitzner, à Schlosschemnitz.*

Bayreuth, 4-15 août

La rencontre avec Emma Guerreri-Gonzaga, prévue pour le 3 août à Stachelberg, n'a pas lieu. Nietzsche poursuit son voyage vers Bayreuth, où il arrive le 4 août. Cosima note dans son Journal : *« L'après-midi, un billet annonce que le professeur Nietzsche est ici, mais qu'il est déjà couché à l'hôtel* Sonne, *malade. Richard y va et le ramène aussitôt à la maison. Il se remet rapidement et nous passons ensemble une soirée agréable. Mais ce qu'il nous apprend des journaux et de l'homme d'université est effrayant » (5 août). 6 août : « Le professeur Nietzsche parle d'un éditeur de Schlosschemnitz qui se propose de le publier ; il serait au service du parti social-démocrate, cependant aussi bien Nietzsche que le professeur Overbeck acceptent son offre, attendu que dans toute l'Allemagne ils ne trouveraient pas un seul éditeur, qu'ils seraient même probablement sans ressources s'ils abandonnaient leur chaire de professeur, qu'ils ne trouveraient même pas une place de précepteur. La* Neue Freie Presse *introduit un article de Karl Hillebrand sur* L'avantage et les inconvénients de l'histoire *de Nietzsche en précisant que c'est seulement par égard pour un collaborateur estimé qu'on rendra compte de l'ouvrage d'un auteur qui a suffisamment révélé sa nature en attaquant Strauss, etc. – Le professeur Nietzsche raconte que M. Du Bois-Reymond, à Berlin, a proposé de fonder une académie où Goethe est opposé à Lessing et accusé d'avoir gâté la langue allemande... Notre ami Nietzsche apporte le* Triumphlied *de Brahms ; Richard rit tout haut de ce qu'on puisse faire de la musique sur le mot "* justice *". 8 août : L'après-midi nous jouons le* Triumphlied *de Brahms, grand effroi devant l'indigence de cette composition que notre ami Nietzsche nous vante, Händel, Mendelssohn et Schumann reliés en cuir ; Richard se fâche tout rouge et parle de son désir de trouver dans cette musique quelque chose de la supériorité de* Christus *[de Liszt] où se manifestaient tout de même une force, un sentiment parlant au sentiment. » Le 15 août :*

« Le professeur Nietzsche est reparti après avoir fait passer plus d'une heure pénible à Richard. Il affirme entre autres choses ne plus trouver aucun plaisir à la langue allemande, préférer parler latin, etc. » Peu après, visite d'Overbeck à Bayreuth : « Très mauvaises nouvelles de la situation de notre ami Nietzsche qui doit faire cours sur l'ensemble de l'histoire de la littérature grecque pour trois ou quatre étudiants des plus incapabies. Le ban prononcé par toute l'université pèse sur lui » (15 août).

Bâle, mi-août-22 décembre

Entre le 19 août et le 9 septembre, Schmeitzner reçoit le manuscrit de la troisième Considération inactuelle. *Le 29 septembre, avec Romundt et Baumgartner, ascension du Righi, puis quelques jours seul à Lucerne. Plan d'une quatrième* Considération inactuelle (Nous autres, philologues). *Parution au début d'octobre de :* Considérations inactuelles. Troisième partie : Schopenhauer éducateur.

Cours du semestre d'hiver 1874-1875 : Histoire de la littérature grecque I. Explication de la Rhétorique *d'Aristote. Séminaire : Sophocle,* Œdipe roi. *Le 16 octobre, arrivée de Carl von Gersdorff, en visite à Bâle pour une semaine. Les « trois messieurs » du Schützengraben 45 (la « caverne Baumann »), Nietzsche, Romundt et Overbeck entrent en relation avec l'économiste August von Miaskowski et sa femme Ida. Très bon accueil de* Schopenhauer éducateur *à Bayreuth. Courte lettre enthousiaste de Wagner (21 octobre). Cosima Wagner à Nietzsche : « Ceci est* mon Inactuelle... *et je vous remercie de tout cœur de l'agréable fièvre que m'a donnée sa lecture. Ce qu'on y trouve de sentiment, pensées, intuition, connaissance, talent et savoir m'a laissée stupéfaite et je me suis réchauffée au feu de l'enthousiasme qui réchauffe tout, comme naguère à celui de la* Naissance de la tragédie *» (26 octobre). Nouvelle lecture d'Afrikan Spir,* Denken und Wirklichkeit [Pensée et réalité], *que Nietzsche emprunte le 15 novembre à la bibliothèque de l'université de Bâle.*

Naumberg, 22 décembre 1874-début janvier 1875

Nietzsche passe à Naumberg les vacances de Noël : « J'ai dix jours de vacances derrière moi, je les ai passés avec ma mère et ma sœur, et je me sens bien rétabli. Pendant ces dix jours, j'ai laissé là pensées et réflexions, et j'ai fait de la musique. J'ai tracé bien des milliers de petites notes, et j'ai complètement achevé un de ces *travaux. L'*Hymne à l'amitié *existe maintenant pour deux mains et pour quatre mains... En outre, j'ai revu et classé mes compositions de jeunesse. Je reste confondu de constater à quel point l'immutabilité du caractère se manifeste dans la musique; ce qu'un garçon exprime en elle est si bien la langue de l'essence de toute sa personne que l'adulte ne désire rien y changer – abstraction faite de l'imper-*

fection de la technique, etc. » (à Malwida von Meysenbug, 2 janvier 1875).

1875

Bâle, janvier

Nietzsche retourne à Bâle au début de janvier. Nombreuses invitations de Nietzsche, Overbeck, Romundt dans la société bâloise; relations plus étroites avec les couples Immermann et Miaskowski. Presque chaque dimanche, Nietzche rend visite (quelquefois avec ses amis) à Mme Baumgartner-Köchlin, à Lörrach, près de Bâle. Elle est la mère de son élève Adolf Baumgartner, et traduit en français sa troisième Considération inactuelle. *(En dépit de diverses tentatives de l'éditeur de Nietzsche, Schmeitzner, et de Malvida von Meysenbug, on ne trouvera pas d'éditeur à Paris pour cette traduction.)*

P. Deussen communique à Nietzsche sa décision de se consacrer à l'étude de la philosophie hindoue; Nietzsche s'en réjouit (après la mi-janvier). Compte rendu polémique de la troisième Considération inactuelle *dans la* Revue critique *(Paris). Santé : « Je vais assez bien. Bon travail, peu de repos, de jour comme de nuit. Pourtant les yeux tiennent le coup » (à sa mère, 31 janvier).*

Février-avril

Dans sa lettre à Rohde du 5 février, Nietzsche mentionne un Hymne à la solitude *apparemment perdu, dont nous parlent aussi des témoignages ultérieurs de Peter Gast et d'Élisabeth Förster-Nietzsche. Cosima Wagner demande à Nietzsche si, pendant la tournée de concerts que son mari et elle doivent faire à Vienne, Élisabeth ne tiendrait pas le ménage durant quelques semaines, à Bayreuth. Nietzsche obtient l'accord de sa sœur. Il travaille à la Considération sur la philologie; nombreux autres projets littéraires et universitaires. À Schmeitzner : « ...toutefois j'espère pouvoir vous envoyer quelque chose dans la première partie de l'été ». Les 13 et 14 février à Lucerne (« J'ai été deux jours à l'hôtel Gotthardt, où j'ai écrit et réfléchi »). La Considération sur la philologie doit être terminée à Pâques (Nietzsche à Rohde, 28 février). Dans la même lettre : « Dans l'ensemble, je vais bien; je me fais l'effet d'être devenu le seigneur d'un château fort, tant ma manière de vivre devient peu à peu celle d'un individu retranché et intérieurement indépendant. » Romundt parle de se convertir au catholicisme; Nietzsche est profondément troublé par cette nouvelle. Rohde sur Romundt : « Celui qui abjure si solennellement la raison et la liberté humaine est perdu pour nous. » Le 6 mars, arrivée de Gersdorff à Bâle; Nietzsche lui dicte une partie de* Nous autres, philologues. *Nietzsche entend décliner toutes les invitations qu'il reçoit de la société bâloise. Gersdorff repart fin mars. Nietzsche se plaint de fatigue des yeux et de maux d'estomac (à sa sœur, 26 mars). Au début d'avril, compte rendu d'ensemble des trois* Considérations inactuelles *déjà parues dans* The Westminster Review. *Romundt quitte Bâle; prise de congé « bouleversante » pour Overbeck et Nietzsche (10 avril). Le lendemain, Nietzsche au lit « avec une migraine qui dure depuis trente heures et de fréquents vomissements de bile ». Le travail sur la quatrième* Inactuelle *« n'a presque pas avancé » (à Gersdorff, 17 avril). Rencontre avec le proudhonien « Monsieur Cook ».*

Berne, 25 avril-3 mai; Bâle, mai-juin

À Berne : « ...me suis promené par les monts et les bois, toujours seul, en réfléchissant beaucoup »; nombreux plans « qui vont toujours plus dans le sens du pédagogique ». À Bâle, maux d'estomac; maux de tête, douleurs aux yeux (à Gersdorff, 21 mai). Overbeck en cure à Karlsbad. Élisabeth se rend de Bayreuth à Bâle. Projet de vivre avec sa sœur. « Pas une ligne de l'Inactuelle n° 4. » Nietzsche travaille quotidiennement treize heures pour ses cours. Semestre d'été 1875 : histoire de la littérature grecque II. Aristote, Rhétorique *(suite). Séminaire : exercices critiques en relation avec l'histoire de la littérature grecque. Lettre résignée à Wagner à l'occasion de son anniversaire (22 mai). Sa santé continue à être mauvaise : « ... Immermann m'a soigné pour quelque chose comme un ulcère à l'estomac, et je m'attendais toujours à vomir du sang » (à Gersdorff, juin). À Rhode, 7 juin : « Je n'ai ni temps ni force pour des inactualités. » « Ça allait mal pour mes yeux et mon estomac. » À cette époque, les relations amicales de Nietzsche avec Marie Baumgartner se resserrent; elle écrit à Nietzsche : « ...dans les recoins et les tréfonds de mon cœur que je suis seule à connaître, j'en arrive curieusement, mais aussi tout naturellement, à vous confondre avec mon fils Adolf. Quand je souffre d'insomnie, je vous tiens les mêmes discours – en français – et ne me montre pas plus respectueuse avec vous qu'avec Adolf; en contrepartie, vous recevez la même mesure d'affection » (14 juin). Adolf Baumgartner écrit à Nietzsche le jour de son vingtième anniversaire : « ...quand je pense à l'état dans lequel je me suis présenté à votre porte pour la première fois en réclamant votre aide et à tout ce que j'ai vécu durant cet* annus domini, *j'ai une solide raison de vous écrire en ayant foi dans l'avenir. Je sais au moins que je me suis engagé dans une voie qui conduit à la perfection, si on parvient à la suivre jusqu'au bout... » (15 juin, de Bonn). Overbeck déplore que Nietzsche ait décidé de quitter la « caverne Baumann » (Overbeck à Nietzsche, 15 juin, de Karlsbad). Requête auprès des autorités scolaires sur l'*Enseignement du grec au Pädagogium *(24 juin). Cosima Wagner à Gersdorff (27 juin) : « Les dernières nouvelles que nous avons de Nietzsche sont des moins réjouissantes ; il se sépare d'Overbeck et ne vient pas ici. » Malgré son mauvais état de santé, Nietzsche n'interrompt pas ses cours à l'université : « ...depuis ma dernière lettre, j'ai eu une forte crise... À présent je dois vivre exactement comme le médecin me l'a prescrit » (à Rohde, 5 juillet). Visite de Paul Förster (antisémite, frère du futur beau-frère de Nietzsche) ; Nietzsche produit sur cet admirateur « par ses déclarations libres une impression répulsive ». Le compositeur Felix Dräseke vient aussi le voir. Long entretien cordial avec J. Burckhardt. Carl Fuchs à Nietzsche : « ... Personne, je vous le dis, même Schopenhauer, n'a exercé une telle influence sur moi ; je vous dois la moitié de ma vie, sans vous je n'aurais jamais su trouver un chemin dans le répugnant tohubohu du " temps présent ", dont seul le Ciel sait qui doit y mettre un terme. »*

Steinabad, 16 juillet-11 août

*Pour les vacances d'été, Nietzsche se rend le 16 juillet à Steinabad près de Bonndorf, dans la Forêt Noire, auprès du Dr Wiel. La maladie de Nietzsche : « Catarrhe d'estomac chronique avec importante dilatation d'estomac ». Le traitement médical semble donner des résultats. Diverses lectures et plans de toutes sortes, notamment projet d'un cycle de conférences de sept ans sur les Grecs ; élèves : Brenner et Baumgartner. Louis Kelterborn rend visite à Nietzsche à Steinabad (25 juillet). Les amis de Nietzsche, Overbeck, Rohde, Gersdorff, à Bayreuth pour les répétitions de l'*Anneau. *Malgré un état de santé encore précaire, Nietzsche écrit à Bayreuth : « Partout de la désespérance ! Mais pas chez moi ! Et je ne suis pas encore à Bayreuth ! » (1er août). La dilatation d'estomac est réduite « mais pour son affection nerveuse ce sera une longue affaire ». Bilan positif de Steinabad. Le dernier jour de son séjour (11 août), à Fuchs : « Juste Ciel, accorde-nous d'avoir* l'esprit libre ; *tout le reste tu peux le garder ! »*

Bâle, août-décembre

Nietzsche de retour à Bâle ; sa sœur s'occupe de lui (nouvelle adresse : Spalentorweg 48). Du 31 août au 7 septembre, Rohde à Bâle. Nietzsche a « plus d'espoir qu'au cours des années précédentes, avec dans sa tête et dans son cœur sa passion pédagogico-anthropagogique, il est d'ailleurs mieux portant ». Il travaille à sa Considération inactuelle *sur Wagner. Cosima Wagner à Gersdorff : « Qu'avez-vous appris au sujet de Nietzsche ? Nous ne savons rien de lui... » Du 13 au 30 septembre, Nietzsche malade. Projet d'excursion avec Overbeck « pour penser avec lui sur une ou deux choses dont personne n'a connaissance ni ne doit avoir connaissance ». Le 26 septembre, après la fin de son treizième semestre, « une sorte de déception... »; la* Considération inactuelle *sur Wagner « impubliable »; « dégoût à l'égard des publications » (à Gersdorff). Une déclaration de Burckhardt (« les Bâlois ne retrouveront pas de si tôt un tel professeur »), suscite cette réaction de Nietzsche : « Cela concerne mon activité au* Pädagogium; *donc, j'ai réussi à devenir un* maître d'école *passable, cela presque accessoirement, car jusqu'à présent je n'ai rempli cette fonction que par sentiment du devoir, en mettant de côté toute vanité et aussi sans en tirer de joie. Peut-être parviendrai-je aussi accessoirement, et pour ainsi dire en dormant, à devenir un philologue » (à Rohde, 7 octobre). Nietzsche ne veut faire imprimer ni la* Considération *sur Wagner ni celle sur la philologie : « S'il vient un temps où la vie nous réunisse à nouveau, je te communiquerai bien des choses : il s'agit partout d'une expérience personnelle et c'est pourquoi cela se détache un peu difficilement de moi » (à Rohde, même lettre). La sœur de Nietzsche lui lit fréquemment des pages de Walter Scott. Du 12 au 21 octobre, Gersdorff en visite à Bâle. Heinrich Köselitz (Peter Gast) et Paul Widemann se rendent de Leipzig à Bâle pour entendre Nietzsche. Intense activité universitaire de Nietzsche. Semestre d'hiver 1875-1876 : Histoire de la littérature grecque III (fin). Antiquités de la culture religieuse des Grecs. Séminaire : Diogène Laërce,* Démocrite. *Lecture des* Observations psychologiques *de Paul Rée : « J'ai pris trop de plaisir à vos* Observations psychologiques *pour prendre très au sérieux votre incognito d'auteur défunt (" Tiré des papiers posthumes ") » (à Rée, 22 octobre). Rée, de Paris : « Je désespère de trouver des mots qui soient capables d'exprimer la joie que vous m'avez donnée avec votre lettre... Je nourrissais pour vous un amour malheureux. Depuis lors j'ai très souvent pensé à vous en déplorant sans cesse de ne pouvoir le faire comme à un ami. Désormais, pourtant, je le ferai... J'ai déjà entendu plus d'un éloge et plus d'une critique de mon livre... Ce n'est qu'à partir d'aujourd'hui que je prends entièrement confiance en moi » (31 octobre). Nouveaux projets philologiques. Surmenage dû à la préparation des cours. « Tous les quinze jours trois semaines, je reste au lit environ 36 heures, tourmenté par mes maux, de la manière que tu connais » (à Rohde, 8 décembre). Adolf Baumgartner étudie la philologie sous la direction de Nietzsche. « Le Dr Rée, qui m'est très dévoué, a publié anonymement un excellent petit livre :* Observations psychologiques; *c'est un moraliste, au regard des plus aigus; il possède un don très rare chez les Allemands » (à Rohde). Sur la recommandation de P. Widemann, Nietzsche lit le* Soutta Nipata. *Nouvelle visite de Gersdorff. Santé : 21 décembre : « très mauvaise »; 22 décembre : « très mauvaise »; 25 décembre : « Le premier jour de Noël, il se produisit, après des avertissements toujours plus nombreux, un véritable effondrement; je ne pus douter davantage que je souffrais d'une sérieuse affection cérébrale, et que mon estomac et mes yeux n'étaient atteints que par l'effet de ce mal central. Mon père est mort d'une méningite, à trente-six ans, il est possible que pour moi les choses aillent encore plus vite » (à Gersdorff, 18 janvier 1876); 27 décembre : « très faible »; 30 décembre : « très faible ».*

1876

Bâle, janvier-début mars

J. Burckhardt rend visite à Nietzsche le 3 janvier. Nietzsche est déchargé jusqu'à Pâques de son enseignement au Pädagogium. *Convalescence « après une semaine de complet épuisement et de tortures ». Nietzsche continue à donner ses cours à l'université. Fiançailles d'Overbeck. En février, les cours de Nietzsche à l'université sont interrompus. « Ma tête reste en piteux état, je ne peux ni lire ni écrire » (à Rohde, 18 février). La mère de Nietzsche est à Bâle vers le milieu de février. Peu après, visite de Paul Rée.*

Veytaux près de Chillon, Genève, 6 mars-mi-avril

Gersdorff à Bâle; le 6 mars, il se rend en compagnie de Nietzsche à Veytaux près de Chillon, au bord du lac Léman. Lecture des Fiancés *de Manzoni. Le 29 mars, Gersdorff se rend de Veytaux à Vienne. La mère de Nietzsche retourne à Naumburg. Nietzsche lit « du matin jusque dans la nuit, en plein air » les Mémoires de Malwida von Meysenbug. Il écrit ensuite à l'auteur : « Je vous remercie de beaucoup plus que d'un livre. J'étais malade, doutant de mes forces et de mes possibilités... Je retire à présent de votre livre des réponses à des questions très précises qui me concernent... Que ne vis-je à proximité de vous! » Élisabeth Nietzsche écrit à son frère, le 2 avril : « Je me demande si tu es allé en plus à Genève... Dans l'ensemble, j'ai l'impression que tu disposes à Genève d'un vrai nid d'admirateurs et d'admiratrices. » En dépit d'un « grand malaise », heures de « vrai bonheur » (à Overbeck, 5 avril). Voyage à Genève le 6 avril; visite de la maison de Voltaire à Ferney. Fréquentation de la société genevoise, surtout de Hugo von Senger. Le 11 avril, il demande en mariage Mathilde Trampedach (qui deviendra par la suite la troisième femme de Hugo von Senger), dont il a fait la connaissance seulement quelques heures plus tôt.*

Bâle, mi-avril-juillet

Retour de Nietzsche à Bâle vers la mi-avril. Lettres importantes à ses amis : « Je me porte beaucoup mieux et me sens plus libéré intérieurement; j'ai plus d'espoir, je retrouve mes projets et mes ambitions, après une période difficile, presque intolérable, où je désespérais de tout » (à Rohde). « J'ai retrouvé la "bonne conscience" d'avoir fait jusqu'ici ce que je pouvais pour ma libération et d'avoir par là rendu un vrai service à d'autres hommes aussi... Je mesure quelle influence je possède déjà et je me nuirais ou me détruirais non seulement moi-même, je porterais atteinte à beaucoup d'hommes qui croissent en même temps que moi, si je voulais devenir plus faible et sceptique » (à Gersdorff); « Je me suis retrouvé... Je ne vénère, sitôt que je suis rendu à moi-même, qu'une chose chaque heure et chaque jour : la libération et l'insubordination morales, et je hais toute mollesse et tout scepticisme » (à Romundt). Le 21 avril, lettre de Josef R. Ehrlich, qui écrit de Vienne « au nom des admirateurs enthousiastes que vous comptez dans notre université ». Fin avril, Malwida propose à Nietzsche de passer avec elle et Albert Brenner une année dans la petite commune de Fano, au bord de l'Adriatique. Là-dessus, Nietzsche sollicite un congé d'un an, d'octobre 1876 à octobre 1877. Les autorités pédagogiques de Bâle le lui accordent le 2 juin. Semestre d'été 1876 : les philosophes préplatoniciens. Vie et doctrine de Platon. Séminaire : Hésiode. Nietzsche travaille de nouveau à la Considération inactuelle *sur Wagner; Peter Gast le seconde dans son travail. Longue lettre à Rohde sur le livre que celui-ci vient de publier,* Le roman grec et ses précurseurs *(23 mai). Il assiste au cours de Burckhardt sur l'histoire de la civilisation grecque. Pour la première fois, Nietzsche entend parler de Heinrich von Stein, par Rée : « Découvrir une partie du monde, une comète ou n'importe quoi peut n'être pas sans mérite – mais que dites-vous de la découverte d'un être humain? C'est une découverte de cette sorte que j'ai faite, il y a 8 jours, entre midi et 1 heure : un jeune homme de dix-neuf ans avec une âme de feu, une noble allure, des yeux lumineux, et un esprit ouvert à tout ce qui est grand, surtout à la musique. Mais au fond ce magnifique échantillon d'humanité – et cela me réjouit par-dessus tout – est un philosophe. Vous pourrez en juger vous-même, car je lui ai si bien dépeint Bâle qu'il brûle de s'y rendre... » (Rée à Nietzsche, 30 mai). Fin novembre 1877, Rée écrira à propos de Heinrich von Stein : « Le jeune homme, qui n'a que vingt ans, s'occupe de la publication d'un ouvrage sur "les idéaux du matérialisme"... Sa pensée s'oriente surtout vers l'État futur, qui, à son avis, pourrait être de tendance très social-démocratique... Au début de janvier, il se rendra probablement à Rome. J'ai peur que vous n'ayez pas envie de visites en ce moment, sinon je lui enjoindrais de faire un détour par Bâle. C'est un parent de Gersdorff, cependant les deux cousins ne se connaissent pas encore... » En réalité, Gersdorff avait déjà fait la connaissance de Stein en juin 1877 (voir Gersdorff à Nietzsche,*

24 juin 1877). Durant l'hiver 1877-1878, sur la recommandation de Rée, Stein est introduit à Rome chez Malwida von Meysenbug. Celle-ci écrit à Nietzsche, le 30 avril 1878 : « Stein, l'ami de Rée, est un jeune homme remarquable. Il m'est devenu cher et j'ai eu de la peine à le voir partir hier. Il m'a fait un cours complet sur la philosophie de Dühring, qui m'a vivement intéressée et donné beaucoup de sympathie pour Dühring, d'autant plus que j'étais arrivée moi-même à certains de ses résultats. Il me semble pourtant que c'est en amalgamant ses idées à celles de Schopenhauer et en supprimant quelques-unes des thèses de l'un et de l'autre qu'on se rapprochera peut-être le plus de la vérité. » Par l'intermédiaire de Malwida, Stein arrive à Bayreuth le 20 octobre 1879 pour devenir le précepteur du fils de Richard Wagner, Siegfried.

Richard Wagner à Bayreuth *paraît au début de juillet. Le livre est chaleureusement accueilli à Bayreuth. Enthousiasme de Malwida. Nietzsche à Rohde (7 juillet) : « Pas un mot de mon livre ; je veux seulement reprendre haleine. » La santé de Nietzsche de nouveau mauvaise. Premières notes sur* l'esprit libre. *Fiançailles de Rohde. Nietzsche écrit pour lui le poème « Un voyageur traverse la nuit... » (lettre du 18 juillet ; cf. aussi frag. 17 [31] de 1876).*

Bayreuth, 23 juillet-27 août ; Bâle, septembre

Le 23 juillet, Nietzsche se rend aux Festpiele *de Bayreuth. Overbeck se marie le 8 août. Mauvaise humeur de Nietzsche durant les répétitions. « Fuite » à Klingenbrunn (6-12 août). Élisabeth à Bayreuth, après avoir définitivement quitté l'appartement du Spalentorweg, à Bâle. Elle écrit entre autres choses à Klingenbrunn, le 8 août : « Wagner est venu me saluer au cours d'un entracte et m'a dit que tu n'avais qu'à venir, que ses œuvres t'avaient toujours plu. Il était si drôle... » Retour de Nietzsche à Bayreuth le 12 août. Il fait la connaissance de Reinhart von Seydlitz et de Louise Ott. Rupture avec Fuchs. Le 27 août, il retourne à Bâle avec E. Schuré et Paul Rée. Les témoignages sûrs sur ce séjour de Nietzsche à Bayreuth sont maigres et fragmentaires. C'est ainsi, par exemple, que B.A. Wallnöfer parle d'une visite qu'il aurait faite inopinément avec Nietzsche à l'asile d'aliénés de Bayreuth, au cours d'une promenade en commun. Nietzsche semble se porter mieux une fois ses amis – Gersdorff, Overbeck et surtout Rée – arrivés à Bayreuth. « Je me ferais du souci si le Dr Rée n'était avec toi. Au demeurant, l'esprit de la gaieté et de la philosophie joyeuse est parti avec vous ; entre-temps, l'atmosphère est devenue assez morne chez nous, et même dans ce cadre passablement bruyant, il me manque notre coin, cette fraternité heureuse et intime qui s'exprimait dans notre commun plaisir de rire » (Élisabeth Nietzsche à son frère, de Bayreuth, 30 août).*

Les yeux de Nietzsche en mauvais état; Rée lui fait la lecture. L'ophtalmologiste Schiess, après examen de Nietzsche, le 30 août : « Se plaint à nouveau de très violents maux de tête, qui à la fin lui donnent des nausées; ne va bien que dans le repos complet... prescrit des gouttes d'atropine, doit revenir dans huit jours. » Lettres de Nietzsche à Louise Ott : « Le ciel s'est assombri autour de moi quand vous avez quitté Bayreuth. » Lettre « dithyrambique » de Seydlitz qui écrit de Berlin (3 septembre). Élisabeth envoie de Bayreuth et de Naumburg des lettres où elle raconte longuement la fin du Festival. Marie Baumgartner traduit Richard Wagner à Bayreuth *en français. Au cours de ces semaines, qui précèdent son long séjour en Italie, Nietzsche habite la chambre libérée par Overbeck dans la « caverne Baumann ». Il dicte à Peter Gast* Die Pflugschar [Le soc], *qui doit devenir la cinquième* Considération inactuelle *mais qui ne verra jamais le jour.*

Les manuscrits

Traduction : Philippe Lacoue-Labarthe
et Jean-Luc Nancy

1. Nous autres philologues *

D'après les circonstances qui s'y trouvent mentionnées, un carnet de notes, N I 4, *peut être daté de la période qui va de janvier à mai 1875 et forme ainsi le début des fragments posthumes de cette section de l'édition.*

Il s'écoule environ vingt mois (octobre 1874-juillet 1876) entre la parution de la troisième Considération inactuelle *et celle de la quatrième; pendant cette période s'effectue une des plus importantes transformations intérieures de Nietzsche, dont les étapes peuvent être devinées par les lettres (cf. « Dates et événements »), et suivies de façon beaucoup plus précise dans les fragments. Nietzsche entreprend la poursuite de ses* Considérations inactuelles : *il veut en écrire encore 10 – c'est toujours ce chiffre que l'on trouve dans les plans de N I 4 (1 [2] et 1 [3]); la durée d'abord prévue pour leur parution (cinq ans, d'après la lettre à Malwida de Meysenbug du 25 octobre 1874) est ramenée à trois ans : une Considération doit être achevée tous les trois mois, jusqu'à Pâques 1878. Depuis octobre, Nietzsche a « saisi à peu près le contenu du n° 4 » (à Rohde, 7 octobre 1874), mais « la lourde obligation de cet hiver, les cours sur l'histoire de la littérature grecque, rend peu vraisemblable que je puisse bientôt m'y remettre », ainsi qu'il l'écrit dans une esquisse de lettre à R. Wagner (10 octobre), et au bout d'un mois : « En revanche il n'y aura pas cet hiver de nouvelle Inactuelle, on ne peut pas l'obtenir de force » (à Rohde, 15 novembre). Après l'ébauche entreprise à l'automne 1874, Nietzsche doit renoncer au travail sur l'Inactuelle « n° 4 », et se concentrer sur ses cours d'histoire de la littérature*

* Nous ne pouvons malheureusement donner la description des manuscrits de *Schopenhauer éducateur.* Elle doit prendre place dans le tome III, 5 de l'édition critique allemande, qui n'est pas encore paru. *(N. d. E.)*

*grecque; c'est-à-dire « tirer comme un cheval sous le joug » sans pouvoir « regarder à droite ni à gauche » (à sa mère et sa sœur, 3 décembre). Pendant les fêtes de Noël il écrit de Naumburg : « Dans mon cours, j'ai raconté jusqu'au bout l'histoire de l'épopée grecque... Pour ces vacances, je me ferai donc grâce de toute littérature, mais j'ai entassé autour de moi toutes mes compositions de jeunesse, il faut les brasser pour en faire quelque chose... Bien des choses me sont passées par la tête ces derniers mois, et j'ai reçu de nouveau plus d'une semence inactuelle, mais quand est-ce que je trouverai du temps? » (à Gersdorff, 24 décembre). Pendant ces vacances, l'*Hymne à l'amitié *sera achevé. Ce n'est qu'après son retour à Bâle (début janvier 1875) que Nietzsche se remet au « n° 4 », c'est-à-dire à la Considération restée inachevée,* Nous autres philologues.

La plus grande partie du cahier U II 8 est consacrée aux travaux en vue de Nous autres philologues, *soit des pages 238-239 jusqu'à la page 108 (comme dans presque tous les grands cahiers, Nietzsche a d'abord écrit en remontant de la fin au début). Ces pages se répartissent en deux couches. La première (238-200) contient des notes qui ont été transcrites pratiquement sans reste dans une copie exécutée par l'ami de Nietzsche, Carl von Gersdorff, pendant son séjour à Bâle (mars 1875) :* MpXIII 6b. *Les fragments y sont pour la plus grande partie transcrits sans modifications, selon une répartition en cinq points (qui vient de Nietzsche), et complétés par d'assez nombreuses additions de Nietzsche, ou par quelques nouveaux fragments de sa main. Ces fragments sont ici publiés selon la répartition et le texte amélioré de MpXIII 6b : le texte correspondant de U II 8 a été utilisé pour écarter les fautes de lecture ou d'audition de Gersdorff (on ne peut décider si Nietzsche a dicté, ou si Gersdorff a copié; d'après les fautes de ce dernier, il semble que les deux moyens aient été employés). Les quelques fragments restants de la première couche de U II 8 sont publiés avant ceux de la copie :* U II 8a. *Après les déclarations de Nietzsche rapportées plus haut, on doit se demander quelles sont les notes de U II 8,238-200 qui remontent à l'automne 1974. L'emprunt à la Bibliothèque Universitaire de Bâle des deux volumes des* Petits écrits *de F.A. Wolf, le 19 février 1875 fournit un « terminus post quem ». Les passages extraits de Wolf – c'est-à-dire une part importante de ces fragments – commencent dans U II 8 à la page 214. Mais la date de MpXIII 6b est certaine : mars 1875. Il ne reste que les 8 fragments de U II 8a qui aient besoin d'être mieux situés dans le temps : parmi ceux-ci, 2* [*1*] *a été copié par Gersdorff comme épigraphe (seule la deuxième partie de ce fragment est de la main de Nietzsche), et 2* [*4-8*] *se trouvent après la page 214 de U II 8 : ils datent donc* d'après *le 19 février 1875. La datation de 2* [*2*] *et 2* [*3*] *reste incertaine, et c'est pourquoi cette couche a été datée « jusqu'au début de mars 1875 ».*

La deuxième couche – U II 8b *– comprend les pages 198 à 108. Ici les pages paires 196-146 ont été numérotées par Nietzsche lui-même de 1 à 25, et par ailleurs l'ensemble des fragments jusqu'à la page 148 est accompagné des chiffres 1 à 5, qui indiquent la répartition en cinq points déjà établie dans MpXIII 6b. Après la page 146, les fragments qui relèvent des préoccupations de la Considération sur les philologues se font de plus en plus rares. C'est aux pages 198-146 que se rapporte sans doute Nietzsche lorsqu'il écrit, le 8 mai 1875, à Gersdorff : « la quatrième* Inactuelle *est encore en mauvaise posture : j'ai bien environ 40 pages de plus de notes du genre de celles que tu as copiées. Mais pour le tout, pas de courage, ça ne vient pas, ça ne coule pas ». D'après ce qui a été dit, on peut dater cette couche du printemps-été 1875, d'autant plus que les fragments 5* [*72-84*] *font conclure à une nouvelle lecture de Schopenhauer, et que Nietzsche avait acheté le 25 juin 1875 l'édition « Frauenstädt » de ce philosophe* *.

Après avoir commencé à utiliser les dernières pages de U II 8, en allant de la fin au début, Nietzsche écrivit sur les premières pages de ce cahier (1-43) des notes sur les philosophes présocratiques (« Science et sagesse en conflit, présentées chez les anciens philosophes grecs »). D'après l'écriture, ces notes sont de l'année 1875, peut-être même pour une part de la même période que les fragments de la dernière partie de U II 8. Un point de repère chronologique est fourni par la citation de Schopenhauer que l'on peut découvrir en 6 [*14*] *(été 1875). D'un autre côté il n'est pas vraisemblable – contrairement à la signification que Ernst Holzer a attribuée à un propos tardif de la sœur* ** *– que Nietzsche – étant donné la surcharge de travail de l'automne, et la dégradation de sa santé à la fin de 1875 – ait écrit ces pages plus tard qu'en septembre 1875. La datation à l'été n'est cependant pas absolument certaine. Cette couche sera désignée par* U II 8c.

Les feuillets de MpXIII 6a, *qui ne peuvent, de même, être datés avec certitude, représentent un dernier essai pour mener à bien* Nous autres philologues; *les deux assez longs fragments 7* [*6*] *et 7* [*7*] *comportent leurs ébauches en U II 8,184-187, et doivent donc être rangés après U II 8b; les quatre premiers, de moindre importance (dont une esquisse poétique) pourraient cependant être plus anciens; d'après l'écriture ils sont de l'année 1875 (peut-être fin 1874?).*

Entre MpXIII 6b et U II 8b il faut enfin ranger une petite couche

* D'après la facture établie par le libraire. Il semble y avoir une certaine contradiction avec les propos à Gersdorff qui viennent d'être cités, puisque ces fragments commencent déjà avec la p. 176; mais l'établissement d'une facture ne coïncide pas nécessairement avec l'acquisition du livre correspondant.

** Cf. GA, X, 508.

prise dans N I 3, un carnet de notes que Nietzsche avait déjà utilisé en 1872, et qu'il reprit plus tard, à l'été 1879. Cette couche sera désignée par N I 3b.

2. Richard Wagner à Bayreuth = WB

C'est dans U I 6b *que se trouve le premier témoignage d'une modification du plan de publication des* Inactuelles, *et plus précisément en 8 [4], où Nietzsche établit ainsi la suite de ses futures Considérations : « Richard Wagner à Bayreuth », « les philologues », « sur la religion ». Le manuscrit U I 6, que Nietzsche avait déjà utilisé auparavant (1872), doit être daté de l'été 1875. À la même époque, à peu près, appartient U III 1, un cahier de feuilles destinées par Nietzsche à ses abondants extraits, assortis de nombreuses remarques, de* La valeur de la vie *de Dühring. On trouve des pensées sur la « valeur de la vie » dans les derniers fragments de U II 8b; il est bien possible qu'ils aient vu le jour sous l'effet de la lecture de Dühring (comp. par exemple 5 [188]). Aux extraits de Dühring s'en ajoutent d'autres, de la* Conversation de l'énergie *par B. Stewart, mais qui en restent au premier chapitre.*

Les manuscrits U II 9, U II 10, MpXIII 4, D 10a, U II 1 nous permettent une reconstitution presque intégrale du travail de Nietzsche à sa quatrième Inactuelle, *pendant l'été 1875 (jusqu'à la fin de septembre) et le printemps 1876. Le titre « Richard Wagner » avait fait son apparition dès le début de 1874, lorsque Nietzsche – ainsi qu'il l'écrivit à Rohde – eut commencé « à chercher, de la considération la plus froide » « pourquoi l'entreprise de Bayreuth avait échoué ». Cette « froide considération » se traduisit dans les notes de U II 5,244-230, que Nietzsche dicta aussitôt à son élève Baumgartner (MpXIII 4,1-5). Mais, en dehors du titre, il n'en resta que quelques pensées dans WB (par exemple la citation de Goethe sur la « présomption » dans WB, 8). À l'été de 1875, lorsque Nietzsche prit la décision d'écrire sur Wagner, la perspective n'était plus celle de l'échec, mais du succès de l'entreprise de Bayreuth. Le premier résultat de cette décision est le « travail préparatoire pour Richard Wagner à Bayreuth », ainsi que Nietzsche l'écrivit lui-même sur la première page de* U II 9. *U II 9 est un ensemble de 72 pages arrachées à un cahier in-quarto, et qui sont écrites presque sans interruption, en allant de la fin au début. Les notes de U II 9 ont une forme « aphoristique », et sont presque toutes élaborées au point que nombre d'entre elles – pour une part à peine modifiées, même si leur distribution a été la plupart du temps changée – ont été reprises dans WB. (On en trouve quelques rares ébauches dans un agenda de 1875 :* N I 6*). Après avoir terminé la rédaction de U II 9*

*Nietzsche munit ses notes de chiffres – et cela dans un ordre inverse à celui de la rédaction, c'est-à-dire non de la fin au début, mais en partant de la première page – en vue d'une mise en rubriques (11 [60]) qu'il transporta après coup dans ses premiers plans pour l'ensemble de l'*Inactuelle *(11 [47]). C'est à peu près à cette phase du travail que correspondent les feuilles 6-8 et 47 MpXIII 4, qui, pour cette raison, se trouvent ici publiées – comme appartenant à U II 9 – dans le même groupe de fragments (11). Par la suite, Nietzsche a redistribué, enrichi, déplacé à plusieurs reprises le matériel de U II 9. Le cahier U II 10 et le carton MpXIII 4,13-46 contiennent divers essais de Nietzsche pour une exposition suivie de ses idées. Leur résultat final correspond aux chapitres 1-8.* MpXIII 4 *est un rassemblement sans ordre de feuilles volantes et de morceaux de feuilles de différents formats; leur examen a permis aux éditeurs d'aboutir à une certaine mise en ordre et à une numérotation continue de tout ce matériel. C'est ainsi qu'on peut distinguer dans MpXIII 4 les groupes de feuilles suivants :*

a) 1-5, les notes dictées à Baumgartner, déjà mentionnées;
b) 6-8 et 47, feuilles de différents formats, qui correspondent aux notes de U II 9;
c) 9-12, feuilles de différents formats, écrites entre l'automne 1875 et le printemps 1876;
d) 13-46, feuilles arrachées à U II 10;
e) 49-54, ébauche développée de WB, 9, intitulée « Wagner comme musicien », que Nietzsche a dictée à Gast au printemps 1876; à ce groupe appartient aussi la feuille 48, avec des notes pour une lettre à Rohde du 23 mai 1876, et deux petites additions au chapitre 8, déjà établi, de WB.

Le cahier U II 10 *a d'abord été écrit par Nietzsche en allant de la fin au début, puis du début à la fin (p. 3-81). Les pages 13-46 de MpXIII 4 proviennent, ensemble, de la dernière partie du cahier. Après un essai, aussitôt abandonné, d'introduction à sa Considération (12* [3]*), Nietzsche écrivit ici (p. 150-133; MpXIII 4, 34-45; p. 160-152) une première exposition ordonnée, qu'il reporta aussitôt, et peut-être en même temps, au propre sur les pages 3-27, 37-81. Indépendamment de quelques modifications, plus ou moins importantes, les cinq chapitres de cette première version correspondent aux chapitres suivants de WB :*

chapitre 1 = WB, 1
chapitre 2 = WB, 2 (sans) * *+ WB, 3*
(jusqu'à) + 12 [*31*].
chapitre 3 = WB, 8.

* Les chiffres qui suivent le chapitre de WB renvoient aux pages et lignes du texte.

chapitre 4 = 12 [32] + WB,6
– WB, 7 + variante U II 10 à dans l'appareil philologique.
chapitre 5 = 12 [33] *

Une étape intermédiaire avant l'élaboration définitive est constituée par l'essai suivant, qui fut rejeté :
chapitre 1 = WB, 1
chapitre 2 = WB, 2 + WB, 3 jusqu'à
chapitre 3 = WB, 3 +
(ébauches en U II 5,209-210).
chapitre 4 = élaboration interrompue de 12 [31] (comp. appareil à 12 [31])

Parvenu à ce point de l'élaboration, Nietzsche rédigea une nouvelle version au net, pour laquelle il eut de nouveau recours au matériel de U II 9, tout en portant de nouvelles notes dans la dernière moitié de son cahier. Le chapitre 2 fut ainsi muni d'un nouveau début (p. 102, chap. 2, al. 1), le chapitre 3 prit sa forme définitive (avec p. 106, l. 15 à p. 108, l. 31 qui appartenait jusque-là au chapitre 2, comme début). Les chapitres 4 et 5 étaient des textes entièrement nouveaux, ainsi que dans le chapitre 6 p. 126, l. 1 à p. 129, l. 1 : seules quelques lignes venaient de 12 [33]; ce chapitre reçut encore de l'ancien chapitre 4 (de la première version, non de l'étape intermédiaire) p. 129, l. 1-27, et, pour conclusion, 13 [1]. Les 25 folios de D10a *(manuscrit pour l'impression) forment ainsi la copie au net de WB, 1-6; la conclusion 13 [1] y fut aussitôt apportée dans sa forme actuelle. Nietzsche élabora encore dans son cahier les chapitres 7 et 8. Le chapitre 7 prit sa forme actuelle à partir du reste de l'ancien chapitre 4 et sur la base de nouvelles notes (sur le « dramaturge dithyrambique », pour l'essentiel en U II 5). Le chapitre 8 était l'ancien chapitre 3 (de la première version, non de l'étape intermédiaire) – muni d'un nouveau début. Bien que Nietzsche ait écrit en septembre 1875 à son éditeur Schmeitzner : «* Peut-être *pourrai-je vous faire parvenir quelque chose dans peu de temps », il interrompit à la fin du même mois le travail soutenu qu'il menait sur la quatrième* Inactuelle *(comp. les lettres de cette époque à Gersdorff, Romundt et Rohde). Nietzsche ne se remit à l'ouvrage qu'au printemps de 1876, à l'approche de l'événement de Bayreuth; il fit d'abord copier à Gast les 8 chapitres de sa version au net, pour*

* 12 [19] pourrait être l'esquisse d'une poursuite de cette première version. On prendra garde au fait que les fragments du groupe 12 (U II 10 et MpXIII 4, 13-46) sont publiés dans l'ordre qu'ils occupent dans les deux couches de ce groupe. La première couche est celle des esquisses, plans fragmentaires et ébauches, la seconde, celle de la rédaction suivie, mais demeurée inachevée. D'où il suit que des fragments de la première couche (12 [*1-30*]) peuvent être postérieurs à ceux de la seconde (12 [*31-33*]).

*en faire un manuscrit prêt à l'impression (D 10), et qui fut envoyé à l'imprimerie vers la mi-mai. Entre la fin de mai et le 11 juin 1876 « une heureuse disposition d'esprit » donna à Nietzsche « le courage de mener à bien le plan originel * » (à Schmeitzner); ainsi virent le jour les trois derniers chapitres de WB. Dans un cahier,* U II 11, *qui contient (p. 234 à 222) des notes de toutes sortes, sans objet commun, mais concernant surtout le style allemand, il mit ces chapitres au net de façon continue (p. 221-174), non sans faire d'importants recours aux anciennes notes inutilisées de U II 9. Pour cette partie également, c'est Gast qui mit au point le manuscrit pour l'impression.*

La quatrième Considération inactuelle *parut au début de juillet 1876 chez Schmeitzner à Chemnitz sous le titre :* Considérations inactuelles *par le Dr Friedrich Nietzsche...* Quatrième partie : Richard Wagner à Bayreuth. *Une traduction française due à Mme Marie Baumgartner parut également chez Schmeitzner au début de 1877. En juillet 1886, à Leipzig, utilisant le stock encore disponible, E.W. Fritzsch fit paraître une « deuxième » édition (sans indication d'année).*

* Le plan originel est vraisemblablement 13 [*8*]. Ce fragment et les autres de MpXIII 4,9-12 se placent entre l'achèvement de WB,1-8 et la composition de WB,9-11 (d'après 13 [*10*], par exemple, on doit supposer que WB, 1-8 étaient déjà prêts). Il n'est pas possible d'établir si ces notes ont vu le jour immédiatement avant la version définitive de WB,9-11 (printemps 1876) ou immédiatement après celle de WB,1-8 (automne 1875) : d'où la datation quelque peu imprécise (automne 1875 - printemps 1876) des fragments du groupe 13.

Notes et variantes

SCHOPENHAUER ÉDUCATEUR[1]

P. 18.

1. Nietzsche paraphrase ici le sous-titre de la fable des abeilles de Mandeville. Cf. HTH, I, aphor. 482.

P. 19.

1. Oliver Cromwell, dans R.W. Emerson, *Versuche*, traduits par G. Fabricius, Hanovre, 1858, p. 237. Dans son exemplaire Nietzsche a marqué le passage de plusieurs traits de crayon.

P. 22.

1. Cf. la *Vie* de Benvenuto Cellini, I, 2. Nietzsche l'avait lue dans la traduction de Goethe. Cf. aussi Frag. post. 30[9].

P. 26.

1. Dans la mise au net du manuscrit on lit : « ...un peu Goethe, sinon les Anglais, plus qu'aucun modèle allemand ».

P. 27.

1. Nietzsche nota ici, dans son exemplaire « traduction fausse ». Mme Baumgartner lui écrivit à propos de ce passage, le 7 avril 1875 : « ... Ma lecture [de Montaigne] me conduisit jusqu'au livre III, chap. V, qui traite de Virgile. À peu près vers le milieu de ce long chapitre, un alinéa commence ainsi : « Quand j'escris, je me passe bien de la compagnie et souvenance des livres », etc., et dix lignes plus bas il poursuit : « Mais je me puis plus malaisément deffaire de Plutarque. Il est si universel et si plain qu'à toutes occasions, et quelque sujet extravagant que vous ayez pris, il s'ingère à votre besogne et vous tend une main liberale et inespuisable de richesses et d'embellisse-

1. Traduction : Cornélius Heim.

mens. Il m'en faict despit d'estre si fort exposé au pillage de ceux qui le hantent : je ne le puis si peu racointer [fréquenter] que je n'en tire cuisse ou aile. » [Pléiade, p. 852-853] [...] Le sens ne me semble pas être que Montaigne lui-même se sent pousser une cuisse ou une aile comme signes d'un courage et d'une plénitude qui croîtraient au contact de Plutarque. Le sens me paraît celui-ci : Plutarque est si inépuisablement riche de trésors qu'il livre toujours quelque chose de bon, même à celui qui puise en lui au hasard (cuisse ou aile). » Nietzsche répondit le même jour : « Le passage de Montaigne a suscité en moi une certaine perplexité : la traduction allemande signifie tout autre chose que le passage cité dans mon " Schopenhauer "; elle aussi est fausse, comme ma façon de comprendre, quoique d'une manière différente... Mes vifs remerciements pour avoir découvert la faute; mon français n'est pas fameux, et avant d'idéaliser Montaigne, je devrais le comprendre correctement. » Nietzsche possédait dans sa bibliothèque deux éditions des *Essais* : *Essais avec des notes de tous les commentateurs,* Paris, 1864, et *Versuche, nebst des Verfassers Leben, nach der neuesten Ausgabe des Herrn Peter de Coste, ins Deutsche übersetzt,* 3 vol., Leipzig, 1853-1854.

P. 28.

1. Cf. Goethe, *Journal du voyage en Italie,* IV, 9 octobre 1796.

P. 30.

1. Jörg Salaquarda (« *Der unmögliche Shelley* », *Nietzsche-Studien* 8) (1971) a identifié cet « Anglais moderne »; il s'agit de Walter Bagehot. Nietzsche cite son livre, qu'il a lu en traduction allemande : *Der Ursprung der Nationen* [*L'origine des nations*], dont le sous-titre est : « Considérations sur l'influence de la sélection naturelle et de l'hérédité sur la formation des collectivités politiques », Leipzig, 1874, p. 167. La citation de Nietzsche contient cependant une erreur. Bagehot écrit : « Un Shelley n'aurait pas pu vivre en *Nouvelle*-Angleterre. »

2. Il s'agit de Napoléon. Cf. PBM, aphor. 209.

P. 33.

1. Kleist à sa demi-sœur Ulrike, 23 mars 1801.

P. 37.

1. Goethe, *Faust,* I, vers 376 *(Nuit).*

P. 43.

1. R. Wagner, *Tannhäuser,* II, 4.

P. 47.

1. Goethe, *Les années d'apprentissage de Wilhelm Meister* livre VIII, chap. 5.
2. Goethe, *Faust*, I, vers 1379-1381 *(Chambre de Faust)*.

P. 48.

1. Citation de Schopenhauer, *Monde comme...*, 2, 726.
2. Schopenhauer, *Parerga*, 2, 346.

P. 51.

1. Goethe, *Les années d'apprentissage de Wilhelm Meister*, livre VI, *Confession d'une belle âme*.

P. 56.

1. Goethe à Charlotte von Stein, 3 mars 1785.

P. 60.

1. Goethe, *Faust*, I, vers 328-329 *(Prologue au ciel)*.

P. 65.

1. R. Wagner, *Sur la direction d'orchestre*.

P. 79.

1. Schopenhauer, *Parerga*, 2, 460.

P. 82.

1. Exergue des *Parerga et paralipomena* de Schopenhauer, d'après Juvénal, 4, 91.

P. 93.

1. *Car les non-universitaires... considérées.* Version antérieure de ce passage : « Celui qui connaît l'esprit dans lequel on donne actuellement les cours de philosophie à l'université sait que cet esprit n'est pas celui qui domine dans toutes les facultés et qui les réunit ; il sait que ce n'est souvent rien d'autre qu'un anxieux esprit de contradiction tourné contre les plus puissantes des sciences de notre temps, contre les sciences naturelles, afin de les diminuer en leur appliquant l'épithète infamante de “ matérialisme ”. Un savant universitaire qui, comme cela se produit fréquemment de nos jours, fait cours sur la critique du matérialisme éveille du même coup l'impression que son université ignore encore complètement comment la science moderne aborde et traite les sujets, et qu'elle s'occupe encore, comme jadis, des problèmes scolastiques de l'immortalité personnelle et des preuves de l'existence de Dieu. Il peut être aussi libre qu'on voudra à l'égard de ces choses, il n'en reste pas moins que lorsqu'il critique le

fondement des sciences contemporaines il devient consciemment ou inconsciemment un allié de puissances bien différentes de la philosophie, à savoir l'État et l'Église. S'il est tout à fait indifférent qu'un philosophe suscite un malentendu en tant qu'individu particulier, il n'est pas indifférent qu'une université entière suscite des malentendus en de telles matières. À mon sens, des hommes que n'unit aucune idée dominante commune ne doivent pas non plus se laisser rassembler par une institution; s'ils le font, ils la corrompent. Il est certain que l'État a intérêt à laisser subsister de telles obscurités; il n'a déjà utilisé que trop longtemps la « philosophie » pour obscurcir le sens d'une institution d'État, de l'université. En ces lieux il y a bien des choses qu'il faut garder pour soi; tous ceux qui y vivent le savent, et il me semble notamment que les véritables lignes directrices des sciences qui jouissent de la considération générale n'y sont plus du tout respectées – cela parce qu'on a laissé s'effacer le tracé sur lequel l'institution d'enseignement tout entière devrait se mouvoir. »

2. Schopenhauer, *Monde...*, I, XII (Préface de la première édition).

RICHARD WAGNER À BAYREUTH[1]

P. 99.

1. Cf. Jakob Burckhardt, « Sur la grandeur historique », conférence publique donnée à Bâle le 6 novembre 1870, à laquelle assistait Nietzsche (cf. lettre à Carl von Gersdorff, n° 107, du 7 novembre 1870, trad. fr. Gallimard, *Correspondance*, t. II, p. 145).

On trouvera une traduction française de cette conférence dans les *Considérations sur l'histoire universelle* (version française de S. Stelling-Michaud et Janine Buenzod, Payot), p. 235-275.

Schopenhauer, Wagner, Burckhardt – tels sont alors les phares de la vie spirituelle de Nietzsche. *(N. d. T.)*

P. 100.

1. Cf. R. Wagner, *Das Bühnenfestspielhaus zu Bayreuth*, in *Gesammelte Schriften und Dichtungen* [*Le théâtre du festival de Bayreuth* in *Écrits complets et œuvres en vers*], Leipzig, 1871-1873, 9,392.

P. 103.

1. Cf. Nietzsche à Wagner, lettre du 24 mai 1875 : « J'ai toujours le sentiment, en pensant à votre vie, de son cours *dramatique...* »

2. U 2 10,13 (premier jet) : il semblait né pour être dilettante. Avoir Leipzig pour ville natale n'est déjà pas tellement recommandable; car de la propension à la frivolité spirituelle qui y est universellement inculquée, de la sensibilité à fleur de peau et de la superficialité dans la façon de sentir, du tourbillon des conversations et des modes de littérateurs et de libraires, associés au caractère flexible des Saxons en général, résulte, sur la base d'une moralité bourgeoise solide mais étriquée, un élément étonnamment asthénique, fort avisé mais non moins agité, qu'on ne saurait ignorer ni sous-

1. Traduction : Pascal David.

estimer dans l'histoire des mœurs allemandes, mais qui n'impose guère le respect.

P. 104.

1. U 2 10,13 : Wagner adhéra, dans une très large mesure, à cette bizarrerie des natures modernes : jeune homme, il manquait totalement de naïveté et il était aussi dissemblable que possible de son Siegfried.

2. [Voilà pourquoi je serais enclin à voir, dans la partie caractérisée comme non dramatique qu'a d'abord connu la vie de Wagner, une curieuse enfance prolongée, une enfance ludique et avide de jeux en mille choses qui, à vrai dire, n'entrent pas, habituellement, dans le domaine des enfants.]

3. U 2 10,15 : puberté.

P. 107.

1. Cf. Wagner, *Épilogue sur les circonstances et les destinées qui ont accompagné l'exécution du festival « L'Anneau du Nibelung » jusqu'à la publication de son livret* : « ...la seule consolation que le théâtre m'ait réservée, je l'avais rencontrée parmi ces enfants perdus de notre société bourgeoise moderne, c'est pour eux, que je voyais vagabonder comme des Tziganes à travers le chaos d'un nouvel ordre bourgeois, que j'ai voulu arborer mon drapeau... »

P. 108.

1. Cf. Wagner, *Communication à mes amis* : « Jamais ne m'apparut plus clairement qu'à cette époque l'horrible contrainte par laquelle la cohésion entre la situation de nos arts et de notre vie modernes, absolument indissociables, s'assujettit un cœur libre et en fait un homme mauvais. Quelle issue restait-il à l'individu isolé – sinon la mort ? » (4, 371 *sq.*)

2. Cf. Schopenhauer, *Le Monde comme volonté et comme représentation* I, 380 (4, § 58) : « Embrassée dans son tout et en général, la vie de chacun est toujours une tragédie ; mais parcourue dans le détail, elle tient de la comédie. »

P. 110

1. Cf. Wagner, *Beethoven* : « L'Allemand n'est pas révolutionnaire, mais réformateur... » (9, 105).

P. 111.

1. Variation sur une phrase de Feuerbach (la philosophie est une théodicée déguisée) que Nietzsche a trouvée chez Wagner (3, 4).

P. 115.

1. Wagner, *Tristan et Isolde*, Acte II, Scène 2 ; 7, 61.

P. 122.

1. Goethe, *Torquato Tasso* V, 5 vv. 3338 *sq.* (cf. trad. fr., Aubier bilingue, p. 108).

P. 126.

1. Horace, *Ép.* I, 6.

P. 128.

1. Cf. *Jean* 3,19 : « Et les hommes ont préféré les ténèbres à la lumière. »

P. 131.

1. Cf. Wagner, *Lettre à un ami italien* : « On a pu remarquer que le fondement de la productivité originale d'une nation serait moins à chercher là où elle a été généreusement pourvue par la nature qu'en ce en quoi elle l'a été chichement. Que les Allemands aient acquis depuis un siècle une influence si peu commune sur la pleine réalisation de la musique héritée des Italiens, cela pourrait s'expliquer entre autres choses – physiologiquement parlant – par le fait que, manquant d'un don vocal naturellement mélodieux, il leur fallut concevoir l'art des sons avec presque autant de sérieux et de profondeur que leurs réformateurs en ont mis à saisir la religion des saints Évangiles. »

P. 132.

1. Cf. Platon, *Rép.*, III, 398a.

P. 133.

1. Cf. Wagner, *Ueber Staat und Religion* [*État et religion*] 8, 7-9.

P. 134.

1. Goethe, *Der Gott und die Bajadere.*

P. 136.

1. Cf. Goethe, *Aus meinem Leben. Fragmentarisches. Spätere Zeit.* [*Fragments tirés de ma vie. Époque tardive.*] : « Je n'ai jamais connu d'homme plus présomptueux que moi-même, et le seul fait de le dire montre que ce que je dis est vrai. »

P. 142.

1. U II 10, 155 : [Dürer].

P. 144.

1. Goethe à Eckermann, 1er avril 1827.

P. 148.

1. Cf. Wagner, *Opéra et drame* : « Si nous envisageons maintenant les langues des nations européennes à avoir pris part activement jusqu'à présent au développement du drame musical, de l'opéra – à savoir exclusivement les Italiens, les Français et les Allemands – on s'aperçoit que parmi ces trois nations seule l'*allemande* possède une langue encore immédiatement et sciemment solidaire, dans son usage, de la signification de ses racines. Les Italiens et les Français parlent une langue dont les racines ne peuvent leur devenir intelligibles que par l'étude des langues anciennes, dites mortes; on peut dire que leur langue... parle pour eux, mais eux-mêmes ne parlent pas dans leur langue... de toutes les langues modernes de l'opéra, seule la langue allemande est à même... d'être apparentée à une vivante expression artistique... » (4, 263 *sq.*)

P. 154.

1. Héraclite, Diels-Kranz frg. 8; 10; 80.

P. 158.

1. Jusqu'à la fin du paragraphe, citation littérale de Schopenhauer : *Parerga* 2, 92.

P. 159.

1. *Walkyrie*, Acte III (6, 94).

P. 162.

1. À Eckermann, 11 octobre 1828.

P. 163.

1. Citation de Wagner (3, 3, 7 *sq.*).

P. 164.

1. *Die Künstler* [*Les artistes*] *in fine.*

P. 167.

1. Cf. J. Burckhardt, *Considérations sur l'histoire universelle* (version française citée (cf. note à la p. 99) p. 62) : « Il se trouve alors... que *toute puissance est mauvaise en soi.* » Dans son édition, Oeri a ajouté après les mots « la puissance est mauvaise en soi » le nom de Schlosser, dont provient la phrase.
2. *Crépuscule des dieux*, Acte III (6, 363).

DU MÊME AUTEUR

Aux Éditions Gallimard

Dans la collection Le Manteau d'Arlequin

AINSI PARLAIT ZARATHOUSTRA, *adaptation scénique par Jean-Louis Barrault.*

Dans la collection Folio/Essais

AINSI PARLAIT ZARATHOUSTRA, *n° 8.*

L'ANTÉCHRIST.ECCE HOMO, *137.*

AURORE, *n° 8.*

LE CAS WAGNER. NIETZSCHE CONTRE WAGNER, *n° 169.*

CONSIDÉRATIONS INACTUELLES I ET II, *n° 191.*

CONSIDÉRATIONS INACTUELLES III ET IV, *n° 206.*

CRÉPUSCULE DES IDOLES OU COMMENT PHILOSOPHER À COUPS DE MARTEAU, *n° 88.*

LE GAI SAVOIR, *n° 17.*

LA GÉNÉALOGIE DE LA MORALE, *n°16.*

HUMAIN, TROP HUMAIN, *n° 8.*

Tome I · *n° 77.*

Tome II : *n° 78.*

LA NAISSANCE DE LA TRAGÉDIE, *n° 32.*

PAR-DELÀ BIEN ET MAL, *n° 70.*

LA PHILOSOPHIE À L'ÉPOQUE TRAGIQUE DES GRECS. SUR L'AVENIR DE NOS ÉTABLISSEMENTS D'ENSEIGNEMENT, *n° 140.*

ŒUVRES PHILOSOPHIQUES COMPLÈTES

I. vol. 1 La Naissance de la tragédie et Fragments posthumes (1869-1872).

I. vol. 2 Écrits posthumes (1870-1873).

II. vol. 1 Considérations inactuelles I et II. Fragments posthumes (été 1872-hiver 1873-1874).

II. vol. 2 Considérations inactuelles III et IV. *Schopenhauer éducateur – Richard Wagner à Bayreuth.* Fragments posthumes (début 1874-printemps 1876).

III. vol. 1 Humain, trop humain. Un livre pour esprits libres. Fragments posthumes (1876-1878). *Édition revue en 1988.*

III. vol. 2 Humain, trop humain. Un livre pour esprits libres. Fragments posthumes (1878-1879). *Édition revue en 1988.*

IV. Aurore. Pensées sur les préjugés moraux. Fragments posthumes (1879-1881).

V. Le Gai Savoir. Fragments posthumes (1881-1882). *Nouvelle édition revue et augmentée 1982.*

VI. Ainsi parlait Zarathoustra.

VII. Par-delà bien et mal. La Généalogie de la morale.

VIII. vol. 1 Le Cas Wagner. Crépuscule des Idoles. L'Antéchrist. Ecce homo. Nietzsche contre Wagner.

VIII. vol. 2 Dithyrambes de Dionysos. Poèmes et fragments poétiques posthumes (1882-1888).

IX. Fragments posthumes (été 1882-printemps 1884).

X. Fragments posthumes (printemps-automne 1884).

XI. Fragments posthumes (automne 1884-automne 1885).

XII. Fragments posthumes (automne 1885-automne 1887).

XIII. vol. 2 Fragments posthumes (automne 1887-mars 1888).

XIV. vol. 1 Fragments posthumes (début janvier 1888-début janvier 1889).

Série Correspondance

CORRESPONDANCE
Tome I : Juin 1850-Avril 1869.
Tome II : Avril 1869-Décembre 1874.

Collection Tel

LA VOLONTÉ DE PUISSANCE, *n° 259 et 260.*
MAUVAISES PENSÉES CHOISIES, *n° 306.*

Bibliothèque de la Pléiade

Œuvres I *:* La naissance de la tragédie. Considérations inactuelles.

DANS LA COLLECTION FOLIO / ESSAIS

199 Michel Serres : *Le Tiers-Instruit.*
200 Michel Leiris : *Zébrage.*
201 Sigmund Freud : *Le mot d'esprit et sa relation à l'inconscient.*
202 Sainte-Beuve : *Pour la critique.*
203 Yves Bonnefoy : *L'improbable et autres essais* suivi de *Un rêve fait à Mantoue.*
204 Hubert Dreyfus et Paul Rabinow : *Michel Foucault (Un parcours philosophique).*
205 Michel Foucault : *Raymond Roussel.*
206 Friedrich Nietzsche : *Considérations inactuelles, III et IV.*
207 Claude Roy : *L'art à la source (1. Arts premiers, arts sauvages).*
208 Claude Roy : *L'art à la source (2. Arts baroques, arts classiques, arts fantastiques).*
209 Julien Benda : *Discours à la nation européenne.*
210 Alain Gheerbrant : *Orénoque-Amazone (1948-1950).*
211 Eugène Ionesco : *Journal en miettes.*
212 J.M.G. Le Clézio : *L'extase matérielle.*
213 François Gros : *Regard sur la biologie contemporaine.*
214 Paul Claudel : *Réflexions sur la poésie.*
215 Marcelin Pleynet : *Henri Matisse.*
216 Jeanne Hersch : *L'étonnement philosophique (Une histoire de la philosophie).*
217 Jean Starobinski : *Montaigne en mouvement.*
218 Sous la direction de Raymond Klibansky et Davis Pears : *La philosophie en Europe.*
219 Sigmund Freud : *L'homme Moïse et la religion monothéiste.*
220 Clément Rosset : *Le réel et son double.*
221 Guillaume Apollinaire : *Chroniques d'art 1902-1918.*
222 Jeanne Favret-Saada et Josée Contreras : *Corps pour corps.*

223 Jean-Paul Sartre : *Critiques littéraires (Situations, I).*
224 George Steiner : *La mort de la tragédie.*
225 Georges Banu : *L'acteur qui ne revient pas.*
226 Annie Le Brun : *Soudain un bloc d'abîme, Sade.*
227 Geneviève Rodis-Lewis : *Épicure et son école.*
228 Platon : *La République.*
229 Carlos Castaneda : *Histoires de pouvoir.*
230 Albert Memmi : *La dépendance.*
231 Charles Fourier : *Vers la liberté en amour.*
232 Charles Péguy : *Notre jeunesse* précédé de *De la raison.*
233 Jean-Jacques Rousseau : *Du contrat social* précédé de *Discours sur l'économie politique, Du contrat social (première version)* et suivi de *Fragments politiques.*
234 Henri Meschonnic : *Modernité Modernité.*
235 Spinoza : *L'Éthique.*
236 Marcel Proust : *Essais et articles.*
237 Jean Giraudoux : *Littérature.*
238 Michel de Certeau, Luce Giard, Pierre Mayol : *L'invention du quotidien 2. Habiter, cuisiner.*
239 Collectif : *Écrire la « parole de nuit » (La nouvelle littérature antillaise).*
240 Spinoza : *Traité de l'autorité politique.*
241 Aristote : *Histoire des animaux.*
242 Spinoza : *Traité des autorités théologique et politique.*
243 Henri Mendras : *La Seconde Révolution française 1965-1984.*
244 Karl Marx : *Philosophie.*
245 Maurice Blanchot : *De Kafka à Kafka.*
246 Mircea Eliade : *Techniques du Yoga.*
247 Raymond Queneau : *Bâtons, chiffres et lettres.*
248 Sade : *Journal inédit (1807, 1808, 1814).*
249 Ernst Jünger : *Le mur du Temps.*
250 René Guénon : *La crise du monde moderne.*
251 Jean Toussaint Desanti : *Introduction à la phénoménologie.*
252 Jean-Marie Donegani et Marc Sadoun : *La démocratie imparfaite (Essai sur le parti politique).*
253 Pierre Cabanne : *André Derain.*
254 Antoni Tàpies : *La pratique de l'art.*

255 George Steiner : *Réelles présences (Les arts du sens).*
256 Roland Omnès : *Philosophie de la science contemporaine.*
258 Michel Tournier : *Le vol du vampire.*
259 Benedetto Croce : *Histoire de l'Europe au* XIXe *siècle.*
260 Nicolas Malebranche : *Conversations chrétiennes* suivi de *Entretiens sur la métaphysique, sur la religion et sur la mort.*
261 Régis Debray : *Vie et mort de l'image.*
262 Alain : *Mars ou La guerre jugée (1921).*
263 Alice Becker-Ho : *Les Princes du Jargon.*
264 Hegel : *Morceaux choisis.*
265 Spinoza : *Traité de la réforme de l'entendement.*
266 Gaëtan Picon : *Lecture de Proust.*
267 Bruno Latour : *La science en action.*
268 Denis Hollier : *Le Collège de Sociologie 1937-1939.*
269 Jean Giono : *Le poids du ciel.*
270 Mircea Eliade : *Méphistophélès et l'androgyne.*
271 Ananda K. Coomaraswamy : *Hindouisme et Bouddhisme.*
272 Yves Bonnefoy : *La Vérité de parole* et autres essais.
274 Georges Bernanos : *La liberté, pour quoi faire ?*
275 Montesquieu : *De l'Esprit des lois, I.*
276 Montesquieu : *De l'Esprit des lois, II.*
277 Sous la direction de Denis Kambouchner : *Notions de philosophie, I.*
278 Sous la direction de Denis Kambouchner : *Notions de philosophie, II.*
279 Sous la direction de Denis Kambouchner : *Notions de philosophie, III.*
280 Pierre Hadot : *Qu'est-ce que la philosophie antique ?*
281 Jean-Jacques Rousseau : *Émile ou De l'éducation.*
282 Jean Bastaire : *Péguy tel qu'on l'ignore.*
283 Pascal Engel : *Philosophie et psychologie.*
284 Jean-Paul Sartre : *L'existentialisme est un humanisme.*
285 Jean Prévost : *La création chez Stendhal.*
286 Carlos Castaneda : *Le second anneau de pouvoir.*
287 André Breton : *Les Vases communicants.*
288 Jean-Noël Schifano : *Désir d'Italie*

289 Francis Bacon : *Entretiens avec Michel Archimbaud.*

290 Roger Caillois : *Babel* précédé de *Vocabulaire esthétique.*

291 C. G. Jung : *Un mythe moderne.*

292 Paul Valéry : *Tel quel.*

293 Jorge Luis Borges et Alicia Jurado : *Qu'est-ce que le bouddhisme ?*

294 Witold Gombrowicz : *Testament.*

295 Gaëtan Picon : *1863. Naissance de la peinture moderne.*

296 Thomas Pavel : *L'art de l'éloignement (Essai sur l'imagination classique).*

297 Stendhal : *Histoire de la peinture en Italie.*

298 André Malraux : *La politique, la culture.*

299 Gérard Mairet : *Le principe de souveraineté (Histoires et fondements du pouvoir moderne).*

300 André Malraux : *Le Musée Imaginaire.*

301 Jean-Marc Lévy-Leblond : *La pierre de touche (La science à l'épreuve...).*

302 Pierre Hadot : *Plotin ou la simplicité du regard.*

303 Marc Jimenez : *Qu'est-ce que l'esthétique ?*

304 Jean-Jacques Rousseau : *Discours sur les sciences et les arts.*

305 Albert Camus : *Actuelles (Écrits politiques).*

306 Miguel de Unamuno : *Le sentiment tragique de la vie.*

307 Benjamin Constant : *Écrits politiques.*

308 Platon : *Les Lois.*

309 Fernand Léger : *Fonctions de la peinture.*

310 Carlos Castaneda : *Le don de l'Aigle.*

311 Bertrand Vergely : *La souffrance.*

312 Régis Debray : *L'État séducteur.*

313 Édouard Glissant : *Le discours antillais.*

315 Françoise Dolto : *Les étapes majeures de l'enfance.*

316 Simone Weil : *Réflexions sur les causes de la liberté et de l'oppression sociale.*

317 Bruno Bettelheim : *La Forteresse vide.*

318 Sigmund Freud : *La question de l'analyse profane.*

319 Raymond Aron : *Marxismes imaginaires (D'une sainte famille à l'autre).*

320 Antonin Artaud : *Messages révolutionnaires.*

322 Paul Klee : *Théorie de l'art moderne.*
323 Paul Valéry : *Degas Danse Dessin.*
324 Carlos Castaneda : *Le feu du dedans.*
325 Georges Bernanos : *Français, si vous saviez...*
326 Édouard Glissant : *Faulkner, Mississippi.*
327 Paul Valéry : *Variété I et II.*
328 Paul Bénichou : *Selon Mallarmé.*
329 Alain : *Entretiens au bord de la mer (Recherche de l'entendement).*
330 Sous la direction d'Henri-Charles Puech : *Histoire des religions I*.*
331 Sous la direction d'Henri-Charles Puech : *Histoire des religions I**.*
332 Sous la direction d'Henri-Charles Puech : *Histoire des religions II*.*
333 Sous la direction d'Henri-Charles Puech : *Histoire des religions II**.*
334 Sous la direction d'Henri-Charles Puech : *Histoire des religions III*.*
335 Sous la direction d'Henri-Charles Puech : *Histoire des religions III**.*
336 Didier Anzieu : *Beckett.*
337 Sous la direction de Brice Parain : *Histoire de la philosophie I, vol. 1.*
338 Sous la direction de Brice Parain : *Histoire de la philosophie I, vol. 2.*
339 Sous la direction d'Yvon Belaval : *Histoire de la philosophie II, vol. 1.*
340 Sous la direction d'Yvon Belaval : *Histoire de la philosophie II, vol. 2.*
341 Sous la direction d'Yvon Belaval : *Histoire de la philosophie III, vol. 1.*
342 Sous la direction d'Yvon Belaval : *Histoire de la philosophie III, vol. 2.*
343 Rémi Brague : *Europe, la voie romaine.*
344 Julien Offroy de La Mettrie : *L'Homme-Machine.*
345 Yves Bonnefoy : *Le nuage rouge.*
346 Carlos Castaneda : *La force du silence (Nouvelles leçons de don Juan).*

347 Platon : *Gorgias* suivi de *Ménon.*
348 Danilo Martuccelli : *Sociologies de la modernité (L'itinéraire du XXe siècle).*
349 Robert Castel : *Les métamorphoses de la question sociale (Une chronique du salariat).*
350 Gabriel Marcel : *Essai de philosophie concrète.*
351 J.-B. Pontalis : *Perdre de vue.*
352 Patrick Chamoiseau, Raphaël Confiant : *Lettres créoles.*
353 Annie Cohen-Solal : *Sartre 1905-1980.*
354 Pierre Guenancia : *Lire Descartes.*
355 Julia Kristeva : *Le temps sensible (Proust et l'expérience littéraire).*
357 Claude Lefort : *Les formes de l'histoire (Essais d'anthropologie politique).*
358 Collectif : *Narcisses.*
359 Collectif : *Bisexualité et différence des sexes.*
360 Werner Heisenberg : *La nature dans la physique contemporaine.*
361 Gilles Lipovetsky : *Le crépuscule du devoir (L'éthique indolore des nouveaux temps démocratiques).*
362 Alain Besançon : *L'image interdite (Une histoire intellectuelle de l'iconoclasme).*
363 Wolfgang Köhler : *Psychologie de la forme (Introduction à de nouveaux concepts en psychologie).*
364 Maurice Merleau-Ponty : *Les aventures de la dialectique.*
365 Eugenio d'Ors : *Du Baroque.*
366 Trinh Xuan Thuan : *Le chaos et l'harmonie (La fabrication du Réel).*
367 Jean Sulivan : *Itinéraire spirituel.*
368 Françoise Dolto : *Les chemins de l'éducation.*
369 Collectif : *Un siècle de philosophie 1900-2000.*
370 Collectif : *Genre et politique (Débats et perspectives).*
371 Denys Riout : *Qu'est-ce que l'art moderne ?*
372 Walter Benjamin : *Œuvres I.*
373 Walter Benjamin : *Œuvres II.*
374 Walter Benjamin : *Œuvres III.*
375 Thomas Hobbes : *Léviathan (ou Matière, forme et puissance de l'État chrétien et civil).*
376 Martin Luther : *Du serf arbitre.*

377 Régis Debray : *Cours de médiologie générale.*
378 Collectif : *L'enfant.*
379 Schmuel Trigano : *Le récit de la disparue (Essai sur l'identité juive).*
380 Collectif : *Quelle philosophie pour le XXIe siècle ?*
381 Maurice Merleau-Ponty : *Signes.*
382 Collectif : *L'amour de la haine.*
383 Collectif : *L'espace du rêve.*
384 Ludwig Wittgenstein : *Grammaire philosophique.*
385 George Steiner : *Passions impunies.*
386 Sous la direction de Roland-Manuel : *Histoire de la musique I, vol. 1. Des origines à Jean-Sébastien Bach.*
387 Sous la direction de Roland-Manuel : *Histoire de la musique I, vol. 2. Des origines à Jean-Sébastien Bach.*
388 Sous la direction de Roland-Manuel : *Histoire de la musique II, vol. 1. Du XVIIIe siècle à nos jours.*
389 Sous la direction de Roland-Manuel : *Histoire de la musique II, vol. 2. Du XVIIIe siècle à nos jours.*
390 Geneviève Fraisse : *Les deux gouvernements : la famille et la Cité.*
392 J.-B. Pontalis : *Ce temps qui ne passe pas* suivi de *Le compartiment de chemin de fer.*
393 Françoise Dolto : *Solitude.*
394 Marcel Gauchet : *La religion dans la démocratie. Parcours de la laïcité.*
395 Theodor W. Adorno : *Sur Walter Benjamin.*
396 G. W. F. Hegel : *Phénoménologie de l'Esprit, I.*
397 G. W. F. Hegel : *Phénoménologie de l'Esprit, II.*
398 D. W. Winnicott : *Jeu et réalité.*
399 André Breton : *Le surréalisme et la peinture.*
400 Albert Camus : *Chroniques algériennes 1939-1958 (Actuelles III).*
401 Jean-Claude Milner : *Constats.*
402 Collectif : *Le mal.*
403 Schmuel Trigano : *La nouvelle question juive (L'avenir d'un espoir).*
404 Paul Valéry : *Variété III, IV et V.*
405 Daniel Andler, Anne Fagot-Largeault et Bertrand Saint-Sernin : *Philosophie des sciences, I.*

406 Daniel Andler, Anne Fagot-Largeault et Bertrand Saint-Sernin : *Philosophie des sciences, II.*
407 Danilo Martuccelli : *Grammaires de l'individu.*
408 Sous la direction de Pierre Wagner : *Les philosophes et la science.*
409 Simone Weil : *La Condition ouvrière.*
410 Colette Guillaumin : *L'idéologie raciste (Genèse et langage actuel).*
411 Jean-Claude Lavie : *L'amour est un crime parfait.*
412 Françoise Dolto : *Tout est langage.*
413 Maurice Blanchot : *Une voix venue d'ailleurs.*
414 Pascal Boyer : *Et l'homme créa les dieux (Comment expliquer la religion).*
415 Simone de Beauvoir : *Pour une morale de l'ambiguïté* suivi de *Pyrrhus et Cinéas.*
416 Shihâboddîn Yahya Sohravardî . *Le livre de la sagesse orientale (Kitâb Hikmat al-Ishrâq).*
417 Daniel Arasse : *On n'y voit rien (Descriptions).*
418 Walter Benjamin : *Écrits français.*
419 Sous la direction de Cécile Dogniez et Marguerite Harl : *Le Pentateuque (La Bible d'Alexandrie).*
420 Harold Searles : *L'effort pour rendre l'autre fou.*
421 Le Talmud : *Traité Pessahim.*
422 Ian Tattersall : *L'émergence de l'homme (Essai sur l'évolution et l'unicité humaine).*
423 Eugène Enriquez : *De la horde à l'État (Essai de psychanalyse du lien social).*
424 André Green : *La folie privée (Psychanalyse des cas-limites).*
425 Pierre Lory : *Alchimie et mystique en terre d'Islam.*
426 Gershom Scholem : *La Kabbale (Une introduction. Origines, thèmes et biographies).*
427 Dominique Schnapper : *La communauté des citoyens.*
428 Alain : *Propos sur la nature.*
429 Joyce McDougall : *Théâtre du corps.*
430 Stephen Hawking et Roger Penrose : *La nature de l'espace et du temps.*
431 Georges Roque : *Qu'est-ce que l'art abstrait ?*
432 Julia Kristeva : *Le génie féminin, I. Hannah Arendt.*

433 Julia Kristeva . *Le génie féminin, II. Melanie Klein.*
434 Jacques Rancière : *Aux bords du politique.*
435 Herbert A. Simon : *Les sciences de l'artificiel.*
436 Vincent Descombes : *L'inconscient malgré lui.*
437 Jean-Yves et Marc Tadié : *Le sens de la mémoire.*
438 D. W Winnicott : *Conversations ordinaires.*
439 Patrick Pharo : *Morale et sociologie (Le sens et les valeurs entre nature et culture).*
440 Joyce McDougall : *Théâtres du je.*
441 André Gorz : *Les métamorphoses du travail.*
442 Julia Kristeva : *Le génie féminin, III. Colette.*
443 Michel Foucault : *Philosophie (Anthologie).*
444 Annie Lebrun : *Du trop de réalité.*
445 Christian Morel : *Les décisions absurdes.*
446 C. B. Macpherson : *La theorie politique de l'individualisme possessif.*
447 Frederic Nef : *Qu'est-ce que la métaphysique ?*
448 Aristote : *De l'âme.*
449 Jean-Pierre Luminet : *L'Univers chiffonné.*
450 André Rouillé : *La photographie.*
451 Brian Greene : *L'Univers élégant.*
452 Marc Jimenez : *La querelle de l'art contemporain.*
453 Charles Melman : *L'Homme sans gravité.*
454 Nûruddîn Abdurrahmân Isfarâyinî : *Le Révélateur des Mystères.*
455 Harold Searles : *Le contre-transfert.*
456 Le Talmud : *Traité Moed Katan.*
457 Annie Lebrun : *De l'éperdu.*
458 Pierre Fédida : *L'absence.*
459 Paul Ricœur : *Parcours de la reconnaissance.*
460 Pierre Bouvier : *Le lien social.*
461 Régis Debray : *Le feu sacré.*
462 Joëlle Proust : *La nature de la volonté.*
463 André Gorz : *Le traître* suivi de *Le vieillissement.*
464 Henry de Montherlant : *Service inutile.*
465 Marcel Gauchet : *La condition historique.*
466 Marcel Gauchet : *Le désenchantement du monde.*

Impression Bussière
à Saint-Amand (Cher),
le 25 juillet 2006.
Dépôt légal : juillet 2006.
1er dépôt légal dans la collection : septembre 1992.
Numéro d'imprimeur : 062695/1.
ISBN 2-07-032729-9./Imprimé en France.